다가 어느 날, 30억 원이라는 금액을 확인했다. 자신의 총자산에 '0'을 9개 붙여 보았는가? '0'이 9개가 붙는다는 말은 적어도 자산이 10억 원 이상이 된다는 의미다. 우리의 자산에 '0'이 9개가 붙은 것을 본 순간, 그때의 감격과 흥분은 지금도 잊을 수가 없다.

대한민국에 사는 사람이라면 최근 몇 년간 일어난 일을 기억할 것이다. 자고 일어나면 강남 집값이 몇억 원이 뛰었다는 뉴스를! 불과 몇 년, 몇 달 전의 이야기다. 누군가는 그 뉴스가 현실감 없는 이야기로 들렸을지도 모른다. 태어날 때부터 부자이거나 강남에서 사는 사람들한테나 해당하는 이야기지, 자신과는 무관한 이야기로 치부할지도 모른다. 그런데 현실감 제로의 일이 우리에게도 생겼다. 단지 자고 일어났을 뿐인데, 수억 원의 자산이 늘어나 있는 그 경험을 우리가 한 것이다. 그렇다고 강남에 아파트가 있는 것은 아니고, 강남에 살고 있지도 않다. 그런데도 글을 쓰는 이 순간에도 자산은 계속 늘고 있다.

## 맞벌이, 가장 빨리 부자가 되는 방법 중 하나임은 분명하다!

돈의 힘이라는 것이 이런 것일까? 자산이 늘어나면서 우리는 자신감을 가질 수 있었다. 이제 다른 사람의 시선과 말에 주눅 들거나 흔들리지 않는다. 30억 원의 자산을 모았다고는 하지만, 경제적 자유를 누릴 정도는 아니다. 진정한 자유를 위해서는 앞으로 갈 길이 더 멀다. 30억 원이라는 숫자는 단순히 자산일 뿐이니까. 하지만 우리 부부만의 확실한 기준을 세우고 진정한 행복을 위해 어떤 소비를 해야 하는지에 선택하고 집중할 수 있는 정도는 된다. 우리는 우리의 힘으로 가정을 지킬 수 있고, 더 이상 세상 사람들의 말에 휘둘리지 않을 뚝심도 생겼다.

서점에 나와 있는 많은 재테크 책을 보면 화려한 성공담을 통해 재테크 비법을 알려준다. 우리는 여러 재테크 서적을 읽고 토론하곤 하는데, 그 책의 저자들은 배우자의 이야기를 하지 않는다는 점이 늘 의문이었다. 주식 저자도 배우자 이야기를 하지 않고, 부동산 투자로 성공한 사람도 상대 배우자의 도움이 어느 정도였는지를 말하지 않는다. 그들이 일군 부는 정녕 그 사람 혼자만의 힘으로 된 것일까?

21세기, 제4차 산업혁명에 들어선 대한민국. 부를 향한 욕망은 더 뜨겁다. 많은 사람이 부자가 되기를 원한다. 그러나 유감스럽게도 대한민국에서 월급쟁이가 부자가 될 가능성은 낙타가 바늘구멍을 통과하기보다 어렵다. 부자가 되기 위해 맞벌이하는 게 아니라 먹고 살고 생존하기 위해 맞벌이를 선택한다. 우리가 사는 세상의 부의 패턴은 이전 세대가 축적해온 것과 전혀 다르다. 그러나 여전히 '돈이 돈을 번다'라는 이야기는 유효하다.

우리는 시대의 변화에 맞춰 변해야 한다. 20세기 재테크 방식, 전통적 경제관념은 버려야 한다. 티끌 모아 태산이라고? 티끌은 모아도 그저 티끌일 뿐이다. 고정관념에서 탈피해 인플레이션을 인정하고 그에 걸맞은 경제 공부와 투자를 병행해야 한다.

맞벌이에 대한 고정관념도 탈피해야 한다. 부부가 함께 직장을 다니면서 열심히 일하고 아껴서 저축해야 부자가 된다는 것은 동화 속 이야기처럼 공허할 뿐이다. 젊었을 때 맞벌이를 하면 외벌이보다 빨리 돈을 모을 수 있으니 내 집 마련이 쉽다는 이야기는 이제 유언비어처럼 들린다. 그렇다면 맞벌이를 통해 부를 축적한다는 것은 무엇을 말하는 것일까?

돈의 속성은 참 희한해서 누구 손에 들어가느냐에 따라 변한다. 어떤 사람에게 들어가면 모래알처럼 빠져나가는가 하면 어떤 사람에게 들어가면 눈덩이처럼 불어난다. 음식을 만들 때 같은 재료를 갖고도 요리하는 사람에 따라 맛이 제각각이다. 돈을 모으는 것도 마찬가지다. 세상 사람들의 돈을 버는 방법은 제각각이고 부의 정도도 다 다르다. 우리나라의 맞벌이 가정이 많아도 자산 형성 정도가 다 다른 이유다.

### 부자가 되려면 지금 당장 부부가 함께 재테크를 시작하라

우리는 둘 다 평범한 집안에서 태어나서 자랐다. 사회에 진출한 지금은 평범한 직장인으로 맞벌이하는 30대 부부다. 우리가 여기까지 오는 데는 운도 적잖이 작용했다. 우리가 목표를 설정하고 매진하면서 계획했던 것보다 빠르게 성과를 이룬 부분도 있다. 그 덕분에 앞으로 이어질 우리 인생을 좀 더 낙관적으로 바라보게 됐고 미래의 행복을 꿈꿀 수 있게 됐다. 젊을 때 좀 더 빨리 부자가 되어 남은 인생을 더 의미 있고 행복하게 살 수 있을 것이라 기대하게 됐다.

우리와 같은 소망을 가진 맞벌이 부부들을 위한 응원과 지지를 위해 이 책을 세상에 내놓는다. 결혼 11년 차인 우리가 이 책을 쓰기로 한 것은 결혼을 앞둔 연인과 맞벌이 부부들에게 우리의 경험을 들려주기 위해서다.

요즘은 경제의 호불황을 막론하고 맞벌이하는 이들이 많다. 젊은 부부일수록 남편도 아내도 똑같이 경제활동을 한다. 아침에 일어나 각자의 일터로 출근하는 일상이 반복된다. 비록 서로의 일터는 달라도 피로의 무게는 비슷할 것이다. 퇴근 후에는 가정으로 돌아와 남편과 아내의 역할을 이어가야 한다. 힘든 하루하루를 버텨내며 살아가는 것이다.

하지만 맞벌이 부부에게 같은 목표를 향한 열정이 있다면 젊어서 고생은 열정 넘치는 모험이 될 수도 있다. 그러기 위해서는 먹고살기 위해, 아주 조금 나은 삶을 위해 맞벌이하는 것이 아닌, 빠르게 더 많은 자산을 축적해 경제적 자유를 얻을 수 있는 맞벌이 재테크를 하는 것이 중요하다.

우리는 직장을 다니는 맞벌이에 그치지 않았다. 제일 먼저 가계 전반적인 부분을 함께 관리하며 목표를 세우고 목표치를 달성하기 위해 함께 노력했다. 함께 원했기에 함께 얻었으며, 그 과정을 함께 했기에 같은 경험을 쌓았다. 이것이 바로 이 책에서 말하는 맞벌이의 핵심이다. '내가 돈을 벌어올 테니, 너는 돈 관리나 잘해', '내가 번 돈은 내가 관리할게'가 아닌, '우리가 행복하기 위해 얼마나 더 많은 돈을 어떻게 벌어야 할까?'라는 질문을 던지고 그에 맞는 해답을 찾기 위한 여정을 함께하는 것이 진정한 맞벌이다.

가끔 기성세대들이 젊은 부부들에게 이상한 조언을 하기도 한다. 뱁새가 황새를 따라가면 가랑이가 찢어지니 월급이나 차곡차곡 모으면서 주어진 삶에 만족하고 사는 것이 세상 이치라면서 말이다. 이런 말은 그 누구에게도 희망을 주지 못한다. 자극도 동기부여도 되지 않는다. 이러한 조언을 굳게 믿고 실천한다면 현실에 안주하게 되고 세상의 흐름에 도태되는 삶을 살게 될 수도 있다.

이 책은 맞벌이를 하지만 수입과 자산이 좀처럼 늘지 않아 고민하고 힘들어하는 사람들을 위해 우리 부부의 경험과 노하우를 담는 데 주력했다. 이를테면 맛에 대한 자신감으로 요리의 레시피를 책으로 공개하듯 말이다. 이 책에서 우리가 공개한 맞벌이 부부 재테크를 각자 자신들의 경제 상황에 맞게 보완하고 수정해서 새로운 방법을 찾는다면 더할 수 없이 기쁠 것이다.

아울러 이 책을 읽고서 맞벌이의 진정한 의미를 이해하고, 부부의 공통된 목표를 세우며, 부부가 함께하는 재테크의 길을 발견해 경제적 자유를 얻는 사람이 많이 나오길 기원한다. 특별히 젊은 부부들에게 당부하고 싶은 말이 있다. 이왕 부자가 되고자 '결심'했다면 하루라도 빨리 부부가 함께 두 손을 맞잡고 부자가 되는 길을 '선택'하라고.

이 책이 예비부부와 맞벌이 부부들에게 희망을 안겨주길 바라며 우리 부부도 새로운 각오를 다진다. 모두에게 성공을 기원한다.

2021년 3월
홍사장, 김여사

# 목차

지 맞벌이 월급과 맞벌이 투자만으로 자산을 일궜다. 이 자산을 일구기 위해 약 11년이란 시간이 소요됐지만 실제로 밀도 있게 노력했던 시간은 몇 년이 채 되지 않는다. 처음 4년은 맞벌이로 소득이 늘어나 멋모르고 돈을 써댔던 시간이고, 나머지가 지난 허무했던 4년을 정리하고 우리가 맞벌이하는 이유와 목적을 기억하며 노력했던 시간이다. 부동산 투자에 대해서는 끊임없는 관심과 노력을 하고 있었기에 그때 찾아온 기회를 잡을 수 있었다.

우리가 겪어 보니 돈을 모으고 자산을 불리는 데 생각보다 긴 시간이 필요하지 않았다. 《돈》이라는 책에서 저자인 보도 섀퍼는 경제적 자유를 얻는 데 7년이면 충분히 가능하다고 했다. 우리 부부의 지금까지의 경험을 뒤돌아보면 보도 섀퍼의 말이 완전히 불가능한 일도 아니다.

돈을 모으겠다는 생각을 가지고 주위를 둘러보라. 우리 주위에는 돈을 벌 수 있는 수많은 방법이 있다. 최근 몇 년간 부동산, 주식, 가상화폐 등의 가치가 상승하면서 수많은 부자가 새로 탄생했다. 한편으로는 유튜브 크리에이터, 디지털 마케터, 쇼핑몰 등으로 '억' 소리 나는 수입을 창출하며 부자의 길을 걷는 사람도 있다. 그래서 30억 원의 자산을 모으는 길이 부동산 투자만이 유일하다고 말하지는 않겠다. 돈을 벌 수 있는 여러 방법 중 우리는 부동산 투자를 선택했을 뿐이다.

## 부부가 항상 함께했기에 30억 원을 모을 수 있었다

지난날을 돌이켜보면 우리는 항상 무언가를 함께했다. 청소를 함께하고, 식사를 함께할 뿐 아니라 같은 꿈을 꾸고, 같은 목표를 세워 함께 도전했다. 그리고 지금 이 책도 함께 쓰고 있다. 결혼이라는 형식을 통해 두 남녀가 가정을 이루면서 경제력을 키운다는 것은 꿈을 같이 하는 것과 같다. 같은 목표를 가지고 산다는 것은 큰 축복이 아닐 수 없다. 단순히 같이 돈을 번다는 것에 그치지 않고 부자의 꿈을 같이 꾸는 것이기에 그렇다.

우리는 함께 목표를 설정하고, 함께 계획을 짜고, 함께 실행했다. 우리는 함께하면서 서로의 부족한 점을 채워 줬고, 누구보다 각자의 장점을 잘 알기에 서로 격려하면서 분발했다. 둘이 함께하면서 멈추지 않고 계속 도전할 수 있었고 더욱 간절한 마음으로 포기하지 않을 수 있었다.

맞벌이 부부에게 누가 '가장'이냐 하는 것은 큰 의미가 없다. 한 가정을 책임진 두 사람이기에 공동운명체다. 누가 더 많은 책임을 졌는가를 따지는 것도 무의미하다. 맞벌이하기에 더더욱 서로를 존중해야 한다는 것을 잊지 않는다. 돈을 번다는 이유로 가족들과의 관계를 소홀히 하지 않았으며 가족이란 공동운동체이기에 서로에게 더 소중한 존재임을 환기한다. 그리고 지금은 아이들과 더 많은 시간과 추억을 나누면서도 돈을 벌고 또 불리고 있다.

혼자 자산을 불리기는 힘들다. 일정 금액 이상의 자산을 모으려면 조력자가 있어야 한다. 그 조력자가 부부라면 더할 나위 없이 좋다. 부부만큼 좋은 경제적 파트너는 없기 때문이다. 부부가 맞벌이

한다면 이미 좋은 파트너를 구한 셈이다. 그러므로 맞벌이 부부라면 서로 감사해야 한다. 부자가 되기 위해서는 끌어주고 밀어주는 파트너가 있어야 하는데 세상에서 가장 좋은 파트너와 이미 살고 있지 않은가. 맞벌이 부부라면 큰 부자가 될 가능성에 한 발짝 더 가까이 다가서 있다. 그러니 지금부터 모든 일을 함께해야 한다. 반드시 둘이 함께해서 실행력을 제곱으로 높이고 시너지를 최고로 낼 수 있어야 한다.

이 세상에 태어나 수많은 사람 중에서 부부로 인연을 맺어 공동운명체가 된 특별한 사람, 이 두 사람이 경제공동체를 꾸리면서 같은 목표를 품고 같은 꿈을 꾼다는 것이 서로에게 얼마나 큰 힘이 되는지 꼭 느껴 봤으면 한다. 이것은 부부이기에 가능한 일이다. 아무리 친한 친구라 하더라도, 나를 챙겨주는 회사의 상사라도 같은 꿈을 꾸는 것은 어렵다. 설령 같은 꿈을 꾸더라도 그 결과를 공유하거나 나눌 수는 없다. 하지만 지금 내 옆에 있는, 또는 앞으로 함께할 배우자라면 가능하다. 같은 꿈을 생생히 꾸고 실행한다면 이미 계획했던 것보다 더 빨리 목표를 이룰 수 있다.

## 02

# 한 달에 두 번 들어오는
# 월급인데 왜 돈이 안 모일까?

여성의 교육수준과 사회 참여도가 예전과 다르게 높아지면서 여성이 경제활동에 적극적으로 참여하는 분위기가 자연스러워진 지 오래다. 아내도 당연히 어릴 때부터 결혼한 여자도 사회에 나와 일해야 한다고 부모님께 가르침을 받았다. 아내의 주변 친구들도 대부분 그렇게 생각하고 있었다. 부모님의 가르침과 사회적인 변화 속에 아내는 학창시절부터 결혼하고 나서도 부부가 함께 경제적 활동을 해야 한다고 생각하고 있었다. 다만 그때는 그것이 직장에 다니며 맞벌이한다는 것으로 그쳤지만 말이다.

결혼 전에는 각자의 수입을 관리하다가 결혼하면서 아내가 우리 부부의 수입과 지출을 혼자 관리하던 때가 있었다. 언젠가 아내는 그때의 심정을 '갑자기 부자가 된 기분'이었다고 고백했다. 수입이 두 배가 넘게 늘어났으니 그런 기분이 들 법도 했을 것이다. 나라도 그런 기분이 들었을 테니까.

늘어난 수입을 잘 관리해서 빨리 자산을 불리고 싶은 부부의 욕심도 커졌다. 특히 아내는 더욱더 열성적으로 서점에 가서 맞벌이 재테크 책을 골라 읽었다. 책에 나오는 대로 통장을 쪼개고, 펀드를 이용한 분산 투자, 만약을 대비한 보험, 생애주기별 적금과 연금을 들었다. 어떻게든 하루라도 빨리 목돈을 모아볼 요량으로 애를 쓰는 것 같았다. 왜 그렇지 않았겠는가.

주위 사람들이 우리 부부에게 덕담처럼 하는 이야기가 있었다. '아이가 태어나기 전에 돈을 모아야 한다'라고. 우리는 그 생각에 동의했다. 그래서 한 푼이라도 더 빨리 모으고 싶은 마음은 더 갈급해졌다. 하지만 여러 노력을 했음에도 돈은 생각처럼 쉽게 모이지 않았다.

둘이 버니까 혼자일 때보다 돈을 모으기 쉬울 것 같지만 실제로 그렇지 않았다. 둘이 번다는 이유로 오히려 돈에 대한 감각이 무뎌졌다. 게다가 직장생활을 한다는 점을 내세워 열심히 일한 자신에 대한 위로비용도 선뜻 지출했다.

결혼 후 처음으로 외벌이가 시작된 것은 첫째 아이를 낳고 아내가 육아휴직을 시작하면서였다. 아이에게 집중하기 위해 경력을 단절하며 시작한 육아휴직이었지만 아내는 단 하루도 마음 편하게 아이만 키울 수 없었다. 휴직수당이 나왔지만 이전 소득보다 많이 부족했고, 육아에 들어가는 비용도 만만치 않았기 때문이었다. 나날이 씀씀이가 커지고 매달 적자가 나는 통장을 바라보면서 아내는 한숨을 쉬었다. 아내는 그때마다 육아에 온전히 집중하기보다는 빨리 일을 시작해 돈을 벌어야겠다고 했다. 기저귓값, 분윳값이 한 달에 쏠쏠찮게 고정지출로 나가면서 돈에 대한 걱정도 커져만 갔다. 아이가 눈앞에서 재롱을 부리는 모습을 보다가도 이 아이를 키우려면 빨리 돈을 벌어야겠다며 조급한 마음이 앞서는 듯했다.

　법적으로 육아휴직을 보장하고 있지만 당장 생활비가 아쉬워서 복직을 서둘러 하는 여성들을 주변에서 많이 봤다. 경제활동을 멈추고 아이를 키우다 보면 남편이 어떠한 말도 하지 않았음에도 은근히 남편의 눈치를 보게 되고 남편의 말 한마디, 행동 하나하나에 예민해진다. 당장 경제적 수입이 없어지면서 그에 따라 자존감도 낮아지는 것 같다.

　아내도 출산으로 잠시 일을 쉬고 있었을 뿐인데 경제활동이 사라지자 자존감 떨어지는 게 느껴졌다. 더 나아가 자신을 위해 돈을 쓰는 데 매우 인색해졌다. 특별한 이유 없이 자신감과 자존감이 같이 낮아졌다. 나는 아내에게 지금까지 한 번도 '같이 돈을 벌자'며 눈치를 준 적이 없다. 그런데도 아내는 남편 혼자서 버는 것에 초조해했다. 빠듯한 생활비와 낮아지는 자존감을 버티지 못한 아내는 결국 첫 번째 육아휴직 기간을 다 채우지 못하고 복직했다.

　하지만 그녀의 생각과는 달리 막상 복직하고 나니 상황은 더 힘들어졌다. 돌도 되지 않은 아이를 어린이집에 맡기면서 매일 아침 눈물을 쏟아야 했고, 어린이집에 아이를 맡기고 돌아서기가 무섭게 직장에 늦지 않기 위한 목숨을 건 레이스를 해야 했다. 게다가 아이를 부모의 손으로 키우지 못하고 함께하지 못하는 미안함을 돈이나 물건으로 해결하려고 했다. 우리는 직장에서는 업무로 치이고 퇴근해서는 가사와 육아에 지쳐 재테크는 나 몰라라 방치했다. 어차피 평생 돈을 벌 텐데 잠시 신경 쓰지 않는다 해도 상관없다고 생각했다.

　하지만 시간이 지날수록 우리는 더 지쳐갔다. 분명히 많은 것을 희생해가며 둘이서 돈을 벌고 있었는데 돈은 통장에 도통 쌓이지 않았다. 무엇보다 전혀 행복하지가 않았다. 평생 이렇게 살 수 없었다. 가족들과 행복한 시간을 보내기 위해서 일을 하는데 하루를 버티고 월급날을 기다리는 생활의 연속일 뿐이었다. 이렇게 살려면 도대체 우리가 왜 이 고생을 하며 돈을 벌고 있는지 허무해졌다.

분명히 둘이 같이 돈을 번다면 더 많은 수입이 있고 더 빠른 자산의 상승이 있어야 한다. 그런데 우리의 자산은 좀처럼 늘지 않았고 몇 년째 같은 자리에 머물렀다. 우리는 그제야 맞벌이 재테크 전선에 문제가 있다는 것을 깨달았다. 무언가 새로운 돌파구를 찾아야 했다. 우리는 무엇이 잘못됐는지 점검하기 위해 머리를 맞댔다. '어떻게 해야 더 많은 수입을 얻고, 더 빠르게 자산을 늘릴 수 있을까?'

# 우리가 맞벌이하는
# 진짜 이유

두 사람이 버는데도 돈이 모이지 않는다면 점검해봐야 한다. 그리고 맞벌이하는 이유와 목적에 대해 진지하게 생각해볼 필요가 있다.

### Q. 우리가 맞벌이하는 진짜 이유가 무엇일까?

단순히 부부가 둘이서 직장을 다니며 한 달에 두 번의 월급을 받는다고 해서 진정한 맞벌이라 할 수 없다. 맞벌이는 둘이 벌어서 수입을 늘리고 자산을 빨리 축적하기 위해 하는 것이지만 현실에서는 주객이 전도되는 경우가 많다. 물론 일을 통해서 성과를 올리고 직장에서 인정받고 성취감을 만끽하는 사람들도 있겠지만 대부분의 사람은 그렇지 않다.

사람들은 생계를 위해, 그달의 공과금을 내기 위해, 아이를 키우고 부모를 부양해야 하는 책임감 때문에 월급쟁이 생활을 버틴다. 하지만 버티는 것만이 답은 아니다. 버티기 힘들다면 또 다른 방법을 찾아서 노력해야 한다.

맞벌이는 '이인삼각' 경기와 같다. 이인삼각은 두 사람이 옆으로 나란히 서서 맞닿은 쪽의 두 발목을 함께 묶고 세 발로 뛰어야 한다. 서로 호흡을 맞춰야 넘어지지 않고 앞으로 나갈 수 있다. 한 사람이라도 한눈을 팔거나 호흡을 맞추지 못하면 넘어지기에 십상이다. 단순히 둘이 버니까 돈도 두 배로 많이 번다고 생각하기 쉽지만 실제로는 그렇지 않다. 부부가 직장에 다닌다는 사실 하나만으로 맞벌이가 성립되는 것은 아니다.

아내는 재테크에 큰 욕심을 부리지 않았다. 재테크는 월급 이외의 용돈 벌이 수준이면 된다고 생각했을 정도였다. 하지만 부동산 투자를 하면서 태도가 달라졌다. 아마도 그때 재테크의 새로운 경험을 맛봤던 것 같다. 그것은 단순히 돈 몇 푼을 더 버는 용돈 벌이 수준을 훨씬 뛰어넘었다. 이전의 월급을 받을 때의 뿌듯함과 차원이 다른 쾌감을 안겨줬으니 말이다. 당연히 월급 이상의 수익을 창출하는 데서 맛볼 수 있는 자산증식 쾌감에 견줄 만했다.

우리는 이제 돈이 되는 물건이 무엇이고, 수익을 올릴 지점이 어딘지 안다. 이것을 알게 되면서 우리는 그전에 알았던 고정관념이 부자가 되는 데 전혀 도움이 되지 않는, 한마디로 장애물이며 쓰레기임을 깨달았다. 그래서 장애물이자 쓰레기인 고정관념들을 과감히 제거하고 버렸다.

우리가 버린 고정관념 가운데 맞벌이하려면 직장에 다녀야 한다는 것도 있었다. 하지만 맞벌이에 대한 개념을 한 단계 업그레이드할 필요가 있다. 단순한 '더블 생계활동'을 넘어서 맞벌이를 통해서 더 빨리 부자가 될 수 있어야 한다. 그것이 우리 부부의 맞벌이 목표다. 맞벌이의 진정한 의미를 가슴에 새겨야 한다. '더 많은 수입을 얻고, 더 빨리 자산을 축적한다'라는 맞벌이의 목적을 잊지 말아야 한다.

지금 당신의 맞벌이는 어떤지 돌이켜봐야 한다. 직장을 다니고 있다는 구실로 지금의 행동과 생활습관을 너무도 당연하게 여기고 있는 것은 아닌지 생각해봐야 한다. 무엇을 위해 일을 하는지 시간을 들여 반드시 생각해보길 바란다.


## Q. 당신은 과연 더 빨리 부유해지기 위해 맞벌이하는 것이 맞는가?

맞벌이한다면 맞벌이의 의도를 정확히 판단하고 그것에 맞게 행동해야 한다. 분명 많은 것을 희생하는 맞벌이를 감행하고 있음에도 대부분은 그 희생에 대한 보상이 미비하다. 중형차를 소유하고, 1년에 해외여행 한 번 더 갈 수 있는 보상으로는 근본적인 해결책이 되지 않는다. 돈을 벌기 위해 부부가 함께 시간을 투자하고, 하고 싶은 무언가를 포기했다면 그에 따른 보상을 적절히 받을 필요가 있다. 희생이 아깝지 않게 맞벌이를 개선해야 한다. 상황을 바꾸기 어렵다면 자신이 변하는 쪽을 택하는 게 오히려 쉬울 수 있다.

우리는 열심히 일하고도 허무한 맞벌이가 아닌 열심히 일해 제대로 보상받는 맞벌이를 하기로 다짐했다. 그리고 어떻게 해야 할까를 한참 고민했다. 정말 하고 싶은 일을 하면서 삶의 여유를 즐기며 살고 싶었다. 일부 젊은 사람들은 '돈은 언제든 벌 수 있기에 인생에서 중요한 문제가 아니다'라고 말한다. 하지만 그들 인생에서 그 '언제든'은 도대체 언제일까?

돈은 있어도 되고 없어도 되는 성질의 것이 아니라 반드시 있어야 한다. 자본주의 사회든 사회주의 사회든 복지사회든 간에 어떠한 사회구조에 속하더라도 돈은 반드시 있어야 한다.

생계를 이어나가려면 반드시 수입이 있어야 한다. 그리고 맞벌이를 한다면 반드시 외벌이의 수입보다는 더 벌어야 하며 더 빨리 자산증식이 돼야 한다. 그렇게 우리가 수입을 늘릴 고민을 하고 있던 무렵, 평소에 가깝게 알고 지내던 지인의 소식을 들었다. 5,000만 원으로 부동산에 투자해서 2년 만에 2억 원을 벌었다는 이야기였다. 이 이야기는 우리 부부를 자극했고 각성하는 계기가 됐다.

# 부부가 다 직장에 다닌다고
# 진정한 맞벌이일까?

### 부자 아빠가 알려준 부의 원리를 또 까먹다?

《부자 아빠 가난한 아빠》 20주년 기념 책이 발간됐다. 20년 전에 출판돼 부자가 되는 방법에 대한 사고의 전환을 이끌었던 화제의 책이다. 금융지식에 대한 교육, 경제교육의 중요성에 관해서 주장하고 설명했던 작가 로버트 기요사키의 이야기를 읽고 많은 사람이 공감하고 감동했다.

나도 《부자 아빠 가난한 아빠》를 읽었다. 취업을 한 사회 초년생이었던 해로 기억한다. 그때 이 책을 읽고 내가 그동안 받았던 교육은 부자가 되는 교육이 아니었음을 깨달았다. 책에 나왔던 가난한 아빠가 나의 선생님, 나의 부모님과 같았다는 사실을 알게 된 것이다. 또한 좋은 직업을 갖는다고 해서 부자가 될 수 있는 것은 아니라는 것을 알았다. 월급쟁이와 사업가의 세금이 어떻게 다른지도 배웠다.

수많은 사람이 그 책을 읽고 내가 느낀 깨달음을 얻었다. 공부를 열심히 해서 안정되고 연봉이 높은 직업을 가져 정년이 될 때까지 열심히 일하는 게 부자가 되는 정답이 아니라는 것을 배웠다. 하지만 지난날을 돌아보면 '배운 것'과 '배운 것을 토대로 내가 변한 것'과는 차이가 있다.

입사 이후 《부자 아빠 가난한 아빠》 책을 읽고 그동안 몰랐던 사실을 알게 됐음에도 나는 내 사업을 찾기보다 여전히 안정된 직장을 다니면서 성실하게 근무했다. 직장을 다니는 동안 월급은 꾸준히 나왔고, 경력이 쌓이면서 호봉이 올랐으며, 승진도 하면서 월급이 올랐다.

그러던 어느 날, 내게 소개팅이 들어왔다. 소개받을 때 주선자에게 학벌과 직업을 물었다. 주선자가 알려준 단편적인 정보에 의하면 나와 같은 학벌에 직장인이라는 것이었다. 나는 그때 머리를 빠르게 굴렸던 것 같다. 상대적으로 취업을 준비하는 사람보다 이미 직장에 다니는 사람을 만나면 더 안정적일 것으로 생각했다.

나는 대기업을 다니면서 짧지만 굵게 더 많은 돈을 벌고, 배우자될 사람은 작은 회사의 직장인이지만 함께 돈을 벌 수 있다는 기대를 했다. 둘이 같이 벌면 수입이 더 많으니 같이 열심히 일하며 살다 보면 일 년에 한 번 해외여행도 다닐 수 있을 것이라 예상했다. 30평대 아파트도 남들보다 쉽게 마련할 수 있을 것이고, 아이에게 좋은 교육을 받게 하고, 좋은 차도 타고 다닐 수 있을 거라 기대했다. 아이들이 커서 성년이 되면 결혼자금도 조금 보태주고, 노후에는 연금을 받아 생활할 수 있을 것으로 생각했다.

《부자 아빠 가난한 아빠》라는 책을 읽고 분명히 그동안 몰랐던 부에 대한 새로운 관점과 부자가 될 수 있는 새로운 방법들을 알게 됐지만, 내 생활은 변하지 않았다. 그 책을 읽은 대부분의 사람이 '아!' 하는 깨달음을 잠깐 얻고서는 이내 일상으로 돌아갔듯, 나 역시 열심히 직장에 다니면서 월급을 받고 맞벌이하면서 외벌이보다 조금 더 많은 월급을 받는 것에 스스로 위로했다. 시간이 흐르면 호봉이 오르고 월급이 자연스레 오르기를 기다리고, 경력이 쌓이면 월급이 더 오를 것이라는 희망만을 가슴에 품으면서 열심히 쳇바퀴를 돌며 살았다.

## 통장에 찍히는 월급은 우리를 언제든 배신할 수 있다

지난 어느 해 봄, 우리 가족은 전라도 여행을 갔다. 그중 군산이라는 도시를 방문했는데 주말임에도 불구하고 시내가 매우 한산했고, 가게 곳곳에 '임대'라는 문구가 붙어 있었다. 그때 나는 도시 전체를 짓누르는 우중충한 느낌을 받았다. 군산이라는 지방을 처음 방문해본 터라 지역 분위기가 원래 그런 정도로만 생각했는데 그날 숙소로 돌아와 뉴스를 보면서 왜 그런 느낌을 받았는지 알았다.

뉴스의 내용은 군산에 있던 한 자동차 업체가 철수하기로 하면서 그곳에서 일하던 수많은 사람이 일자리를 잃었고, 많은 사람이 일자리를 찾기 위해 다른 지방으로 이사한다는 내용이었다. 일자리를 찾아 타지로 떠나는 사람들 덕분에 아이러니하게 이사 업체만 호황이라는 뉴스였다. 지역경제의 침체로 군산의 학원, 병원, 외식 사업 등 모든 분야의 침체가 연쇄적으로 일어나던 상황이었다.

아내와 결혼하면서 처음에는 내가 다니던 대기업을 50세까지만 버티며 다니길 바랐다. 40세가 넘어가는 순간부터 정리해고의 대상이 되고 연말이면 한 명 두 명씩 짐을 싸서 떠나는 모습을 직접 보면서 아무리 똑똑하고 능력 있는 사람이라도 회사가 어려워지면 버텨낼 재간이 없겠다 생각했다. 나는 아무것도 안심할 수 없는 상황이 올 수 있음을 대비해 마음의 준비를 하고 있었다. 하지만 몇 년 전 우리나라 조선산업이 힘들어지고, 실제 주변에서도 지인들이 젊은 나이에 타의로 일을 그만두는 것을 목격하면서 내게도 그 시기가 예상보다 더 빨리 올 수도 있겠다는 경각심이 들었다.

나는 아내에게 이런 질문을 한 적이 있다. "여보, 만약에 나도 나이 먹어서 정리해고 순위가 돼 회사에서 눈치 주고 발령 내고 책상을 빼버리는 상황이 오면, 나 그래도 버텨야 해? 아니면 그만둬야 해?" 그때 아내는 고맙게도 그냥 그만두라고 했다. "여보, 그런 상황은 안 일어나겠지만 만약에 그런 상황이 생기면 나한테 숨기지 말고 말해. 그리고 당당히 그만두고 집에서 살림이나 해. 여보는 내가 먹여 살릴 테니까" 아내는 당시에 나를 먹여 살린다고 약속했다. 그 약속을 지키기 위해 당장 무엇을 어떻게 해야 할지 잘 몰랐지만 조금씩 준비해야 한다는 것은 알고 있었다. 그리고 그 계획을 실행하기 위해 행동에 옮기기 시작했다.

월급은 우리를 끝까지 책임지지 못한다. 당신의 통장에 스치기만 하는 월급이 어느 날 갑자기 아예 스치지 않을 수도 있다. 아내가 육아휴직으로 일을 쉬면서 한 사람의 월급이 얼마나 중요한지 우리는 이미 알고 있었다. 하지만 나머지 월급도 없어진다면 어떻게 해야 할까? 애도 둘이나 낳았고 아직 너무 어려서 앞으로 들어갈 돈도 많다. 그때 우리가 기댈 곳은 과연 어디일까? 부모님일까? 정부일까? 아니면 나의 자산일까?

우리는 서로의 부모님에게 도움을 바라기보다 도움을 드려야 하는 처지였다. 그리고 정부의 도움이 우리를 얼마나 옭아매는지도 잘 알고 있었다. 그래서 우리는 우리가 모을 자산의 도움을 받기로 했다. 그러기 위해서 우리 가족을 지켜줄 충분한 자산을 키워야 했다. 우리에겐 외부 환경이 변해도 평생 맞벌이할 수 있는 투자법이 필요했다. 그것은 바로 가장 접근성이 좋은 부동산이었다. 월급은 우리를 배신할 수 있지만 자산은 절대 배신하지 않는다는 것을 굳게 믿고 있었다.

## 부동산 투자로 누구나 맞벌이할 수 있다

그동안 부동산 재테크는 TV에 출연하거나 책을 쓴 사람들만 한다고 생각해왔다. 이미 많은 사람이 부동산 투자를 하는지는 잘 몰랐다. 부동산 중개업소를 방문하는 대부분의 사람은 이사 갈 전월세의 집을 얻거나, 내 집 마련을 위해서거나, 기껏해야 투자로 한두 채의 집을 더 갖기 위해 오는 것이라고만 생각했다.

뒤늦게 부동산 재테크에 관심을 가지고 난 후 인터넷과 발품으로 직접 현장을 뛰어다니다 보니 우리가 일상적으로 길에서 마주쳤던 많은 사람이 이미 부동산 투자를 하고 있다는 것을 알게 됐다. 그들 중에는 은행이자보다 조금 더 나은 수준의 수익률이 아닌, 직장인의 한 달 월급 수준의 높은 수익 내는 사람도 있었다. 꼭 책에 나오거나 인터넷상에서 유명한 사람이 아니더라도 부동산 투자를 하고 있었다.

나는 그때 꼭 회사에 다니는 것 말고도 다양한 방법으로 수입을 얻고 자산을 불릴 수 있음을 알게 됐다. 그동안 틀에 갇힌 생활을 했던 나는 틀 너머의 세상을 너무 모르고 살았다는 것을 깨닫고 한 걸음씩 틀 밖으로 발을 뻗기 시작했다.

부동산 투자는 돈이 많은 사람만 하는 전유물인 줄 알았는데 약간의 종잣돈과 대출을 이용하면 누구나 쉽게 시작할 수 있었다. 때로는 그 대출 금액이 억 단위를 넘더라도 충분한 수익률이나 시세차익이 보장된다면 문제가 되지 않았다. 그렇게 나는 조금씩 돈벌이에 대한 시선을 이동시키면서 월급을 받던 시절보다 더 많은 돈을 벌 수 있었다.

세상에는 월급 말고도 다양한 돈벌이가 있다. 어떤 사람은 일주일에 4시간만 일하며 돈을 번다고 하는데 그건 그 사람만 할 수 있는 일이 아니다. 우리가 실제로 2016년 한 해 순수하게 부동산 투자만으로 투자한 시간은 100시간이 채 되지 않았다. 그 후에도 매년 부동산 투자에 집중한 시간이 100시간이 채 안 된다. 1년을 52주로 나누면 1주일에 2시간을 채 일하지 않은 셈이 된다.

특히 아내는 만 3년 동안 일을 쉬고도 3년 치 연봉 대비 몇 배 더 많은 자산의 상승이 있었다. 한 달 중 실제 근무 일수를 22일로 볼 때 1년이면 260일 정도 일한다. 하루에 8시간 일하고 칼퇴근을 한다고 하더라도 2,080시간을 일하고 우리는 연봉을 받는다. 과연 더 나은 생활을 하고자 맞벌이를 한다면 어떤 맞벌이가 더 나은 맞벌이란 말인가.

생각의 전환이 필요하다. 가까운 친구들에게 이런 이야기를 하면 "너 정말 대단하다. 나도 한번 공부해서 도전해봐야겠다"라고 반응하는 친구가 있지만, "너니까 할 수 있었지, 난 못해"라고 말하는 친구도 있다. 나라는 한 사람이 똑같은 경험담을 똑같이 나눴는데도 받아들이는 사람에 따라 "나도 해봐야겠다"라고 하는 사람이 있지만, "너는 했지만 나는 못해"라고 말하는 사람이 있다.

사람들 대부분은 어떤 새로운 일을 시작해야 하는 상황이 닥치면 해보지 않은 일에 대한 두려움을 이기지 못하고 현재에 안주하려고 한다. 누구나 두려움은 있다. 하지만 그것을 이겨내지 못한다면 여전히 현재와 같이 아이들 교육비를 걱정하고 비싼 과일을 손에 들었다가 도로 놓는 삶을 계속해야 한다.

언제까지 우는 아이를 억지로 어린이집에 1등으로 맡겨가며 일하고, 제일 마지막으로 아이를 찾으면서 우리 아이 때문에 퇴근이 늦어지는 선생님의 눈치를 보면서 살아야 하나. 아이가 크면 나아진다는 주변 사람들의 말만 들으면서 희망을 품을지라도 아이가 크면 또 어떡할 텐가. 오히려 맞벌이 부부의 아이라 부모의 관리가 안된다며 멀리하는 주변 사람들을 보면 그 희망마저 무너져버린다. 퇴직 후에 받는 연금을 위안 삼기에는 우리의 젊은 시절과 아이들이 너무 불쌍하다.

우리가 맞벌이하는 목적을 절대로 잊어서는 안 된다. 맞벌이는 정년까지 월급을 한 달에 두 번 받아 외벌이보다 경제적으로 조금 나은 삶을 원하는 것이 아니다. 진정한 맞벌이는 부부 둘이 같이 돈을 벌면서 수입의 증가와 자산의 증가를 더 빨리 이루기 위함이다. 열심히 일해서 한 달에 월급을 두 번 받아 아껴 쓰는 것이 최선의 대안이 아님을 알아야 한다.

# 05

# 맞벌이를 언제까지 할 것인지
# 서로 의논해 봤는가

"뭘 언제까지 해? 그냥 할 수 있을 때까지 하는 거지. 나가라고 해도 어떻게든 붙어 있어야 할 판에 그만둘 생각을 왜 해? 출근해서 똥만 싸고 와도 월급이 꼬박꼬박 나오는데 어딜 나가?"

정년이 보장되지 않은 현대의 냉정한 고용 현실을 볼 때 열심히 일할 수 있는 일자리가 있는 것만으로도 감사하게 여긴다. 매해 연말이면 되풀이되는 정리해고 소식에 벌벌 떨며 한해 한해를 넘긴다.

하지만 조금 다르게 생각해보자. '할 수 있을 때까지', '다닐 수 있을 때까지'는 대체 언제일까? 그 모호한 시점을 고용주에게 맡기기보다 우리 스스로 정해본다면 어떨까? 안정적이라고 생각했던 직장에 무작정 안주하고 있다가 갑자기 들이닥친 칼바람에 무너지는 사람들의 이야기를 매체와 주변의 경우를 통해 해마다 듣고 있다. 지금은 안정적으로 느껴지는 우리의 직장이 어느 날에는 칼이 되어 날아오기 전에 우리 부부 스스로 명확한 시점을 정해 미래를 준비하기로 했다.

아내는 돌도 되기 전에 다시 출근해야 했던 첫째 때와 달리, 둘째 아이를 낳고는 작정하고 일을 쉴 생각이었다. 비싼 한우 좀 안 먹이면 어떻고, 추운 겨울에 딸기 좀 못 먹이면 어떻나 싶어 매일 같은 옷을 입어도 아이들과 함께할 수 있는 시간을 가지기로 작정했다. 당장 월급을 받지 못하는 것은 아쉬웠지만 아내는 자연스레 회사라는 틀에서 한 발짝 멀어지며 자신의 삶을 좀 더 거시적인 관점으로 바라볼 여유를 가지게 됐다.

아내는 회사 일을 쉬니 그렇게 행복할 수가 없었다고 했다. 아이를 둔 맞벌이 부부라면 누구나 공감하는 이야기일 것이다. 출근하지 않고 여유롭게 산책하듯이 아이를 등하원 시키는 일은 누구에게는 평범한 일상이었겠지만 맞벌이 부부에게는 꿈같은 이야기다.

어느 날 아내는 아이들과 나선 산책길에서 꿈을 이룬 것 같은 행복을 느끼다가 갑자기 남편인 내가 생각났단다. '분명히 우리 신랑도 이런 생활을 하고 싶을 텐데. 신랑이랑 매일 같이 이렇게 놀고 싶다. 그냥 같이 놀까? 그럼 더 행복할 것 같다' 이런저런 생각들이 머릿속을 흘러가다 그녀 스스로 결론을 내렸다. '빨리 경제적 자유를 가져서 남편이랑 같이 놀자!' 세상에는 즐길 것이 너무 많다면서 말이다.

새로운 라이프스타일을 구상하고 그걸 시도할 용기를 내보겠다는 것은 또 다른 삶을 경험하고 도전할 기회가 된다. 우리는 그동안 수없이 머릿속에 스쳐 갔던 생각을 흘려보내지 않고 이번에는 기회를 잡아야겠다고 다짐했다. 남은 시간 동안 조금 더 성장하고 투자와 소비생활 방식에 약간의 변화를 준다면 충분히 가능하지 않을까 싶었다.

물론 같이 논다는 의미가 정말로 하는 일 없이 딩가딩가 놀겠다는 의미는 아니다. 시간을 핑계로, 돈을 핑계로 하지 못했던 여러 가지에 도전하면서 다양한 삶을 경험하고, 시간을 나의 의지와 라이프스타일에 맞게 활용하며 꿈을 위해 매진하겠다는 의미다. 또 부부가 서로에게 기회를 줌으로써 어딘가 숨겨져 있을 우리의 재능과 능력을 충분히 발휘해보자는 의미다. 그러기 위해서 믿을 구석이 필요했다. 그 믿을 구석, 경제적 자유를 빨리 쟁취해보기로 했다.

경제적 자유. 듣기만 해도 가슴 떨리는 말이다. 이를 위한 명확한 목표가 필요했다. 자산 50억 원. 그리고 소극적 소득 월 1,000만 원. 그 목표를 달성하는 시점이 우리가 맞벌이를 그만두는 날이 될 것이다.

현재 아내는 둘째를 출산하고 두 번째 육아휴직 중이다. 임신과 출산 그리고 육아로 이어지는 시간 동안 아내의 심리 상태는 어떤 변화를 겪고 있었을까? 나로서는 여간 궁금한 게 아니었다. 어느 날 오후, 아내와 함께 마른빨래를 정리하면서 대화하다 아내에게 이런 이야기를 들었다.

"참 희한하지? 첫 번째 육아휴직을 할 때와 달리 지금은 조급한 마음이 안 드니 말이야. 쉬고 있으니 당장 월급이 줄었는데도 생활비 걱정도 안 들어. 예전에는 임신과 육아에 매여 남들보다 뒤처질 걱정과 자존감 낮아진 나 자신에게 속상해서 울기도 했는데…. 이게 다 돈의 힘인가 봐. 휴직하고 있지만 투자로 벌어들이는 돈이 내가 직장에 출근하면서 벌었던 수입보다 더 많아서 그런가 봐" 아내는 말하고서 피식 웃었다.

직장에 나가서 벌었던 돈보다 약간의 손품과 발품으로 더 많은 수익을 창출하는 지금, 아내는 더 많은 자신감과 더 높은 자존감을 얻은 듯했다. 물론 나도 마찬가지다. 우리는 이전보다 경제적인 부분에서 더 당당해졌으며 돈을 더 합리적으로 소비할 수 있게 됐다. 아내는 몇 년째 육아휴직 중이지만 우리의 맞벌이는 여전히 진행 중이다.

아내는 육아휴직이 끝날 때쯤에는 아마도 두 가지 길 중의 하나를 선택할 것이다. 복직해 일을 계속하거나 아니면 퇴사하거나. 그러나 아내에게 복직은 월급을 바라고 나가는 일터의 개념이 아닐 것이다.

이 책을 읽는 당신은 지금 단순히 경제적 문제로 맞벌이하는가? 아니면 다양한 인간관계나 명예, 성취감 등을 얻기 위해 맞벌이하는가? 한 번 진지하게 생각해볼 문제다.

## 06

# 책의 힘을 빌리면
# 따로따로 부부도 일심동체

### 생각과 행동의 변화를 끌어내는 독서의 힘

생각을 변화시키고 이를 행동의 변화로 끌어내기 위해 우리는 책을 읽는다. 이때 몇 권의 책을 일정한 기간에 걸쳐 꾸준히 읽는 것도 중요하지만 우리 부부의 경우 짧은 기간에 집중적으로 관련 분야의 책을 파고드는 방법을 활용한다. 즉, 짧은 기간에 비슷한 분야의 책과 같은 목표의 책을 읽으면서 생각의 변화를 끌어내 즉각적인 행동의 변화까지 이어질 수 있도록 집중적이면서도 깊이 있는 깨달음을 얻는 방법이다.

예를 들어 부동산 경매에 도전하고 싶다고 가정해보자. 부부가 서로 방법도 모르고 명도에 대한 두려움 때문에 선뜻 나서기 힘들 수 있다. 이때는 한 달이라는 시간을 두고 부동산 경매에 관한 책만 여러 권 읽는다. 경매에 대한 전체적인 흐름을 알려주는 책을 골라 하루에 한 권에서 두 권 정도 읽는다. 1주일이 지나면 거의 열 권을 독파할 수 있다. 읽은 내용 중 중요한 내용은 노트에 필기한다. 더 깊이 공부해야 하는 책이라면 보통 하루 또는 길어도 3일 안에는 끝내는 식으로 읽는다.

이럴 때 비슷한 분야의 책을 한 달에 30권 정도 읽는다. 시중에 나와 있는 여러 책을 읽다 보면 같은 내용이 반복되는 경우도 있고, 같은 상황을 다르게 해결하는 경우도 있다. 자연스레 시각이 넓어진다. 또 짧은 기간에 집중적으로 읽으면 반복적인 각인효과 덕분에 기억에 더 오래 남는다. 게다가 책을 읽는 동안 얻게 되는 지속적인 동기부여로 망설였던 행동을 거두고 주저하지 않고 앞으로 나아갈 수 있는 용기를 낼 수 있게 된다.

우리는 짧은 기간 동안 책을 이용한 자발적이고 긍정적인 세뇌를 통해 주저하거나, 망설여지거나, 포기하고 싶을 때 자신을 움직이게 만든다. 이때 각자가 읽은 책 중에서 좋은 책 몇 권을 서로에게 추천한다. 직장생활을 하는 나보다 상대적으로 시간적 여유가 많은 아내가 먼저 여러 가지 책을 읽어보고 좋은 책들을 선별해서 내게 권하는 경우가 많다. 그러면 나는 출퇴근 시간이나 새벽시간을 이용해서 아내가 권해준 책을 읽는다. 거의 모든 책이 흡족한 동기부여가 되었고, 덕분에 동시에 움직인 우리 부부의 마음은 용기로 가득 찼다. 우리는 그 용기로 곧바로 목표를 세우고 실행에 옮겼다.


## 교과서를 마지막으로 멀리했던 독서를 가까이하다

처음부터 우리가 이렇게 같은 책을 읽고 같은 마음으로 행동할 수 있었던 것은 아니다. 우리는 고등학생 때는 교과서, 대학생 때는 전공서 이외에 다른 책은 손에 잡아보지도 않고 살았다. 우리는 주로 책보다는 미국 드라마나 애니메이션을 좋아했다. 어쩌다 쉬는 날이나 시간적 여유가 있는 날이면 미국 드라마나 애니메이션 시리즈를 밤새워 통으로 보며 시간을 보냈다. 나는 책보다는 만화를 좋아했고, 책을 읽는 시간보다 친구들과 흥청망청 술 마시며 떠드는 시간을 너무 좋아했다.

아내는 첫째를 낳고 재테크에 관심을 가지기 시작하면서 1년에 한두 권 정도의 책을 읽었다. 하지만 돌아서면 책의 내용을 잊어버렸다. 아내가 책을 제대로 읽기 시작한 것은 우연히 도서관 옆으로 이사를 오게 되면서다. 마침 둘째를 임신한 아내는 육아휴직을 하게 됐고, 동네에 마실 나가며 들렀던 도서관에서 본격적으로 책을 읽기 시작했다. 아이가 둘이니 앞이 더 막막해졌다고 해야 하나. 그토록 원했던 아기를 가졌지만 돈으로 아이를 키운다고 하는 요즘 시대에 마냥 기쁜 마음으로만 지낼 수는 없었던 모양이었다.

아내는 도서관에 다니며 육아서, 재테크서, 자기계발서, 성장 에세이 등 제목을 보고 손이 닿는 대로 빌려 읽었다. 백지에 점을 찍기만 해도 점이 도드라져 보이듯, 무지 상태인 아내에게 책 속의 한 줄 한 줄이 신기하게도 마음에 와 닿으며 변하기 시작했다. 그렇게 아내는 1년쯤 꾸준히 책을 읽었고, 그중 정말 마음에 와 닿는 책들을 골라 내게 권해줬다. 아내는 내가 쉽게 책을 읽지 않을 거라는 예상과 달리 선뜻 책을 받아들고는 항상 끝까지 읽어 내려가는 것에 고마움을 느꼈다고 했다.

부부가 같은 책을 읽는다는 것은 장점이 많다. 누군가 먼저 책의 내용에 대해 이렇고 저렇고 굳이 설명하지 않아도 훌륭한 작가들이 멋진 문체와 글로 알아서 설득해주니 서로의 입이 아프지 않아서 좋다. 또 네가 옳니 내가 옳니 다툴 필요도 없다. 그리고 좋은 책을 같이 읽다 보면 같은 꿈을 꾸게 되는 순간이 온다. 그 꿈의 세부적인 내용은 각자 조금씩 다를지 몰라도 궁극적으로 추구하는 행복한 삶의 기준이 비슷해지면서 상대방의 꿈을 더 존중하고 지지할 수 있게 된다. 나의 꿈이 곧 그녀의 꿈이 되는 것이다. 사랑하는 사람과 같은 곳을 바라보는 삶. 그것은 더 이상 이상적인 삶이 아닌 현실이 될 수 있다. 좋은 책 몇 권을 같이 읽는 것으로도 충분히 이뤄낼 수 있다.

책을 읽는 것이 얼마나 중요하고 좋은지는 어릴 적부터 익히 들어와서 잘 알고 있을 것이다. 하지만 사람들은 대부분 책을 많이 읽지 않았기 때문에 그 말을 직접 경험해보지 못했다. 우리나라 사람들의 독서량과 시간은 다른 나라의 수치에 훨씬 못 미친다. 안 그래도 책을 읽지 않는데 스마트폰의 보편화로 더 많은 사람이 책 대신 스마트폰을 손에 들고 있다. 물론 스마트폰을 활용해서 좋은 강의와 좋은 정보를 취할 수 있는 것은 분명한 사실이다. 하지만 그것을 제대로 활용하기보다는 단순히 게임이나 가십거리들을 보는 정도로 시간을 보내는 식이 대부분이다. 가끔 지하철을 타보면 전동차 한 칸에 있는 사람 가운데 책을 읽는 사람을 거의 찾아볼 수 없다. 젊은 학생들부터 나이 든 노인들까지 스마트폰을 보거나 귀에 이어폰을 꽂고 음악을 들으며 목적지까지 가는 무료한 시간을 달랠 뿐이다.

오늘은 어떤 책을 읽어볼까 하며 인터넷을 뒤지다가 어떤 부동산 투자서의 상품평에서 '아내에게 이 책을 읽으라고 선물했어요. 아내가 이 책을 읽고 이분처럼 했으면 좋겠네요'라는 글을 봤다. 아내가 책을 읽고 저자처럼 할 것이라는 기대를 하기 전에 스스로 뭐라도 한 것이 있는지 궁금했다. 마치 자기는 소파에 누워 TV만 보면서 집안이 더러우니 청소 좀 하라고 잔소리를 하는 것과 같다. 자신은 하지 않으면서 배우자가 먼저 하기를 원하는 그런 기대야말로 부부관계를 망치는 '악 중의 악'이라고 생각한다.

자신부터 먼저 책을 읽고 변화해야 한다. 책 한 권 선물했다고 가만히 앉아서 배우자에게 어떤 행동의 변화가 생기리라 기대하면 안 된다. 아내는 나를 변화시키려는 의도로 책을 읽지는 않았을 것이다. 내가 스마트폰과 컴퓨터로 동시에 게임을 돌리고 책이 아닌 웹툰 만화를 즐겨보는 사람이라는 걸 잘 알고 있었기에 나를 책으로 변화시킬 수 있다는 생각조차 하지 못했을 것이다.

매일매일 책을 읽던 아내가 먼저 변하기 시작했다. 어느 날 아내가 "이 책 한번 읽어 봐" 하고 무심코 던진 한마디에 왜 그런지 모르겠지만 나는 반응했다. 나도 내가 책 한 권을 하루 만에 읽을 줄은 전혀 몰랐다. 하지만 나는 아내가 그 한 마디를 해주기를 은연중에 바라고 있었을지도 모른다. 아내가 책을 읽고 변하는 모습을 지켜보면서 그런 모습에 욕심이 생겼을 수도 있다. 내가 아내처럼 변하는 데는 족히 1년이 걸렸다. 조급하게 생각할 것도 없고 반드시 배우자도 책을 읽혀 변화시키겠다고 목표를 세울 필요도 없다. 나부터 잘하면 알아서 따라오게 돼 있다.

## '단기간 집중적 자발적 세뇌'와
## '장기간 자발적 점진적 세뇌'

　독서할 때 '단기간 집중적 자발적 세뇌'의 방법과 '장기간 자발적 점진적 세뇌'의 방법을 이용해보자. 독서를 하다 보면, 빠르게 불타올랐다가도 이를 꾸준하게 이어가기에는 에너지 소모가 너무 커 쉽게 지칠 수 있다. 그래서 나름 완급을 조절하기 위한 노하우가 필요한데 이때 적용할 수 있는 방법이 '단기적 집중적 자발적 세뇌'다. 주로 성공철학, 자기계발서, 에세이 등을 읽을 때 적용할 수 있는데, 책의 내용에서 얻은 열정과 흥분을 가라앉히면서 적당한 긴장감을 주어 불꽃이 꺼지지 않게 조절한다.

　목표로 했던 투자를 한 뒤 새로운 물건을 찾거나 자금을 준비하는 과정에서는 '장기간 자발적 점진적 세뇌'의 방법을 써본다. 긴장을 풀면서 감을 잃지 않기 위해 꾸준히 책을 읽는 방식이다. 집중적으로 책을 읽을 때보다 더 여유롭게 책을 읽을 수 있다. 지식과 경험을 얻을 수 있는 책보다 주로 부자마인드, 성공마인드, 돈을 끌어당길 수 있는 생활습관 등 마음자세와 습관에 대한 책을 읽을 때 적용하면 좋다.

　한 번 책을 읽으면 '자! 이제 책을 읽었으니 남은 인생 평생토록 이렇게 배운 대로 실천해야지!' 하고 열정이 불타오른다. 하지만 그렇게 마음을 먹은 대로 꾸준히 실천할 수 있으면 좋으련만 돌아서면 잊어버리고 나태해진다. 게을러진 나를 다시 붙잡기 위해 책을 손에 든다. 늘 새로운 책을 찾아서 읽기보다는 마음을 움직였던 책을 반복해서 읽기도 한다. 이때도 마찬가지로 우리는 거의 같은 책을 붙잡고 읽는다. 이러한 습관을 갖게 되다 보니 재미있는 현상이 생겼다. 마치 부부가 자녀교육에 대해 공통으로 관심이 있는 것처럼 독서도 생각 변화와 목표를 자연스럽게 공통으로 갖게 된 것이다.

## 같은 곳을 바라보는 삶

우리 부부도 처음부터 같은 곳을 바라보며 결혼하지는 않았다. 그때는 어느 곳을 바라봐야 하는지도 잘 몰랐다. 하지만 같은 책을 읽고 같은 꿈을 꾸면서 같은 곳을 바라보기 시작했다. 바라보게 된 곳이 내가 원하는 삶이었고, 또 아내가 원하는 삶이었다. 아내가 그 꿈을 이루고 싶어 하는 마음과 내가 그 꿈을 이루려고 하는 이유를 서로 잘 알 수 있었다. 아내 또한 꿈을 빨리 이루고 싶은 마음에 나의 결정을 지지하고 응원하게 된다.

사랑하는 사람과 같은 곳을 바라보는 삶을 왜 그토록 많은 사람이 희망하는지 알게 됐다. 아내가 굳이 말하지 않아도 나는 아내의 생각을 읽을 수 있고, 아내가 무엇을 결정하든지 믿고 따라줄 수 있다.

만약 사랑하는 사람과 같은 곳을 바라보는 삶을 살고 싶다면 같은 책을 읽는 방법을 추천한다. 경험상 아주 좋은 방법이다. 같은 곳을 여행하며 경험을 나누는 것도 좋은 방법이지만 비용과 시간의 효율이라는 측면에서는 같은 책을 읽는 것만큼 훌륭한 것은 없다.

팀 페리스의 《지금 하지 않으면 언제 하겠는가》에 나온 글귀를 소개하고 싶다. 아내와 서로 다른 시점에 읽은 책이지만 이 문장에서 와 닿은 공감은 같았기에 밑줄을 치고 서로 이야기를 나눴다.

"누군가와 함께 읽고, 함께 쓰고, 함께 산책하는 삶을 살고 있는가? 당신은 이미 인생에서 가장 큰 행복을 발견한 것이다."

우리는 가장 큰 행복을 이미 발견했다. 앞으로도 그렇게 살아가기 위해 최선을 다할 것이다.

# 07

# 부부의 솔직한
# 돈 대화법

사람들은 대체로 돈에 대해 툭 까놓고 얘기하는 것을 꺼린다. 연봉, 자산 현황, 투자 방향 등에 관한 이야기를 물어보는 것은 상대방에 대한 실례로 여긴다. 반대로 누군가가 나의 수입과 자산에 대해서 묻는 것도 불쾌하게 여긴다. 물론 남에게 돈에 대해 왈가왈부 떠드는 것은 사생활 침해요소가 큰 대단한 실례다. 하지만 부부만큼은 서로 돈에 대한 생각을 솔직하게 말할 필요가 있다.

### 과소비를 줄이고 짠 연애를 했던 계기적 사건

우리는 소개팅으로 만났다. 소개를 받던 날 아내는 주선자에게 나의 직업을 물어봤었다. 연봉이 얼마나 되나 궁금했던 모양이었다. 나도 주선자에게 그녀의 직업을 물었다. 직업을 알면 대충 얼마의 연봉을 받는지 알 수 있기 때문이다. 우리는 그렇게 서로의 직업과 연봉을 대충 가늠한 상태에서 만나 연애를 시작했다.

젊은 시절의 우리에게는 엄청난 공통점이 하나 있었다. 우리는 각자 넉넉하지 않은 가정환경에서 자라왔다. 그러다 스스로 돈을 벌기 시작하면서 그동안 억압받았던 소비의 욕구를 마구 해소하고 있었다. 나는 흔히 말하는 애플의 '얼리어답터'였다. 그 밖에도 자전거, 모터사이클, 사진의 취미도 있어 틈나는 대로 고가의 장비를 마구 사들였다. 아내는 나만큼 고가의 물건을 사들이는 편은 아니었지만 미용에 상당한 비용을 지출하고 있었다. 브랜드 미용실에서 회원권을 한 번에 끊어 관리를 받고, 피부과에 정기적으로 다니며 관리를 받았다.

그렇게 화려한 싱글 시절을 보내다 연애의 끝인 결혼을 서로 생각할 시점이 다가왔다. 우리는 결혼에 대해 진지하게 이야기 나누다 서로의 경제적 상황을 솔직하게 털어놓게 됐다. 연애 3개월 차였을 때다. 아내가 충격을 받던 모습은 지금도 잊을 수 없다. 대기업 직장 4년 차였던 내가 모았던 돈은 3,000만 원이 채 되지 않았다. 아내가 만약 결혼한다면 집에서 전세자금을 좀 보태어 줄 수 있냐고 물었을 때 나는 고개를 숙였다. 그럴 형편이 전혀 안 되어 아마 한 푼도 도움을 받지 못할 것이란 대답밖에 할 수 없었다.

그때 아내는 내가 모았던 돈과 전세금을 보태주시지 못하는 집안에 대해 충격을 받은 것이 아니었다. 그런 상황인데도 그렇게 돈을 써댄 나의 경제관념이 이해되지 않았던 것이다. 그렇게 얼리어답터를 하려면 그만한 경제적인 능력을 이미 갖추거나, 나중에 결혼할 때 도움을 받을 수 있는 경우에만 가능하다고 생각했었기 때문이다.

갑자기 아내의 머릿속은 오만가지 생각으로 복잡해졌다. 이렇게 돈에 대해 무지하고 생각이 없는 사람과 결혼해도 괜찮을까. 아내는 그 뒤로 연락을 끊고 하루 동안 생각하는 시간을 갖자고 했다. 나는 그때 아내와 마지막인 줄 알았다. 그 심각한 분위기는 지금 생각해도 오싹하다. 하지만 이미 물은 엎질러진 상황이었다. 아내와 나는 사랑에 빠져 헤어나올 수 없는 상태였다. 아내가 뒤늦게 나의 경제적인 상황을 알게 됐더라도 헤어질 수도 없는 노릇이었다. 그나마 다행인 것은 내가 충격받고 그동안의 무분별한 소비생활을 반성하고 있다는 사실에 아내가 가능성을 봤다는 것이었다.

그날 이후로 우리는 결혼 전이었음에도 서로의 돈을 같이 관리하기 시작했다. 서로가 각자 하던 자기관리비용(미용, 옷, 취미, 화장품, 장비) 등을 모두 끊었으며, 결혼자금을 모으기 위한 단기적인 계획을 세워 데이트했다. 근교로 나가는 데이트보다는 집 근처 공원에서 편의점 커피를 마시며 산책했다. 정말 보고 싶은 영화는 조조로 봤다. 식비를 아끼기 위해 각자 집에서 밥을 먹고 만나는 등 지금 와서 생각해보면 웃기고 풋풋한 연애를 6개월 더 한 뒤 결혼에 골인했다. 그렇다고 이 짠 습관이 결혼 후에도 꾸준히 이어졌던 것은 아니다. 하지만 이때의 경험은 우리가 돈에 대한 이야기를 솔직하게 터놓을 수 있는 좋은 계기가 됐다.


## 사촌이 땅을 사도 배가 안 아프다

우리는 돈에 대한 생각을 서로 솔직하게 이야기한다. 어떤 사람은 너무 돈돈거리며 이야기하는 것을 불편하게 생각한다. 마치 돈만 밝히는 속물처럼 여겨진다는 것이다. 하지만 우리는 생각이 다르다. 돈을 사랑하고 돈에 항상 관심이 있어야 돈을 벌 수 있다. 그렇게 돈을 버는 것 또한 노력이다. 우리는 돈을 좋아하는 감정을 숨김없이 표현한다. 돈을 더 벌고 싶거나 더 쓰고 싶은 욕구가 있을 때 서로 숨김없이 드러낸다.

어느 부부가 이렇게 대화를 나눴다. 아내가 "내 친구 중에 누구 있잖아. 그 애 남편이 직장생활 하다가 이번에 사업을 시작했는데 사업이 잘 되네. 월급 받을 때는 250만 원 정도 벌었는데 사업을 시작하면서 한 달에 2,000만 원 정도 번다더라고. 부럽기도 하면서 참 잘됐어" 했더니 남편은 "그런 이야기를 왜 나한테 하는 거야? 그럼 나도 지금 다니는 회사 그만두고 사업해서 돈 더 벌어오란 소리야? 그리고 진짜 2,000만 원 버는 거 자기가 봤어? 사업하는 사람들 매출이랑 순수익이랑 다른 거 알아 몰라? 매출 2,000만 원 정도면 순수익은 그것보다 훨씬 작아"라면서 과민한 반응을 보였다.

이와는 반대로 남편이 아내에게 "우리 회사 직원 중에 누구 부인이 이번에 자격증을 따서 어떤 가게를 차렸대. 근데 그게 너무 잘 돼서 우리 직원이 받는 월급보다 더 많이 번다는 거야. 그 직원은 지금 신바람이 나서 아내 외조 팍팍 할 거라 하더라고"라고 말하면, "왜 그런 이야기를 나한테 해? 애 키우는 게 얼마나 중요한 일인데 나보고 돈까지 벌라는 거야?"라는 식으로 아내는 서운하게 받아들일 수도 있다. 하지만 우리 부부의 대화는 이런 식이다.

"나 오늘 강의 듣고 왔는데 그 강사가 예전에 영업일을 할 때 월

8,000만 원의 소득이 있었대. 나는 자영업자나 돈 좀 버는 사람들이 월 2,000만 원에서 3,000만 원 정도 번다는 이야기는 들어봤는데 월 8,000만 원을 벌 수 있다는 데 놀랐고, 그런 사람들이 실제로 더 많다는 사실에 또 놀랐어."

"월 8,000만 원? 그러게 우리는 늘 2,000만 원, 3,000만 원 정도만 생각했잖아. 어떻게 월 8,000만 원을 벌었대?"

"응. 보험 영업을 했는데 열심히 했나 보더라고. 확실히 영업일이 잘하면 잘한 만큼 돈을 받을 수 있는 직업인가 봐. 아마 꾸준히 8,000만 원을 유지하기는 힘들었겠지만 그래도 대단한 사람인 것 같아."

"그러게. 우리는 '월 1,000만 원만 벌어도'라고 생각했는데. 억 단위는 월이 아니라 연에만 벌 수 있는 돈의 단위라고 생각했던 우리 프레임이 작다고 느껴져. 우리도 목표를 더 올려보자."

"그러게 나도 월 8,000만 원이라는 단위의 수입을 내 귀로 들으면서 내가 스스로 한계를 너무 뒀던 것 같아. 더 가능한 것도 스스로 정한 한계 때문에 가능성을 막고 있었나 봐."

"그럼 우리 앞으로 월 8,000만 원의 목표를 어떻게 달성할 수 있을지 고민해보자."

우리는 이 대화를 나눈 뒤 진짜 월 8,000만 원의 수입을 얻을 수 있도록 여러 가지 방법을 찾고 다양하게 시도 중이다. 아직 우리 수입은 목표로 세운 수입에 많이 못 미치지만 다양한 방법으로 몇 년 안에 꼭 달성할 것이라 믿는다.

누구나 부자가 되고 싶어 한다. 부자가 되고 싶으면서도 돈에 대해 말하기를 꺼리며 그 열망을 드러내는 것을 부끄럽게 여긴다. 진짜 돈 많은 사람이 돈에 관해 이야기하면 '역시 부자는 뭔가 다르네'라고 생각하면서도, 돈이 많이 없는 사람이 돈에 관해 이야기하면 '돈돈거린다'며 비난한다.

다른 사람들과 우리가 좋아하는 돈에 대한 열정을 나눌 수가 없으니 우리는 서로에게만큼은 거리낌 없이 솔직하게 대화하기로 했다. "나 우리 첫째가 학교에 들어갈 때는 샤넬 가방 하나 사야겠어. 알아보니까 1,000만 원쯤 하던데 1년 남았으니 그동안 열심히 벌어서 사야지"라는 말을 아내가 던졌을 때 "그래. 샤넬 가방이 갖고 싶으면 사야지. 그럼 어떻게 돈을 더 벌어서 사야 할지 고민해보자"라는 식이다.

가지고 싶은 돈에 대한 열망을 솔직한 말과 대화를 통해 표현하면 그 열망을 더욱 구체화하고 성장시킬 수 있다. 배우자가 돈돈거린다고 억압하고 툴툴거릴 것이 아니라 그 열망을 더욱 표출할 수 있도록 도와주고 그것을 실현할 수 있도록 도와주는 것이 서로를 위해 더 좋은 일이라고 생각한다.

돈에 대한 욕구를 표출했을 때 배우자가 그것을 비난하고 툴툴거리는 반응을 보인다면 더 구체화된 꿈을 꿀 수 있을까? 그것을 인정해주고 지지해줬을 때 스스로 열망을 충족시키기 위한 다양한 꿈을 꿀 수 있다. 배우자가 돈을 더 갖고 싶고, 벌고 싶고, 더 잘 쓰고 싶다는 욕구를 표출했을 때 그것에 대해 불만을 표하기보다는 더 나은 미래를 꿈꾸고 있다는 것으로 이해하고 그 꿈을 펼칠 수 있도록 도와주자. 나의 돈도 우리 돈이고, 너의 돈도 우리 돈이 되는 것이 바로 부부다.

## 통장을 쪼갠다고 능사는 아니다

대부분의 재테크 관련 서적이나 인터넷 카페에서 재테크의 시작은 통장을 쪼개는 것으로 시작하라고 한다. 당연히 우리 부부도 처음 재테크를 시작할 때 통장을 쪼개는 것으로 시작했다. 하지만 지금은 통장을 쪼개지 않는다. 통장을 쪼개는 것이 꼭 좋은 것만이 아니라는 것을 경험으로 터득했기 때문이다.

통장을 쪼갤 때 생애주기에 따라 단기, 중기, 장기로 계획을 세우라고 한다. 하지만 우리가 무슨 점쟁이도 아닌데 결혼을 3년 후에 할지 10년 후에 할지 어떻게 알 것이며, 아이를 바로 갖게 될지, 3년 후에 갖게 될지 알 수 없는 노릇이다.

실제로 아내는 30살에 결혼을 할 것으로 나름대로 계획을 세웠었다. 27살 당시에 3년 만기 적금을 들었지만 실제로는 28살이 되던 12월에 나를 만나 결혼하면서 3년 만기의 적금을 통째로 날렸다. 지금 소유한 차량이 10년이 되는 시점에 새로운 차로 바꾸기 위해 2013년도에 가입한 7년 만기 재형저축도 만기를 다 채우지 못하고 중도 해지했다.

통장을 쪼개서 관리하면 나중에 큰일이 닥쳤을 때 통장 한두 개정도만 해지하면 된다고 하지만 실제로 그렇지 않은 경우가 많다. 실제로 우리는 결혼 당시 계획에 없던 수도권 이직으로 갖고 있던 모든 적금을 해지해 전세자금을 만들었다. 통장을 쪼갠다고 해서 앞으로 닥칠 만약의 상황에 유동적으로 다 대비할 수 있는 것은 아니라는 얘기다.

## 적금으로 돈을 불리기는 힘들다

적금으로 돈을 모을 거라면 통장을 쪼개는 방법도 나쁘지 않다. 하지만 월급쟁이로 살면서 적금만으로 1억 원을 모으기는 힘들다. 요즘 같은 저금리 시대에는 적금으로 돈을 모으기는 더 힘들어졌다. 인플레이션 때문에 낮은 금리로 돈을 모으다가 오히려 돈을 잃게 될지도 모른다. 여기서 통장을 쪼갠다는 말은, 다시 말해 금융상품 특히 적금이나 예금으로 돈을 분산시켜 모으고 굴린다는 의미다.

지금은 예전과 같은 연이자 4~5%의 고금리 시대가 아니다. 적금 금리 1%대이며, 그나마 이자가 높다는 주택 청약저축 금리 또한 1.8%에 불과하다. 이는 한해 물가 상승률보다 낮은 금리다. 몇 년에 걸쳐 복리로 굴린다 한들 눈덩이에 눈이 더 붙어 더 큰 눈덩이를 만들 수 있는 상황이 더 이상 안 된다는 이야기다.

지금과 같은 저금리 추세가 향후 몇 년간 지속할 것임을 누구나 아는 시점에 이전과 같은 복리를 통한 돈을 불리는 희망은 말 그대로 희망일 뿐이다. 작은 눈덩이를 굴려봤자 몇 년 후에 조금 더 자잘한 티끌들이 붙어 있는 눈덩이를 가질 수밖에 없다.

맞벌이하면서 돈을 벌어 10년 후에 조금 더 나아질 미래를 희망으로만 품고 살 생각이 아니라면 복리로 돈 좀 굴려보겠다는 생각은 당장 접어야 한다. 복리는 돈이 차고 넘치는 부자들이 100억 원을 현금으로 갖고 있으면서 1%의 수익인 연 1억 원이라는 돈을 안정적으로 벌어들이기 위해 사용하는 도구일 뿐이다. 이미 부자인 사람들은 상관없겠지만 우리는 빨리 돈을 불려야 한다. 우리와 같은 상황에서 재테크를 한다면 복리는 더 이상 관심의 대상이 될 수 없다.


## 통장을 쪼갠 만큼 종잣돈도 작다

목돈을 모으기 위해 통장을 쪼개서 관리하다 보면 신경의 분산으로 돈에 대한 감각이 오히려 떨어질 수 있다. 자동이체를 설정해 놓으면 내가 신경을 쓸 필요 없어 자동으로 돈이 알아서 통장에 쌓인다고 하지만 그 돈을 왜 쌓아 놓을 생각만 하는가. 그것도 여러 군데로 분산시켜서 말이다.

예를 들어 월 100만 원의 저축을 하면서 20만 원은 7년 만기, 30만 원은 3년 만기, 50만 원은 1년 만기의 적금에 가입한다고 치자. 계산의 편의를 위해서 적금이자는 없는 것으로 한다. 실제 요즘 이자는 이자라고도 하기 민망할 정도로 아주 적기 때문이다.

1번 통장에서는 20만 원×12개월=240만 원으로 일 년이면 240만 원의 금액이 쌓이고 7년 만기 시 1,680만 원이 된다.

2번 통장에서 30만 원×12개월=360만 원이 쌓이고 3년 만기 시 1,080원이 된다.

3번 통장에서 50만 원×12개월=600만 원이 쌓이고 1년 만기 시

600만 원이다.

이렇게 같은 100만 원을 쪼개어 적금에 가입했을 때 내가 가질 수 있는 목돈은 수치상 240만 원+360만 원+600만 원의 합 1,200만 원이다. 하지만 실제 1년 후 만기로 찾을 수 있는 금액은 600만 원에 불과하다. 600만 원으로는 무언가를 투자하기에는 좀 부족한 금액이다. 1년이 지난 시점에 투자해 봐야지 마음을 먹었다가도 투자를 하기에는 너무 소액이고 앞으로 어떻게 될지 모르는 불안감 때문에 좀 더 모아서 투자해야겠다고 투자를 미뤄버린다. 그러다가 기회를 놓치게 되는 것이다.

만약에 100만 원이라는 돈을 쪼개지 않고 그대로 1년간 적금을 들었다면 1년 후에 1,200만 원이 되어 600만 원보다 두 배 많은 투자금이 생긴다. 일단 1,000만 원이 넘는 목돈이 생긴다면 이 돈에 대출을 받는 방법으로 돈을 더 보태어 투자해볼 만한 기회를 가질 수도 있다.

통장을 쪼개어 적금을 드는 대표적인 방법의 하나로 풍차적금이란 게 있다. 매달 일정 금액만큼의 적금을 하나씩 늘려가며 통장을 만드는 것인데 우리는 이것도 해봤다. 매달 적금 액수를 늘려서 하는 것은 좋았지만 만기가 되어 적금을 탄다고 해도 12개로 쪼개났기 때문에 목돈이 만들어지지 않았다. 목돈을 만들기 위해 적금을 들었지만 또 다른 적금이 만기가 될 때까지 또 1년이라는 시간을 기다려야 했다.

## 통장해지에 대한 저항은 곧 기회를 놓치는 것이다

가진 돈이 분산돼 있어 투자하기에 부족한 돈이라면 더 많은 종잣돈을 모으기 위해 더 많은 세월이 필요하거나 한꺼번에 상품들해지해야 한다. 하지만 투자의 기회가 왔다 하더라도 통장해지에 대한 저항감이 있다면 그로 인해 투자 시기를 놓칠 수 있다.

적금으로 종잣돈을 만들고 종잣돈으로 투자해서 돈을 불리는 것은 투자의 기본 중의 기본이다. 우리 부모 세대뿐 아니라 많은 사람이 이러한 루트로 돈을 굴리고 불려왔다. 투자에서 종잣돈은 반드시 있어야 하는 돈임은 틀림없다. 이러한 방법이 완전히 틀린 방법이라고도 할 수 없다. 단지 우리는 앞에서 여러 번 언급한 대로 맞벌이하면서 더 빨리 많은 돈을 불리기를 원했다. 그러기 위해서는 1년 이상의 시간이 지나야만 2% 미만의 이자를 받을 수 있는 적금은 우리 목적과 맞지 않는다고 판단해 모든 적금과 예금을 그만뒀다. 특히 계약일까지 유지해야 받을 수 있는 이자는 그것이 단 1%로라 하더라도 해지에 대한 저항이 생겼고, 그 저항 때문에 투자 기회를 여러 번 놓친 경험이 있던 터였다. 그 저항을 없애기 위해서라도 적금과 예금을 멀리했다.


## 통장을 쪼개지 않으면 한눈에 자산 파악이 가능하다

우리 부부처럼 적금을 따로 들지 않는 것이 영 불안하다면 통장을 쪼개 적금을 분산하기보다는 하나로 모을 것을 추천한다. 여러 개로 쪼개어 적금을 들면서 여기저기 흩어진 적금을 모으고 계산해봐야 수익으로 100만 원이 겨우 늘었다는 것을 확인하기보다는 통합된 통장 하나로 100만 원이 한 번에 쑥 들어와 있는 것을 확인하는 게 훨씬 기분이 좋다. 통장 하나에 한 달이 지날수록 100만 원이 훅훅 늘어나니 돈 모을 기분도 더 나면서 신이 난다.

## 가계부를 적지 않는다

목돈을 모으는 방법은 정말 간단하다. '수입-지출=저축'이 많으면 많을수록 돈은 쌓이기 마련이다. 굳이 통장을 쪼갤 필요도 생애주기별로 나눌 필요도 없다. 통장을 쪼개는 것은 돈을 모으고 쓰는 데 있어서 더 많은 신경을 써야 함을 의미한다. 쪼개진 통장 개수만큼 신경을 분산시켜야 한다. 우리는 복잡하고 귀찮은 것을 싫어하는 타입이라 통장을 쪼개기보다는 하나에 더 집중하는 방법을 선택했다.

마침 청소하기 귀찮고 힘들어 선택한 '미니멀리즘'이라는 라이프스타일을 가계관리에도 적용해봤다. 통장관리의 귀차니즘과 에너지 낭비를 없애기 위해 통장 개수를 줄이고 한곳으로 모으기 시작했는데 모으고 보니 좋은 점도 많았다.

우리는 입출금 통장 하나로 공과금납부, 각종 세금 납부, 보험료 납부, 생활비, 각종 이자 납부, 저축까지 다 한다. 고정지출, 변동지출을 구분하지 않고 하나의 통장에서 해결한다. 고정지출이든 변동지출이든 어차피 다 지출이지 그 내용을 구분한다고 해서 지출이 달라지는 것을 특별히 느끼지 못했다.

월급날에 맞춰서 카드값과 각종 보험료 등을 자동이체로 설정해 놓았고 남은 금액에서 체크카드를 이용해 생활비를 쓴다. 쓰고 남는 돈은 곧 저축되어 자동으로 통장에 쌓인다. 흔히 말하는 '선 저축 후 지출'이 아니라 '선 지출 후 저축' 시스템이다.

괜히 품을 들여 가계부를 쓰지도 않는다. 우리 부부도 한때 가계부를 작성했지만 가계부를 꾸준히 작성해본 적이 없다. 부부가 함께할 수 있는 편리한 가계부 어플이라 하더라도 길어봐야 석 달이었다. 복잡한 소비생활 덕분에 항상 마이너스인 가계부를 보면서 계산기를 두드리고 머리만 쥐어뜯었던 기억밖에 없다. 가계부를 적는 동안에도 소비생활에는 전혀 변화가 없었다. 그때그때 감정에 따라 생활비는 들쑥날쑥했으며 그런 가계부를 쳐다보고 있으면 스트레스만 받을 뿐이었다.

통장을 하나로 사용하면 여기저기 흩어진 돈을 모으지 않아도 지난달보다 이번 달 현금 자산이 얼마나 늘었는지 쉽게 파악할 수 있다. 같은 통장에서 모든 것이 이뤄지니 한눈에 파악할 수 있어 고정지출이 얼마였고 변동지출이 얼마였는지를 굳이 따질 필요도 없다. 입금되는 돈은 모두 수입이고 출금되는 돈은 모두 지출이다. 이렇게 소득과 지출을 한눈에 파악할 수 있도록 정리하면서 오히려 소비에 대한 경각심이 생기고 소비에 대한 통제마저 쉬워졌다. 지갑에서 현금을 꺼내 계산하는 것도 귀찮은 일이라 1,000원짜리 물건도 체크카드로 결제한다. 현금을 사용할 일이 거의 없으니 체크카드 사용 기록이 곧 가계부가 되는 셈이다.

현재 우리의 저축은 '급여 – 생활비=저축'이다. 몇 번이나 적금을 깨고 다시 들기를 반복한 우리는 적금이라는 고정적인 저축액에 스트레스를 받기 싫어 적금을 들지 않았다. 경조사가 있거나 가족 행사가 많은 달은 지출이 많지만 별일이 없는 달은 지출이 적다. 지출이 들쑥날쑥하기도 하지만 그것이 과소비로 연결되지는 않는다. 돈을 쓰다 남는 돈은 그대로 그 통장에 쌓이는데 이것이 곧 우리 부부의 저축이다. 이렇게 돈을 모으는 방법의 가장 큰 장점은 투자처를 발견하면 망설임 없이 돈을 빼 쓸 수 있다는 것이다. 해지에 대한 심리적인 저항을 일부러 낮춘 셈이다.

또 통장을 하나로 사용해서 좋은 점은 바로 한눈에 현금 자산이 얼마인지 파악할 수 있다는 것이다. 예전에는 5만 원, 10만 원, 20만 원 등 금액을 여러 개로 쪼개어 은행별로 적금, 재형저축, 청약, 연금, 국내 적립식 펀드, 해외 적립식 펀드, 연금저축, 연금보험, 퇴직연금저축 등에 가입했기 때문에 현재의 나의 총 현금 자산이 얼마인지 바로 파악이 되지 않았다.

그뿐만 아니라 중간에 적금해지하거나 연금이나 펀드의 수익률이 마이너스가 되면 기존에 알고 있던 현금 자산은 아무런 의미가 없었다. 흩어진 현금 자산을 찾아 다시 계산해야 했다. 돈이 흩어져 있는 데다 만기 기간도 다 달라 종잣돈이 쉽게 모이지 않았다. 종잣돈을 마련하기 위해서는 내가 가입한 금융상품 몇 개가 동시에 만기가 되거나 몇 개를 동시에 해지해야 하는 부담감이 있었다. 수중에 막상 편하게 굴릴 수 있는 돈이 없으니 투자를 위한 좋은 기회가 와도 우물쭈물 망설이다 기회를 놓쳐버린 적도 많았다.

우리가 이렇게 종잣돈을 모으고 통장을 하나로 관리하는 것이 무조건 옳으니 따라 하라는 것은 아니다. 우리는 우리 나름대로 수많은 시행착오를 겪으며 가장 심플하게 돈을 관리하는 방법을 찾았다. 소비성향에 따라 돈 관리 방식이 똑같이 좋게 적용될 수만은 없다.

우리 부부의 돈 관리법을 소개하는 이유는 기존에 떠돌던 재테크 책이나 관련 카페에서 좋다고 했던 방법들이 우리한테는 잘 적용이 되지 않았다는 것을 말하고 싶었다. 우리 부부의 경험을 통해 이러한 방법도 있으니 참고해 보라고 소개하는 것이다.

예전의 우리 부부도 생애주기별 투자, 분산 투자가 좋다고 해서 그것을 무작정 따라 했었다. 우리 상황에 맞는지 안 맞는지는 잘 따져보지 않고 겁 없이 덤볐다. 무조건 따르기만 했을 뿐, 더 좋게 활용할 방법을 생각해보지도 않았다. 방법을 아는데 선택하지 않는 것과 몰라서 선택하지 못하는 것은 전혀 다르다.

# 2장

# 부부가 함께하는 돈이 붙는 생활습관

부자가 되는 맞벌이 재테크는 따로 있다

---

## 01

# 월급 말고 단돈 만 원이라도 벌어본 적 있는가

다른 사람에게는 남편인 나 혼자 직장을 다니며 외벌이하는 걸로 보이겠지만, 우리는 착실히 맞벌이하는 부부다. 직장에서 열심히 일한 대가로 받은 내 월급은 가계에 보탬이 되고, 아내는 부동산 현장을 다니며 미래의 우리 가계에 도움이 될 씨앗을 찾아다닌다. 한편으로는 일찍 찾은 씨앗이 충분히 자라서 열매를 키우니 우리의 자산이 늘어나고 있는 셈이다.

한때 우리는 서로의 직장에서 받는 월급만이 우리의 생명줄이라고 생각했고, 우리의 소명은 오로지 직장을 위하는 것이라고 믿었다. 조직에서 인정을 받아 단돈 10만 원이라도 더 받고자 악착같이 일했다. 물론 부동산으로 수익을 창출하기 전까지는 말이다.

### 회사가 주는 월급, 내가 나에게 주는 월급

10년이 넘게 직장생활만 한 우리는 사회에 나와 새로운 것을 도전하는 데 어려움이 많았다. 어느 한 분야에서 10년 동안 갈고 닦아 매년 성장했다면 전문가라는 딱지를 달았어야 했지만 실상은 그렇지 않았다. 우리는 1년이라는 경험을 10번 반복했을 뿐이었다. 아마 다른 직장으로 옮길 때 이력서에 추가할 경력 한 줄, 회사의 능력 있는 직원이라는 인정을 받기 위한 욕구 때문이었을 것이다. 서로 직장에 다니며 꼬박꼬박 받아오는 월급에 만족하며 살았다면 우리는 더 이상 발전하는 삶을 살지 못했을 것이다.

우리 부부에게 안정된 삶을 살게 해준 직장생활에 감사함을 느끼면서도 우리가 꿈꾸는 삶이 있기에 과감히 변화를 택할 수밖에 없었다. 회사에서 받는 월급에만 안주했다면 우리가 원하던 삶과는 더더욱 멀어졌을 것이다. 더 빨리 경제적 자유를 찾고 싶었지만 직장 안에서는 우리가 바라는 미래로 가는 돌파구를 찾을 수 없었다. 그 무렵 나는 진지하게 스스로 질문을 하나 던졌다. '자신의 힘, 즉 온전히 내 능력만으로 돈을 벌어본 적이 있었는가?' 생각해보니 학창시절에는 부모님의 일을 도우면서 용돈을 받았다. 조금 더 커서는 호프집 아르바이트를 하면서 돈을 벌기도 했다. 대학을 졸업하고 직장에 다닌 후부터는 회사를 위해 일하면서 회사에서 주는 월급을 받으며 살아가고 있다.

어찌 보면 내 능력이라기보다는 세상에서 정해준 임금 체계 안에서 일한 시간만큼 돈을 받는 것이니 나는 이미 이 사회의 정형화된 쳇바퀴 안에서 매번 돌고 있는 것인지도 모른다. 어항 안에서 물고기가 열심히 헤엄치면 주인이 알아서 먹이를 주고, 쳇바퀴 위에서 햄스터가 열심히 뛰면 주인이 귀엽다고 먹이를 주는 것과 별반 다를 게 없다.

스스로 할 수 있는 것은 없고, 정해진 틀 안에서 최대한 효율적으로만 일해야만 하는 조직적 시스템에서 벗어나 스스로 자립할 수 있다는 자신감을 가져야 했다. 그러기 위해서는 우리가 틀 안에 있을 때 받는 보상이 아닌, 틀 밖에서도 보상이란 것을 얻어내야 했다. 즉 회사가 주는 월급이 아닌 내가 벌어 내게 주는 월급이 필요했다. '티끌 모아 태산'이라는 말이 있다. 티끌은 모아봤자 티끌 뭉치밖에 안 된다고 생각할 수도 있다. 재테크 측면에서는 나 역시 그렇게 생각한다. 푼돈을 아끼고 모으기보다는 큰돈으로 더 많이 버는 것을 좋아한다. 하지만 새로운 도전, 즉 무언가 시작할 때는 작다고 무시하면 안 된다. 이때까지 해보지 않았던 것을 새롭게 시작함에 있어서 눈앞의 결과가 작아 보인다고 시작조차 하지 않는다면 앞으로도 영영 변화는 찾아오지 않는다.

작은 도전이 있어야 작은 변화를 만들고 작은 경험을 쌓아주고 작은 성취감을 얻게 해준다. 이것은 다시 새로운 것에 도전할 수 있는 자신감이라는 원동력을 불러일으키고 도전에 대한 긍정적 사이클을 형성하게 된다. 대부분의 직장인은 월급 받는 것과 월세 받는 것의 차이를 이해하지 못하는 듯하다. 예를 들어 직장인들은 동료 직원들과 비교해 월급이 10~20만 원 많고 적음에는 예민하게 받아들이지만, 월세 10만 원을 받기 위해서 해야 하는 일은 귀찮게 생각하고 노력조차 하려고 하지 않는다.

그들은 월세는 100만 원 정도 받을 수 있어야 제맛이라며 10만 원 받을 바에는 회사에서 주말 특근을 한 번 더 하고 수당을 받는 것이 훨씬 낫다고 말한다. 이런 마음가짐으로는 평생 월세 1원도 받을 수 없다. 월세 10만 원과 근로소득 10만 원의 진정한 차이를 모르고 있기 때문이다. 자신의 하루를 받쳐 10만 원을 번 돈의 맛과 며칠, 몇 시간을 투자한 후 매월 꼬박꼬박 들어오는 10만 원의 맛은 분명 다르다.

매월 100만 원을 벌고 싶으면 단 1만 원이라도 자신의 손으로 벌어봐야 한다. 월세 100만 원을 받고 싶으면 월세 10만 원부터 먼저 받아봐야 한다. 아무것도 해보지 않고 더 큰 것만 바라고 있으면 원하는 미래는 절대 오지 않는다. 그냥 그 상태에 머물러 있을 뿐이다. 평생 월세 100만 원 받을 수 있을 때 움직인다는 핑계만 대면서 말이다.

지금 나는 주변 동료들의 연봉 상승 소식도 귀에 들어오지 않는다. 그들은 그만큼 직장생활 열심히 해서 연봉으로 인정받은 것이니 부러워하지 않고 축하해준다. 부동산 투자를 통해 월급 외 돈을 벌고 있으니 월급이 적고 많음에 일희일비할 필요가 없게 됐다. 직장에 다니는 시간 동안 열심히 일해서 받는 월급이 매월 일정하게 꾸준히 들어오는 것에 감사하고 있다. 만약 월급 말고 다른 돈벌이를 생각한다면 근로시간과 소득이 분리될 수 있는 것을 찾아야 한다. 직장에서 8시간 이상 근로하고 월급을 받아오는데 거기에 투잡, 쓰리잡을 하며 근로시간을 더 늘려가며 그에 비례한 소득을 추구한다면 차라리 한 직장에서 더 열심히 하는 게 나을 수 있다. 현재 스펙에서 한 단계 올려 더 좋은 직장으로 옮기거나 시간당 버는 몸값을 올리는 것이 더 낫다는 얘기다.

가장 좋은 것은 내가 직장에 다니면서 알아서 따로 돈이 들어오는 시스템, 흔히 말하는 '머니파이프'를 하나씩 늘려가는 것이 좋다. 우리는 머니파이프로 부동산 투자를 선택했고, 월급과 함께 다른 소득을 차츰 늘려가는 것을 목표로 삼았다. 많은 직장인이 월급 외 소득을 늘리기 위해 금융 기관의 예적금 등을 활용한다. 물론 예금 금리 0.1%를 더 주는 저축은행을 찾기 위해 서울 중심까지 찾아오는 것도 대단한 노력이긴 하다. 하지만 그런 노력은 자신의 돈을 맡겨두는 것에 대한 기회비용의 대가를 받는 것뿐이다. 아니 그 대가보다 훨씬 더 적게 받는 것일 수 있다.

5,000만 원을 맡겨도 1년 동안 100만 원을 채 주지 않는다. 우리가 5,000만 원으로 사업을 했을 때 '정말 100만 원밖에 벌지 못할까?'라는 질문을 스스로 던져볼 일이다. 아니면 넘쳐나는 돈을 안전하게 보관하며 조금의 이자에도 흡족해한다면 예금을 통해 돈을 모으는 것도 나쁜 방법은 아니다. 그래도 저금이란 것은 주식과 가상화폐와 달리 잃지 않는 돈벌이니 말이다.

### 시세차익도 월로 쪼개면 든든한 월세 수익이다

많은 사람이 경제적 자유를 누리기 위해 월세를 위한 빌라 등 수익형 부동산에 투자한다. 얼마 전까지만 해도 경매를 통해 빌라를 낙찰받아 경락대출을 최대한 당겨 월세 수익률을 극대화시키는 것이 어렵지 않았다. 그때만 해도 대출 한도 및 제한에 큰 어려움이 없었으므로 빌라와 같은 월세가 나오는 수익형부동산 보유 수를 늘려가며 월세의 규모를 넓혔다. 하지만 현재 정부의 대출 규제로 경락

대출마저 소득수준 및 주택 보유 수를 따지기 때문에 무작정 대출을 늘려가며 부동산 수를 늘려갈 수는 없다. 또한 보유 수가 늘어남에 따라 중과되는 세금을 피하기 위해 빌라의 경우 임대사업 등록이 거의 필수가 됐다. 이러한 상황으로 차라리 목돈이 들어도 한방에 월세가 많이 나오는 상가로 눈을 돌리는 사람이 많아졌다. 하지만 상가의 경우 투자로 접근하는 방법이 다르므로 여기서 언급하지는 않겠다. 부동산 투자를 처음 시작하면서 집 하나 사기도 힘든데 임대사업 등록에 세금까지 고려하려면 좀처럼 행동하기 힘들어질 것이다.

그렇다면 굳이 월세를 매달 받기보다 해마다 임대료를 받는다고 생각하면 어떨까? 우리나라에서는 월세가 일반화돼 있지만 중국이나 미국의 경우 매년 임대료를 내는 경우가 많다. 이 개념으로 접근해서 2,000~3,000만 원을 투자해서 1년 만에 500만 원에서 1,000만 원을 번다면 연세를 받는 것과 다를 바 없다. 바로 시세차익으로 접근하라는 것이다.

분양권에 대해서는 뒤에 상세히 다룰 예정이지만 우선 간단히 언급한다. 자신이 잘 아는 지역을 선정해 미분양 아파트의 분양권을 매입하거나 아직 프리미엄이 형성돼 있지 않은 분양권을 매수하는 것이다. 현재 자신이 무주택자이거나 기존 주택을 처분한다는 조건이라면 분양권은 분양가의 10~20%의 계약금만 있으면 명의를 가지고 올 수 있다. 분양가 2~3억 원대의 저평가된 아파트를 찾아 투자금 3,000만 원으로 매수 후 1년 뒤 프리미엄이 1,000만 원 정도 올랐다면 바로 매도를 하는 것이다. 분양권의 경우 2년 이내에 매도하게 되면 수십%가 넘는 양도세를 부담해야 한다. 하지만 첫 수익을 보기 위해 2년이란 시간을 지체하기에는 너무 늦다. 만약 1년 만에 수천만 원에서 억 단위의 프리미엄이 붙었다면 모를까 1,000만 원 정도의 프리미엄이라면 빨리 매도해 투자금을 회수하고 수익을 보는 것이 좋다.

예를 들어 시세차익이 1,000만 원일 경우 기본공제 250만 원 빼고 난 뒤 약 50% 세율을 곱하면 약 350만 원의 세금을 내면 된다. 부동산 수수료 약 100만 원을 제외하면 550만 원의 수익이 생긴다. 1년 만에 수익을 봤다면 3,000만 원을 투자해 월세 약 45만 원을 받은 것과 같다.

투자금의 여유가 있다면 여러 개의 분양권에 투자해 수익 금액을 높이면 된다. 단 이러한 단기 투자는 현재 정부 정책으로 오랫동안 유지할 투자 방법은 아니다. 분양권을 통한 수익을 경험했다면 다음부터는 장기적으로 시세 상승 폭이 클 곳을 찾아 투자의 수를 줄이면서 얻어내는 수익의 폭은 키울 수 있어야 한다.


### 재능을 팔아 단돈 1원 벌어보기

나는 부동산 투자 말고도 월급 외 돈을 벌고 있는 사람이라고 자신 있게 말할 수 있다. 벌이의 규모로는 자랑할 수준은 아니다. 하지만 월급에 안주하지 않고 다른 돈벌이에 계속 관심을 가지고 시도하고 있음에는 자신 있다. 언제까지 직장인으로만 살아갈 수는 없기에 나름 미래를 준비하는 것이다.

나는 인생의 변화를 원하는 사람들의 의지를 높이고, 자력으로 힘든 부분을 옆에서 함께 도와주고자 하는 마음으로 '미라클 모닝' 펀딩 사업을 한 적이 있다. '홍스쿨의 미라클 모닝' 펀드는 매월 1기씩 진행했으며 총 6기까지 운영했다. 이러한 펀딩 미션에 성공한 사람들은 '미라클 모닝러'로 인증되고 보상을 지급 받는다.

참여 인원은 일정 금액을 펀딩하고 매일 아침 5시 전까지 내가 새벽에 올린 블로그 글에 댓글 미션을 수행하면 된다. 총 30일 동안 27일 이상 미션수행에 성공하면 펀딩 금액의 2배의 금액을 보상으로 지급 받게 된다. 사람들은 2배 손해 보는 사업을 왜 진행하냐고 말하지만 내가 생각하는 사업 방향은 참여자가 내는 펀딩 금액으로 수익을 보는 것이 아니었다. 참여자들에게 최대한 많은 보상이 돌아갈 수 있도록 독려했고 그러기 위해 큰 단체에서 후원을 받는 것이 이 사업의 최종 목표였다. 사업을 진행하고 손해본 적도 없다. 생각보다 미션에 성공한 사람이 많지 않아 단돈 1만 원이라도 내 수중에 수익금으로 남아있다. 시범 사업으로 진행했기 때문에 참여 인원이 많지 않았고 펀딩 금액도 높지 않아 수익이라고 말하기에는 너무 적었다. 하지만 나는 사람들에게 변화에 도전할 수 있는 '미라클 모닝'이란 도구를 주고 동기부여할 수 있음에 뿌듯함을 느꼈다. 이 사업은 나중에 우리 부부의 꿈인 교육재단 설립의 한 초석이 될 것이라 믿고 있다.

또한 나는 이모티콘 작가로 각종 이모티콘 플랫폼을 통해 인세 수입을 받고 있다. 2017년 11월부터 이모티콘이라는 새로운 시장에 도전했다. '눈썹맨'이라는 닉네임의 캐릭터를 시작으로 총 11가지 종류의 이모티콘을 기획하고 개발했다. 물론 모든 캐릭터가 플랫폼에 등록되고 팔리는 것은 아니지만 틈새시장을 공략해 '라인'에는 4개, '네이버 OGQ마켓'에는 5개의 이모티콘이 판매되고 있다. 실시간 이모티콘 플랫폼인 '모히톡'에는 총 4개의 이모티콘이 적용되고 있고, 글로벌 플랫폼인 'Stipop'에는 '마녀지아'가 등록돼 수익을 창출하고 있다. 내가 개발하고 등록한 이모티콘은 추가적인 노력을 하지 않아도 알아서 판매되고 사용돼 일정 기간이 지나면 수익으로 돌아온다.

수천만 원을 투자해야 매월 받을 수 있는 수십만 원의 월세를 나는 내가 가진 재능과 흥미를 활용해 얻고 있는 셈이다. 나는 이모티콘을 통해 돈을 버는 방법을 배웠고 기회가 올 때마다 계속해서 이모티콘에 도전할 것이다. 감정과 말을 그림으로 표현할 수 있게 도와준다는 것은 무척 기분 좋은 일이다. 물론 그것으로 돈까지 벌 수 있으니 일석이조가 아닐까? 월급 외 단돈 만 원이라도 벌어본 우리는 틀 안에 갇혀 있지 않으려고 계속해서 노력한다. 위에 언급한 수입 말고도 블로그와 유튜브를 통해 고정적인 달러를 벌어들이고 있다. 지금 당장은 수입이 적지만 다양한 사업에 도전해 머니파이프 개수를 꾸준히 늘리고 있다.

매월 고정적으로 들어오는 1원이 작아 보이는가? 아무것도 하지 않고 숨만 쉬어도 들어오는 1원은 매시간을 팔아 벌어오는 10원보다 가치가 있다. 작지만 먼저 소득과 시간을 분리시켜 보는 것이 중요하다. 단돈 1원이라도 자신의 근로시간에서 떼어내 벌 수 있다면 10만 원, 100만 원, 1,000만 원은 자신이 선택한 규모에 따라 결정

될 것이다.

직장을 다니게 되면서 가장 기다려지는 날은 생일보다 월급날이었다. 오직 그날을 위해 한 달을 불태웠다. 그렇게 월급날이 지나고 나면 월급이 스쳐 간 통장을 보며 또 한 달을 기다렸다. 내게 3년 차 직장생활 고비가 왔을 때 나는 한 달이 아닌 '일당'을 위해서 일한다는 생각으로 하루하루를 버텼었다. 매일 아침 출근이 버겁고 직장 동료들이 나를 힘들게 하더라도 '오늘을 버티면 일당을 번다'라는 생각으로 하루하루를 버틴 적이 있다.

하루를 출근하면 받을 수 있는 임금을 뜻하는 일당. 그 일당이 얼마냐에 따라 직장인들의 수입이 결정된다. 그 일당을 늘리기 위해 학자금 대출을 받아가며 대학을 졸업하고, 대학 졸업이 모자라 석·박사 학위를 따고, 그것도 모자라 해외로 유학을 간다. 물론 이 중에는 인류에 길이 남을 업적을 남기는 것이 목적인 사람이 있을 수 있으나 대부분은 시간당 자신의 몸값을 높이기 위해 그 많은 돈과 시간을 투자하는 것이다. 그렇게 노력해서 높인 지금 당신의 하루는 얼마인가?

아내의 경우 2007년도 처음 입사를 했을 때 이런저런 수당을 다 포함해서 세후 160만 원 정도의 월급을 받았다. 한 달 중 근무일수를 22일로 계산했을 때 일당은 약 73,000원 정도였다. 이는 시간외 근무수당을 포함한 금액이므로 실제 일당은 더 적을지도 모른다.

22일 동안 열심히 일해서 받은 월급으로 30일 동안 나누어 써야 했는데 하루에 약 53,000원을 넘게 쓰는 순간 아내의 한 달은 마이너스가 되는 것이다. 그 후 승진도 하고 호봉이 몇 차례 올라서 아내가 휴직하기 직전의 2015년도 월급은 한 달에 세후 약 210만 원까지 올랐다. 일당으로 계산하면 95,000원 정도다. 대충 계산해보면 8년 동안 일당이 22,000원 늘었다. 과연 8년 동안 차근차근 늘려온 22,000원의 임금 상승은 아내의 삶을 더욱 윤택하게 만들고 질적으로 성장시켰을까? 여러분도 아니었듯이 아내 역시 전혀 그렇지 않았다. 일당이 늘어난 만큼 물가도 올랐으며 자녀가 태어나면서 지출은 더 늘어났다.

만약 아내가 더 많은 공부를 해서 석사 학위를 따고, 박사학위를 땄다고 해서 과연 일당을 기하급수적으로 높일 수 있었을까? 아내의 직업은 학위의 유무가 임금 상승에 전혀 상관이 없었다. 설사 학위를 따면 임금을 올려주는 회사에 다닌다 하더라도 그것이 수입과 자산을 기하급수적으로 늘려주지는 못했을 것이다. 학위를 따느라 허비한 시간과 노력의 투입 대비, 임금의 산출 결과가 너무 적기 때문이다.

우리가 함께 직장생활을 할 때의 일당은 둘이 합쳐봐야 몇십만 원이 되지 않았다. 그러나 부동산 투자를 하면서 엄청난 일당을 받는 사람들이 됐다. 잘 만난 투자 물건 하나는 우리의 일당을 100만 원 수준으로 올려주기도 했다. 실제로 우리가 그 물건을 위해 시간과 노력을 투입한 날만 따진다면 그 날의 일당은 수천만 원 수준으로 올라갔다. 여기서 더 중요한 것은 그런 투자 물건이 하나가 아니라는 것이다. 몇 개의 물건들이 동시에 우리를 위해 일해주고 있고 우리의 몸값을 기하급수적으로 늘려줬다.

이렇게 몸값을 올리기 위해 우리가 자격증을 딴 것도 아니고, 학위를 추가로 딴 것도 아니고, 돈과 시간을 들여 유학을 다녀온 것도 아니다. 단지 더 많이 벌고 더 빨리 부자가 되기 위해 부부가 함께 재테크에 집중했을 뿐이다. 그중에서도 부동산에 좀 더 적극적으로 투자했을 뿐이다.

# 진정한 맞벌이를 위한 행동수칙

직장생활을 한 지 어느새 14년 차를 넘겼다. 경험치가 늘어나면서 사람 보는 시야도 넓어졌다. 주변 사람들을 살펴보니 크게 네 부류로 나눌 수 있었다. 첫 번째 부류는 다니는 직장에 어떻게든 더 오래 뼈를 묻기로 결심한 사람, 두 번째 부류는 연봉이 더 높거나 복리후생이 더 좋은 직장으로 이직하려는 사람, 세 번째는 몸값을 높이고자 학위나 자격증을 따기 위해 공부를 다시 시작하는 사람이다.

대부분의 사람은 이 세 가지 부류에 속한다. 그런데 마지막 네 번째 부류의 사람은 더 이상 을의 입장에서 회사에서 일하는 것을 선택하지 않는다. 이들은 그 전부터 꾸준히 자신의 자산을 여러 가지 수단으로 늘려온 사람들이다. 그래서 퇴사하고 당장 월급이라는 수익이 없다 하더라도 큰 타격을 입지 않는다. 회사에 다니더라도 월급이 목적이 아닌, 사람들과의 관계나 명예 등 다른 목적이 더 크다. 네 번째 부류의 사람들의 수는 앞의 세 가지 부류에 비해 극히 소수이지만 아예 없는 것은 아니다.

회사는 우리에게 안정적인 생계를 제공한다. 때로는 회사의 이름으로 우리의 현재 경제적 사정과 학력을 어렴풋이 대변해주기도 한다. 이러쿵저러쿵 부연 설명을 따로 하지 않아도 나를 증명해 보일 수 있다. 하지만 회사는 우리의 임금을 기하급수적으로 늘려주지는 않는다. 신입 시절부터 회사에 충성해 뛰어난 업무실적으로 젊은 나이에 수십억 원의 연봉을 받는 CEO의 성공신화는 로또 당첨 확률보다 더 낮다. 하지만 우리가 경험한 것처럼, 부동산 투자로 그보다 훨씬 더 쉬운 성공 스토리를 만들어낼 수 있다.

몇 시간의 시간 외 수당과 잔업수당을 받기 위해 우리의 시간을 더 이상 낭비할 필요가 없다. 스스로 몸값을 높일수록 우리의 시간은 기하급수적인 소득을 창출해줄 수 있다. 우리가 투자하는 지금의 시간은 곧바로 두고두고 우리를 위해 돈을 벌어다 줄 것이다. 어제 무심코 흘려보냈던 당신의 하루는 얼마일까. 8만 원일까, 10만 원일까, 20만 원일까? 아니면 30만 원일까? 나의 시간을 온전히 투자하지 않아도 알아서 움직이는 '머니파이프'를 만든다면 누구보다도 높은 몸값을 만들 수 있다.

우리 부부도 예전에는 행복한 가정을 꾸리기 위해 현재의 시간을 저당 잡히고 직장에서 월급을 받아왔다. 한 명의 희생만으로는 우리가 원하는 미래에 다가서기 힘들 것 같아 두 명 모두의 시간을 온전히 투자했다. 둘이 벌어 두 배의 월급을 받아 두 배가 빠른 속도로 자산을 축적할 것이라는 착각 속에 빠져 있었다.

결혼한 후 행복한 생활을 누릴 틈도 없이 맞벌이해야 한다는 이유로 각자의 일터에서 살아남기 위해 고군분투했다. 사랑의 결실인 첫째 아이가 태어나면서 삶은 그저 하루하루를 버텨나가는 순간이 돼 버렸다. 우리가 왜 맞벌이를 하는지도 잊은 채 쳇바퀴 위에 올라선 햄스터처럼 하루하루 똑같은 일상을 이어나갔다.

우리는 만족할만한 보상이 없는 희생을 더 이상 하고 싶지 않았다. 맞벌이하는 진정한 목적에 대해 고민하고 생각했다. 맞벌이한다면 더 많은 수입을 창출하고 더 빨리 자산을 축적해야 하며 그로 인해 지금의 현실을 더 빨리 개선할 수 있어야 한다. 그러기 위해서 우리는 제대로 된 맞벌이를 하기로 마음먹었다.


첫째, 직장을 다니며 벌어오는 월급에 안주하지 말고 월급 외 수입을 무조건 만들어야 한다. 월급이란 것은 우리가 투자한 시간 대비 벌어오는 수입 가운데 하나다. 만약 하루에 8시간이 아닌 4시간만 일하게 된다면, 월급은 반으로 줄어들게 된다.

더욱이 '주 52시간 근무'라는 새로운 근무 체계가 시작되고 나면 줄어든 근무시간에 따라 월급은 줄어들게 된다. 그렇다고 12시간을 일한다고 해서 월급의 1.5배를 벌 수 있는 것도 아니다. 이제는 노동환경이 일을 더 하고 싶다고 할 수 있는 상황도 아니게 됐다. 그만큼 월급은 우리 스스로 통제할 수 있는 부분이 아주 적다. 통제되지 않는 수입원에만 우리 가정의 행복과 미래를 맡기고 있다면 앞이 보이지 않는 막막함과 불확실한 미래에 불안한 하루하루를 살아갈 수밖에 없다.

월급 외 수입을 이야기하면 사람들은 이자 수입이나 펀드 수입을 쉽게 떠올린다. 맞벌이하며 다른 돈벌이는 생각할 틈도 없기에 가장 쉽고 가장 간단한 금융 재테크에 관심을 가질 수밖에 없다는 것은 우리도 이해하고 공감한다. 하지만 이자 수입이나 펀드는 지금의 현실을 적극적으로 개선해 줄 수 없으며 우리의 인생이 변하길 수동적으로 앉아서 기다리는 것밖에 되지 않는다.

우리는 아직 예금을 통한 자산의 안정성을 확보할 때가 아니라고 판단했다. 우리의 자산을 연간 2~3% 늘려주는 소소한 재테크로는 성이 차지 않았다. 우리는 아직 더욱더 공격적이고 적극적인 투자할 시기라고 판단했기에 모든 금융상품의 유혹을 뿌리쳤다. 복리라는 강력한 힘을 알고는 있지만, 그 힘을 기다리기에 지금의 시간이 너무 아까웠기 때문이다.

그때 우리의 간절함을 채워 줄 그 무언가가 필요했고, 우리는 레버리지를 통한 부동산 투자를 접하게 됐다. 투자 시간에 따른 보상이 아닌, 자신의 선택에 따라 철저한 보상이 이뤄지는 체계란 것을 알게 된 후 우리는 부동산 투자의 매력에 푹 빠져들었다. 하루 꼬박 직장에서 일하면서 10만 원 남짓의 일당을 받는 것이 아니라 경우에 따라 한두 시간 일하고도 수백, 수천만을 벌 수 있어 우리의 시급을 거의 무한대로 올릴 수 있었다.


둘째, 행동 하나하나도 돈벌이에 연결하는 게 중요하다. 나는 하고 싶은 취미활동이 많았다. 결혼 전에는 바이크에 관심이 많아 전문 라이더 수준의 장비를 갖추고 여행을 다닐 정도였다. 하지만 결혼 이후 나의 취미활동은 우리가 꿈꾸는 미래에 다가설 시기를 늦추는 걸림돌이 될 뿐이었다.

이를 보완하기 위해 우리는 하고 싶은 것이 있다면 그에 따른 행동이 돈벌이로 이어질 수 있게끔 장치를 마련했다. 어릴 적부터 그림 그리는 것을 좋아했던 나는 지금도 그림을 그리고 있다. 하지만 혼자만의 만족을 위한 그림을 그리는 것은 아니다. 작업실에 들어가 혼자만의 시간을 보내는 것이 아니라 내 그림으로 어떻게 수익을 올릴 수 있을지 고민하는 시간이 더 많다. 지금은 젊었을 때 모아두었던 IT기기를 활용해 여러 종류의 이모티콘을 개발해서 여러 플랫폼에서 수익을 창출하고 있다. 우리 아이들의 행동, 우리가 읽는 책, 우리가 살아가는 일상 등 모든 것이 이모티콘의 소재가 될 수 있어 하루를 관찰하는 힘을 키워준다. 게다가 우리에게 소소한 수입까지 창출해주니 일석이조의 효과가 있다.

가족과 함께 여행할 때도, 새로운 경험에 소비할 때도 단순히 즐기기만 하지 않는다. 지역을 이동하며 부동산 투자를 대비한 임장을 한다든지 하며 지역적 분석을 놓치지 않는다. 투자자의 입장에서 많은 지역을 돌아보고 분석하려고 따로 시간을 내는 것이 아니라 가족과 함께 이동하는 시간을 활용함으로써 가족의 시간을 희생시키는 것을 최소화할 수 있다.

셋째, 시간이 없다고 변명하지 않는다. 대부분 맞벌이 부부들은 다른 것을 생각할 시간조차 만들기 어렵다고 한다. 내일 당장 출근 준비할 생각에 골치가 아픈데 재테크, 행복한 미래까지 생각한다는 것은 배부른 소리라고 생각할 것이다. 하지만 시간이 없다고, 정신이 없다고, 여유가 없다고 변명만 늘어놓고 있다면 그 어떤 변화도 기대할 수 없다. 오히려 변화가 찾아오기보다 도태되는 삶, 저당 잡힌 시간에 허우적댈 수밖에 없다.

　사람들은 꿈꿔왔던 행복한 미래를 실제로 맞이하고 싶어 한다. 그렇다면 그 꿈에 맞는 충분한 시간을 투자하고 소비해야만 한다. 가만히 현실에 안주하거나 끌려가는 삶을 살면서 변화를 바라는 것은 너무 미련하고 바보 같은 행동이다. 우리는 시간이 없다고 변명하지 않기로 했다. 변명은 우리의 간절함이 부족하다는 것을 인정하는 것밖에 되지 않는다. 간절함이 깊을수록 어떻게든 방법을 찾아낼 수 있으며, 그것은 우리 삶을 반드시 변화시킨다고 믿고 있다.

　그렇다면 없는 시간을 어떻게 만들어 낼 것인가. 직장을 다니는 우리는 8시부터 18시까지는 기본적으로 회사에 매여 있기에 그 시간만큼은 월급을 받는 만큼 집중해서 일해야 한다. 그렇다면 퇴근 후 주어지는 저녁시간을 활용해야 할까? 자기계발을 한다는 대부분의 직장인은 저녁시간을 활용해 자신의 성장에 투자하고 있다. 저자의 성공담을 다룬 대부분의 자기계발서를 읽어보면 그들 역시 밤늦게까지 독서실에서 공부하거나 강의를 들었다고 한다.

　하지만 우리는 그러지 않기로 했다. 저녁시간을 활용한다는 것은 가족의 누군가에게 희생을 강요하게 되는 것과 같다. 자연스럽게 집에 남은 배우자는 독박 육아를 해야 한다. 가족과 함께 저녁을 즐기고 싶은 아이들의 시간도 사라진다. 이는 돈을 버는 지금도 행복해야 한다는 우리만의 기준에 어긋나기에 저녁시간을 활용하는 것은 제외하기로 했다.

　우리가 선택한 시간은 새벽이었다. 저녁시간은 아이들과 신나게 놀아 준 뒤 함께 잠든다. 그리고는 새벽 4시에서 5시 사이에 기상한다. 새근새근 곤히 잠든 아이들을 뒤로하고 침실 밖으로 나와 각자의 작업 공간에서 자신의 성장과 가족의 행복을 위해 최선을 다한다. 물론 새벽시간만으로 충분하지 않을 수 있다. 한껏 끌어올린 집중력을 출근 준비를 위해 끊어야 하기에 종종 아쉬울 수도 있다. 어떤 때는 저녁시간을 활용해서 마음껏 공부하고 싶을 때도 있다. 하지만 그럴 때마다 초롱초롱한 아이들의 눈망울이 떠올라 발걸음을 옮길 수밖에 없었다. 내가 좀 더 빨리 일어나고, 내가 좀 더 집중하면 될 것을 아이들의 시간을 뺏고 싶지 않았다. 우리의 성공을 말할 때 이 기적 같은 새벽의 힘을 빼놓을 수 없다. 직장인이지만 이 모든 것을 해낼 수 있게 해준 선물 같은 시간은 바로 새벽이었다.

마지막으로 부부만의 목표를 설정하고 선택적 무시를 활용하기로 했다. 여러 가지 목표를 향해 달려가는 것보다 하나의 목표에 집중하는 것이 달성하기 더욱 쉽다는 것은 누구나 알고 있다. 영화 《매트릭스》에서 모피어스가 말했듯이 그 길을 아는 것과 그 길을 걸어본 것은 확연하게 다르다. 누구나 가족의 행복을 우선시해야 한다고 생각하지만 실제로는 회사 생활과 사회적 관계에서 가족은 우선순위에서 밀려나기 일쑤다. 물론 사회생활을 하기에 어느 정도 맞춰야 할 관습이 있을 수는 있다. 하지만 그것은 우리 가족의 행복이나 자신의 성장에 도움이 된다는 전제로 맞춰져야 한다. 그 기준에 들어오지 않는다면 과감히 무시할 수 있는 용기가 필요하다.

직장을 다니면서 낭비되는 시간이 너무도 많다. 조직 생활이라는 이유로 눈치 보며 야근을 하는 경우가 종종 생긴다. 또 인간관계를 유지한다는 이유로 잦은 티타임을 갖거나 술자리에 참석하며 시간을 소모한다. 이렇게 시간들이 낭비되면서 우리가 회사와 계약한 근로시간 8시간을 훌쩍 넘기게 되고, 우리가 활용할 수 있는 시간은 그만큼 줄어들게 된다.

부자가 되고자 하는 간절함이 있다면 하루에 얻을 수 있는 2~3시간이 얼마나 가치 있고 소중한 시간인지 알아야 한다. 소중한 우리의 시간을 지켜내기 위해서는 회사와의 관계에 대한 우리의 생각을 재정립할 필요가 있다. 우리는 어렸을 때부터 회사에서 사명을 다 해 함께 발전해야 한다고 배워 왔다. 함께 발전하는 것은 맞지만, 회사에서 사명을 다 한다는 말은 이제 변해야 한다.

우리는 회사와의 관계를 이렇게 재정립했다. 회사는 우리의 인생에 사명을 다 하기 위해 함께 발전해야 하는 동반자다. 우리의 행복과 성장에 도움이 되지 않는 부분은 과감히 무시할 수 있어야 한다. 모든 것을 다 잘할 수는 없다. 오로지 한 가지 목표인 '더 많은 수입과 더 빨리 자산을 축적한다'에 집중해 행복한 가정을 이루기 위해 행동해야 한다. 그 목표에 방해되고 관계없는 것은 의도적으로 무시하는 선택적 무시를 활용해야 한다.

사람들은 우리 부부를 보고 외벌이가 힘들지 않으냐고 한다. 육아휴직 중인 아내를 부러워하면서 한편으로는 직장에 복직하지 않는 것에 대해 의아해하기도 한다. 하지만 우리는 전혀 힘들지 않은 생활을 하고 있다. 아내가 직장을 다니지 않아도 우리는 맞벌이를 하고 있기 때문이다. 우리는 항상 부동산 투자를 통해 함께 돈을 벌어왔기에 한 명의 월급이 빠진다고 해도 문제가 되지 않는다. 어찌 보면 우리 부부의 지금 이 순간은 과도기라 볼 수 있다. 우리의 목표는 근로시간과 소득을 완벽히 분리하는 것이기에 아내가 먼저 그 길을 걸어가고 있다 생각한다. 언제까지 직장만 다니는 맞벌이에 머물러 있을 수는 없다. 맞벌이의 진정한 목적만 이해한다면 굳이 시간과 공간에 메여 돈을 버는 일은 더 이상 하지 않아도 된다. 부부가 함께 더 빨리 부자가 되는 방법을 찾았다면 목표 시점을 잡고 지금껏 저당 잡혔던 시간을 되찾아오는 것이 가장 중요한 것이 아닐까?

# 날고 나는 돈 감각을 키워야 돈이 모인다

우리는 일에서의 맞벌이뿐만 아니라 부동산으로도 맞벌이하기로 결정한 뒤, 항상 돈에 관심을 두고 돈을 사랑하기로 마음먹었다. '돈을 사랑할 줄 아는 사람들에게 돈이 붙는다'는 속설도 있지 않은가. 부동산 투자할 때는 투자 물건을 찾고 선택하는 과정에서 우리의 관심을 서로 분산시키기보다 부부가 같이 충분한 관심을 집중시킬 수 있는 지역을 중점적으로 선택했다. 그것은 곧 사랑하는 대상에 대한 민감한 반응까지 알아차리기 위해, 또 우리의 돈 감각을 예민하게 유지하기 위한 일종의 선택이었다. 그 선택으로 더 집중할 수 있었던 것은 두말할 필요가 없다.

### 투자 전에도 공부, 투자 후에도 공부!

부산에서 30년을 살다가 우리가 경기도로 이사를 온 때는 2012년도 12월이었다. 당시 수도권 부동산 가격은 바닥이었다. 언론과 각종 매체에서는 앞으로 더 떨어지리라 예측했다. 아무런 연고 없이 이사를 온 우리는 해당 지역의 부동산 사정과 지역적 특성을 알지 못해 어떠한 투자도 하지 못했다. 그러다 2015년도부터 본격적으로 수도권에 부동산 투자를 하기로 마음먹으면서 각종 재테크 책과 부동산 투자 책들을 닥치는 대로 읽기 시작했다.

그때 읽었던 몇 개의 책들은 공통으로 부동산 투자를 처음 시작하는 초보자들에게 상대적으로 투자 금액이 적게 드는 지방의 물건을 선택하라고 추천했다. 하지만 그 투자 금액이 적은 지방이 도대체 어디인지 누구도 제대로 언급해 주지 않았다. 그 지방이 충청도인지, 전라도인지, 아니면 수도권이 아닌 광역시인지도 모르는 상황에서 다트를 던지듯 지역을 선택할 수도 없는 노릇이었다. 그렇다고 일일이 이 지역 저 지역을 모두 조사하고 공부를 하기에는 당시우리 부부의 의지도 부족했을 뿐 아니라 너무 벅찬 일이어서 엄두가 나지 않았다.

우리는 투자 금액이 저렴하다는 이유로 직접 발품을 팔기도 어려운 곳에 투자하는 것은 위험하다고 판단했다. 결국 우리는 지금사는 지역인 경기 남부지방에 집중적으로 관심을 두고 투자 물건을찾기 시작했다. 수도권은 시에서 시로 이사하는 사람들이 상대적으로 지방보다 많다. 부산에서 창원, 김해로 이사하는 것보다 의왕에서 수원, 군포에서 안양으로 주거지를 이동하는 것에 대한 저항이상대적으로 덜하다. 우리는 이 점에 착안해 경기 남부를 하나의 유기적인 도시로 보고 집중적으로 투자했다.

내가 먼저 경기 남부의 전체적인 교통망과 도로, 앞으로의 개발계획 등의 호재를 조사하면, 아내가 직접 가서 실제 분위기를 살피고 몸으로 느껴보는 식으로 임장을 한다. 나의 분석과 아내의 임장 결과가 일치하면 투자를 결정한다.

여기서 중요한 점은 투자한 이후에도 임장을 게을리하지 않는다는 것이다. 지역 카페에서 여론을 살피는 등, 우리가 투자를 결정하기 전에 예상했던 바와 같은지 확인하며 분석한다. 투자 전에 공부하고 투자하는 것도 중요하지만 투자하고 나서도 그 지역에 관한 공부를 이어나가야 한다. 투자한 이후 우리의 예상대로 흐름이 이어지면 우리 투자 결정에 확신을 갖고 추가매수를 하거나 매도타이밍을 잡는다. 이러한 경험은 다음 투자를 이어갈 때 엄청난 경험이 된다. 실전 모의투자보다 더 강력한 실전 투자로 그 감각을 익히는 게 아주 중요하다.

## 주변 사람들의 수다를 허투루 듣지 않는다

일상에서 돈 감각을 잃지 않게 노력하는 또 하나의 방법은 지인과의 대화에서 또는 일상에서 스쳐 지나가는 대화에서조차 부동산과 돈에 관한 이야기를 허투루 듣지 않는다는 것이다. 우리가 투자한 물건 가운데 일부는 지인과의 대화 속에서 힌트를 얻고 투자해서 수익을 봤던 경우도 꽤 있다.

아내가 여느 날처럼 아침에 아이와 전쟁을 치르고 출근하던 길이었다. 운전하며 출근하던 중 신호에 걸려 멍하니 주변을 두리번거리고 있다가 경기도 시흥시 목감 택지지구 분양광고를 봤다. 그당시만 해도 '목감'이라는 지역을 잘 알지 못한 터라 그냥 그런가보다 넘기며 출근했었다. 마침 옆자리에 앉아 있던 선임과 이런저런 이야기를 하다 선임은 주말에 목감 택지지구 분양 모델하우스에 다녀올 생각이라는 이야기를 했다. 당시 우리는 분양을 받아봐야겠다는 생각은 전혀 없던 상태였다. 하지만 그날 아침 버스 래핑광고와 선임이 언급한 목감이라는 지역이 궁금해졌다. 인터넷에서 검색하던 우리는 급격히 그 지역에 관심을 두게 됐고 한동안 그 관심을 계속 이어나갔다. 당시 바로 분양을 받지는 않았지만 이후에 목감 지역의 한 분양권을 구입하게 됐다.

언젠가는 임장을 하러 공인중개소에 들렀다가 투자한 적도 있었다. 당시 군포 산본 지역의 아파트를 매수하기 위해 공인중개소에 들렀다가 직원과 이런저런 이야기를 나눴다. 수많은 공인중개소를 돌아다녔지만 나보다 어린 실장이 있는 것이 신기해서 계속 대화를 이어갔다. 공인중개소 실장은 자기와 비슷한 나이의 젊은 부부가 투자하러 돌아다니는 게 희한했다고 한다.

그 실장은 우리를 부러워하면서 자기한테도 남자친구가 있지만 그 친구는 투자에는 영 관심이 없다고 하소연했다. 수다는 계속 이어져 결혼해야 할지 말아야 할지 걱정이라는 둥 사적인 이야기까지 나눴다. 그러면서 몇 해 전에 어느 지역의 아파트를 분양받았는데 지금 그곳에서 입주해 살고 있다고 했다.

집으로 돌아오면서 우리는 공인중개소 실장이 거주한다는 지역의 주변 호재가 궁금해졌다. 검색해보니 아직 추가 상승이 가능한 지역으로 판단됐다. 그곳을 추가로 매수했고 단기간에 만족할 만한 시세차익을 얻었다. 지금은 GTX 호재로 더욱더 주목받고 있다.

사람을 만날 때 그 사람의 나이와 직업, 사는 곳 정도는 우리나라에서 기본 절차처럼 서로 묻는 것이 일상화돼 있다. 우리는 그런 정보를 절대 허투루 듣지 않는다. 누가 어디에 살고 있고, 누가 이번에 어디에 신혼집을 마련했고, 누가 이번에 어디로 이사했고 등 주변 사람들이 직접 부딪혀 선택한 그곳이 어떤 곳인지 그냥 흘려 듣지 않는다.

일상에서 흔히 오가는 주거 이야기를 가십거리 정도로 생각하지 말고, 그 대화 속에서 왜 그 사람이 그곳을 선택했는지를 파악한다. 학군이 이유인지, 교통이 이유인지, 맞벌이할 때의 중간점이 어디인지를 대화를 통해서 쉽게 파악할 수 있다. 더욱이 지방 출신인 우리가 미처 몰랐던 여러 지역도 속속들이 알 수 있는 장점도 있다.

## 돈 수다를 통한 감각 공유

우리는 공부해서 호재를 찾았거나, 인터넷 카페에서 봤거나, 경제 기사를 본 내용뿐 아니라 주변에서 있었던 일 가운데 부동산과 관련된 부분도 대부분 공유한다. "우리 직원 중에 K 대리 알지? 이번에 △△로 이사한대", "아 그래? 우리 직원 중에 누구도 거기로 이번에 간다고 전셋집을 알아보던데" 이런 식으로 대화가 이어지는 경우도 간혹 있지만 너나 할 것 없이 누구나 관심이 있는 곳이라는 공통점을 발견하면 우리도 자연스레 관심을 기울이게 된다.

이렇게 얻어지는 정보들은 부동산 등 경제 이야기만 전문적으로 오가는 인터넷 공간보다 정보의 질적인 측면에서 떨어질 수 있다.

하지만 실제 생활과 가장 밀접한 생생한 정보들이기 때문에 전문적인 정보보다 더 유용할 때도 많다.

"주변에서 주식해서 돈을 벌었다더라", "이번에 ○○지역 ▽▽ 아파트를 사서 돈 벌었다더라"와 같은 이야기를 듣고 단순한 가십거리로 취급하며 배만 아파해서는 안 된다. 값진 정보라 생각하고 절대 무시하면 안 된다. 부부끼리 이런 가십거리 정보를 공유하면 내가 미처 파악하지 못했던 사항을 상대방이 알아차릴 수도 있고 내가 했던 정보의 해석을 다른 방향으로도 바라볼 수 있다. 비록 단둘이서 이러쿵저러쿵 말하는 것일지라도 혼자보다 나을 때가 더 많다.

# 부자가 되고 싶다면
# 부부의 생활습관도 맞춰라

부자들은 부자가 될 수밖에 없는 생활습관들을 이미 몸에 익히고 있다는 내용의 책들과 글이 많다. 하지만 그것을 직접 실행하는 사람은 얼마 되지 않는다. 우리는 부자가 되기로 마음먹은 후부터 그에 관련된 자기계발서를 읽으면서 부자가 되는 생활습관을 실천하기 위해 노력했다. 무언가 새로운 법칙을 창설하고 이론을 만들어낸 것이 아니다. 이미 앞서간 선배들이 만들어 놓은 법칙들을 실천에 옮긴 것뿐이다. 우리가 일상에서 실천하는 부의 습관들을 몇가지 소개하고자 한다. 조금 부끄러운 이야기들도 있지만 부부가 함께 일상에서 함께 실천하다 보면 어느새 당신의 목표를 달성하고 있을 것이다.

### 목표를 잊지 않게 하는 우리만의 비밀번호

우리는 우리만의 목표를 비밀번호로 설정해 매일 목표를 되새긴다. 예를 들어 핸드폰 비밀번호나 현관문 비밀번호를 설정할 때 우리의 목표를 숫자로 정해 비밀번호를 설정하고 비밀번호를 누를 때마다 의식적 또는 무의식적으로 목표를 되뇌고 되새긴다. 우리는 한때 '10in10'을 목표로 했었다. 우리가 2011년도 12월에 결혼해서 10주년이 되는 때가 2021년도 12월이고, 순자산 10억 원을 목표로 했다는 뜻이다. 그렇기에 한때 우리 비밀번호는 '20211210'이었다. 2021년도 12월에 10억 원이라는 의미다. '20211210'라는 비밀번호를 누를 때마다 더 자주 목표를 되새길 수 있었다.

목표를 세우는 것도 중요하지만 그것을 잊지 않고 뼛속 깊이 새겨 그것을 이뤄내는 것이 더 중요하다. 목표를 이루기 위해 목표가 무엇인가 구체적인 숫자로 정하고 실천해보자. 결혼기념일 같은 의미 있는 날이나 둘만이 아는 숫자를 비밀번호로 설정하는 것도 좋지만 부부 공동의 목표를 비밀번호로 같이 공유하는 것은 어떨까? 우리는 공통의 목표를 비밀번호로 설정하고 하루에도 몇 번씩 반복해서 누르는 행동을 통해 더 많이 새기고 기억할 수 있었다. 오늘 당장 비밀번호를 만들어 부부뿐만 아니라 가족 모두 목표를 공유해보자. 가족 모두가 현관문 비밀번호를 누를 때마다 마음속으로 말하는 은근한 재미도 솔솔하다.

우리는 차근차근 목표를 달성하면서 그때마다 새로운 비밀번호를 설정해왔다. 새로운 비밀번호를 설정한 것을 잊어버리고 무의식적으로 예전 번호를 잘못 눌러 현관문 밖에서 멍하니 서 있었던 경험도 있었다. '아! 맞다. 우리 목표가 바뀌었었지?' 경고음이 울리고 나서야 새로운 목표가 있었다는 것을 깨닫는 일이 몇 번 반복되기도 했지만 그 경고음은 목표를 잊지 않기 위한 하나의 신호였다. 수십 번, 수백 번 반복하면서 목표를 마음에 새기고, 머리에 새기고, 피부에 새기고, 뼛속에 새기는 행동을 반복하다 보니 결국 그 목표를 우리의 것으로 만들 수 있었다.

## "홍 사장~ 김 여사~" 우리는 이미 사장이었다

부동산에 임장을 다니다 보면 간혹 공인중개소 사장님들이 우리 부부에게 "사장님~" 또는 "사모님~"이라는 존칭을 붙여 불러주시곤 했다. 처음에는 우리보다 나이 많으신 분들이 사장님, 사모님의 존칭을 써줄 때 뭔가 어색하고 부끄러웠지만 젊은 나이에 정말 사장님이 된 것 같고 사모님이 된 것 같아 기분이 좋았다.

아이가 태어날 때 부모가 아이에게 좋은 이름을 붙여주는 이유는 그 이름의 좋은 뜻대로 되기를 바라는 마음에서다. 마찬가지로 좋은 이름과 직함을 여러 사람이 불러주면 좋다. 만약 그럴 상황이 안 된다면 우리 부부끼리라도 열심히 불러주자 싶어 서로의 닉네임을 '홍사장', 김여사'로 붙였다. 인터넷상의 닉네임도 모두 그렇게 바꿨다. 심지어 자주 가는 커피숍 회원가입을 할 때도 '홍사장', '김여사'로 설정해 의도적으로라도 여러 사람에게 불리려고 한다. 서로만 홍 사장, 김 여사라 부르다가 가끔 커피숍 직원이 "홍 사장님~ 주문하신 커피 나와 있습니다!"라고 불러주면 왠지 부끄러우면서도 기분이 좋다.

평소 우리가 생각했던 사장님, 여사님들에 대한 좋은 이미지를 마음속에 그려두고 그렇게 사람들에게 불릴 때마다 우리가 그런 사람이 돼가고 있다고 생각하면 은연중에 자신감이 붙고 여유로워진다. 한편 나도 모르게 행동이 조심스러워지기도 한다. 홍 사장으로 불리는 순간만이라도 진짜 멋진 홍 사장이 되어 지금보다 더 나은 사람이 되기를 바라기 때문이다.

나는 이 책을 쓰면서 커피숍 닉네임을 '홍작가'로 바꿨다. 아직 책이 출판되지 않았지만 '작가'라고 불리면서 공감되는 글로 많은 사람에게 변화를 일으키고 싶기 때문이다. 자신이 원하는 바를 닉네임으로 정해 부부가 서로 원 없이 불러주자. 김춘수 시인의 유명한 시 '꽃'에도 나와 있지 않은가.

내가 그의 이름을 불러주었을 때
그는 내게로 와서
꽃이 됐다

## 우리를 뭉치게 하는 확신의 말

확신의 말, 혹자는 '자기 암시' 또는 '자기 세뇌'라고도 하는 이 말은 목표를 소리를 내어 큰 소리로 말하고 그것을 다시 자기 귀로 들으면서 스스로 할 수 있다고 진심으로 믿는 것을 말한다. 우리는 각자의 목표와 우리 부부 공동의 목표를 몇 가지를 적어두고 틈이 날 때마다 확신의 말을 같이 읽는다. 이 확신의 말은 경우에 따라 수정되기도 한다. 우리가 활용했던 확신의 말 몇 가지를 소개한다.

## 홍 사장의 확신의 말

최고의 자기계발 강사가 된다.
구독자 1만 명을 보유한 유튜버가 된다.
월 8,000만 원 소득이 있는 디지털 노마드 삶을 산다.
2018년 카카오 이모티콘 스튜디오에 캐릭터 등록 및 판매를 시작한다.
2019년 디지털 마케팅으로 월 500만 원 수입을 달성한다.
2020년 단기 투자 2건으로 1억 원 수익을 창출한다.
2023년 판교 50평대 아파트를 현금으로만 매수해 입주한다.
2030년 순자산 100억 원을 달성한다.
1년에 1권 저서를 출판한다.
모두가 강연할 수 있는 '모두의 강연' 플랫폼 개발한다.
대한민국 임대주택 및 주거 안정에 기여하는 친절한 임대사업자가 된다.
미라클 모닝 전도사
부부 성장 에세이를 출간한다.
아들들의 등하교를 함께하는 아빠가 된다.


## 김 여사의 확신의 말

월평균 2,000만 원의 불로소득을 얻는다.
2030년 순자산 100억 원 달성 등으로 지속적인 순자산이 상승한다.
내가 가고 싶은 나라에서 여행이 아닌 한 달 이상 생활을 한다.
3년에 1권 이상씩 저서를 출판한다.
장사 잘되는 코너 상가주택 오너 상가로 월세 400만 원을 받는다.
주식 투자로 배당금 2,000만 원을 받는다.
친구들과 연말모임에서 기꺼이 호텔 식사를 대접한다.
아들에게 경제적 자립을 위한 재산을 증여한다.
비행기 퍼스트클래스석을 이용한다.
프리패스를 부담 없이 이용한다.

라스베이거스에서 앞자리에 앉아 좋은 공연을 가족들과 함께 즐긴다.
프랑스, 네덜란드 등에서 모네와 고흐의 미술작품을 감상한다.
아프리카 사파리 체험을 한다.
1년 100권 이상 책을 읽는다.
여행 후 분량과 관계없이 에세이를 남긴다.
나의 영향으로 인생을 바꾸는 사람 1,000명 이상 만든다.
교육의 기회가 필요한 사람들에게 무료 교육사업을 진행한다.
북유럽에 방문해서 오로라를 감상한다.
혹등고래를 만난다.
휴양지 해변에서 시원한 음료를 마시며 여유롭게 책을 읽는다.

세계적인 자기계발 전문가 짐 론은 《드림리스트》라는 책에서 지금 당신이 목표 리스트를 가졌는지를 묻고 만약 드림리스트를 갖고 있지 않다면 당신의 자산은 수백 달러에 불과할 거라고 말하고 있다. 그만큼 목표 리스트를 스스로 적어본 적이 있느냐 없느냐, 그것을 항상 가지고 다니고 있느냐 아니냐에 따라 자산이 달라진다는 것을 설명했다. 더 구체적으로 자신의 목표를 직접 작성해서 가지고 다니면서 매일 틈날 때마다 소리 내어 읽을 것을 강조했다.

우리는 이 책을 읽고서 각자의 드림리스트를 작성했다. 지금 돌아보면 이룬 목표도 있고 그렇지 못한 목표도 있다. 하지만 그것은 문제가 되지 않는다. 우리는 목표를 세웠고 달성을 위해 행동하고 그 결과에 대한 온전한 책임을 지고 있기 때문이다.

우리는 하루를 시작하기 전, 소리 내어 목표 및 확신의 말을 읽었다. 물론 하루도 빠짐없이 소리 내어 읽은 것은 아니다. 그래도 작성해 놓은 리스트가 있어서 생각날 때마다 틈틈이 꺼내 읽게 된다.

그러면 잊고 있었던 드림리스트까지 다시 기억나기도 한다.

혼자 확신의 말을 외칠 때의 청중은 나뿐이지만 배우자와 함께 확신의 말을 외칠 때는 그 청중은 나뿐만 아니라 또 한 사람이 더 있다. 나만 알고 있다면 그냥 묻혀도 상관없을지 모른다. 하지만 듣는 청중이 한 명 생김으로써 그 말에 대한 책임감이 커진다. 배우자가 증인이 되는 셈이다.

누군가 내 목표를 알고 있고, 그 사람이 나와 항상 함께한다는 사실 자체만으로 자신을 변화시키기에 충분한 자극이 될 수 있다. 이때 청중이 되는 배우자는 그 확신의 말에 대해 어떠한 비난도 하지 않는 것이 중요하다. 그냥 입을 다물고 듣기만 해야 한다. 확신의 말을 외치고 한동안 게으른 생활을 하는 배우자를 목격하더라도 절대로 비난해서는 안 된다. 그 사실을 누구보다 본인이 제일 잘 알고 있기 때문이다. "확신의 말만 실컷 외치고 도대체 뭐하는 거냐? 그럴 거면 하지 마라!"라는 식으로 말한다면 더 이상 확신의 말도 하기 싫어질 것이 뻔하다. 잠시 나태한 모습을 보여주더라도 확신의 말만은 끊임없이 함께 외칠 수 있도록 격려해야 한다.

같이 소리를 내어 같은 목표를 말하는 것으로 우리 부부의 에너지가 배로 늘어날 것을 믿는다. 진행해 나가는 과정이 힘들고 때로는 미루고 포기하고 싶다가도 항상 함께하는 파트너가 있음을 확신의 말을 말하는 순간 다시 한 번 깨달을 수 있다. 그러면서 무너지려고 하는 마음을 다잡을 수도 있다.

아이를 낳으면 자식을 보고 산다지만 아직 우리 아이들은 너무 어리기에 부모들의 힘들어하는 마음을 잘 헤아리지 못한다. 하지만 나의 배우자는 함께하는 우리의 목표가 얼마나 힘들고 가끔 포기하고 싶은 건지 잘 안다. 그리고 그 목표를 결국 이뤘을 때 그 성취감과 만족감이 얼마나 좋은 것임을 또한 알기 때문에 그것을 온전히 나눌 수 있다.

우리는 가끔 손을 잡고, 같이 목표 리스트를 읽는다. 물론 처음에는 낯간지러워 '뭐하는 건가?' 하는 생각이 들기도 했다. 하지만 뭐 어떤가. 다른 사람도 아니고 내 아내이자 남편인 것을. 9살 난 아들의 손을 잡고 확신의 말을 외치겠나, 아니면 6살 난 아들 손을 잡고 확신의 말을 외칠까. 배우자가 제일 만만하고 편하다.


## 조앤 K. 롤링 버금가는 상상력

끌어당김의 법칙을 아는가. 원하는 삶을 이미 이뤄진 것처럼 생생히 꿈꾸면 끌어당김의 법칙에 의해 정말 그 삶을 내 인생으로 끌어당길 수 있다는 내용이다. 위에서 언급한 것처럼 우리는 이 끌어당김의 법칙을 믿으며 삶에 적용해 실천하고 있다. 지금까지 생생히 꿈꾸었던 몇 가지는 이미 이뤄졌다. 또 가까운 미래에 이뤄지도록 계획하고 실천하는 일도 있으며, 아직은 막연하지만, 생생히 꿈꾸는 것도 몇 가지 있다.

우리는 이럴 때 보면 참 쿵짝이 잘 맞는다는 생각이 든다. 평소에 '여보'라는 호칭을 사용하지만, 뜬금없이 내가 '사모님'이라는 호칭으로 농담을 던지면 바로 '사장님'이라는 호칭의 농담이 돌아온다. 이런 식으로 우리는 일종의 비전보드 역할극을 하는데 정말 재미있다.

역할극이란 게 별다를 게 없다. 서로 평소에 상상하던 미래가 이미 이뤄진 것처럼 가상으로 연극을 하는 거다. 길지도 않은 5분 정도의 잡담이지만 꽤 재미있다. 예를 들면 이런 식이다. 비전보드를 보면서 이미지를 눈과 머리, 가슴속에 담고 그것이 이미 이뤄졌다고 상상한다. 그리고 이뤄졌을 때의 어떤 시점으로 이동해 그날 있을 법한 일에 대해 서로 이야기를 주고받는다. 그렇게 이야기를 이어가다 한마디씩 즉흥적으로 대사를 말하듯이 연기를 하는 거다.

어떤 날은 해운대 초고층 아파트 별장에서 여름휴가를 보낸다는 상황을 설정하고 천연덕스럽게 말을 건넨다. "여보. 바다 조망이 아주 좋네요. 애들이랑 산책이나 할까요?" 하면 아내는 "그래요"라고 답하면서 내 손을 잡고 방안을 잠시 걷는 식이다. 어린아이들의 역할놀이처럼 순수한 마음으로 유쾌하게 서로 주고받는다. 혼자 이미지로 상상했을 때보다 한마디라도 그 상황에 맞는 말을 배우자에게 건넴으로써 더 생생하게 내가 그리는 미래 상황을 느낄 수 있다. 부디 독자들도 어린아이로 돌아가 순수하게 이 역할놀이를 해보길 권한다. 나이 들어서 갑자기 배우자에게 이런 놀이를 권하는 것이 좀 부끄러울 수도 있지만 어쩌면 5년 뒤에는 놀이가 아니라 진짜 나누고 있을 대화일지도 모른다.

우리는 결국에는 이뤄질 일을 미리 연습한다는 생각에 재미를 보태어 유쾌하게 대화를 주고받는다. 처음이 어렵지 해보면 정말 재미있다. 아이처럼 상상하고 꿈꾼다. 그리고 그것이 정말로 가능하다는 것을 아이처럼 믿어야 한다.

우리는 마침 어린아이들을 키우고 있어 순수하게 진심으로 꿈꾼다는 것이 어떤 것인지 아이를 통해 배웠다. 산타클로스가 있다는 사실을 아이들은 한 치의 의심도 하지 않는다. 아이들의 꿈처럼 내 꿈도 진심으로 가능하다고 믿는다. 이미 우리는 상상 속에서 모든 꿈을 이뤘다. 이제는 현실로 다가올 일만 남았다.

## 우리 부부의 유쾌한 원동력 미라클 모닝

우리는 9살, 6살의 아들 둘을 키우고 있다. 둘째 아이가 태어난 이후에 미라클 모닝을 시작했으니 새벽에 하루를 여는 삶을 시작한 지 6년 차가 됐다. 해야 할 것이 많고, 하고 싶은 것도 많은 우리 부부에게는 늘 시간이 부족했다. 하지만 시간이 흘러 '시간이 부족해서'라는 변명을 하고 싶지 않아서 최대한의 시간을 뽑아내고 싶었다.

그런 이유로 미라클 모닝이라는 도구가 우리 인생으로 들어오게 됐다. 처음에는 단순히 시간을 늘려주는 도구로 활용했다. 직장생활을 하다 보면 업무시간이라는 한계가 있었기에 아침과 저녁시간 외에는 별도의 시간을 사용할 수가 없었다. 그나마 편한 저녁시간을 활용해 자기계발해보고자 했다. 그렇다고 가족들과 함께할 수 있는 유일한 저녁시간마저 포기할 수 없었다.

'모든 과업은 정신 에너지를 소모하고, 우리의 정신 에너지에는 한계가 있다'라는 말이 있다. 《하루 2시간 몰입의 힘》의 저자인 조시 데이비스는 매일 활용할 수 있는 에너지는 한정돼 있기에 정말 필요한 곳에 사용하기 위해서는 에너지의 효율적인 분배가 필요하다고 말한다. 우리가 하는 미라클 모닝은 우리에게 인생의 우선순위의 것을 해결할 수 있는 시간을 제공해주며, 매일 신선한 에너지를 사용해 몰입할 기회를 마련해 준다.

나는 이 선물 같은 시간을 그냥 보내기 너무 아까워서 오늘도 습관처럼 침대에서 일어나 책상 앞에 앉는다. 물론 아직은 인류를 구원할 업적을 쌓거나, 이론을 세우거나, 베스트셀러 작가가 된 것도 아니다. 특별히 내세울 것은 없지만 1년 전의 오늘보다, 2년 전의 오늘보다 더 배웠고, 깨달았고, 어제보다 더 성숙해졌음을 느낀다.

주변 친구들을 보면 아이들을 일찍 재우고 밤시간을 여유롭게 보내는 경우가 많다. 하지만 우리는 항상 '아이 재우고 좀 쉬어야지' 다짐하고는 아이들과 같이 잠들기 일쑤였다. 그렇게 우리만의 밤시간도 아침시간도 가지지 못한 경우가 많았다. 어쩌다 잠들지 않더라도 TV를 보거나 의미 없는 인터넷 서핑을 하는 경우가 대부분이었다. 종일 업무와 아이들 뒷바라지하느라 몸이 지쳐서 책을 읽거나 공부를 하고 싶다는 욕심은 항상 뒷전으로 밀렸다.

하지만 미라클 모닝을 실천하면서 달라졌다. 아침에 하루를 미리 계획하고 책을 읽거나 목표를 이루기 위한 구체적인 계획을 세우면서 이전보다 생산적인 활동으로 하루를 시작하게 됐다. 하루를 더 값지게 살았다는 만족감을 느끼며 하루하루를 마무리할 수 있게 된 것이다.

"나는 밤늦게 일이 더 잘 돼"라고 말하는 사람들이 있다. 하지만 정말로 밤늦게 일하는지 자문해볼 필요가 있다. 일한답시고 밤늦은 시간까지 책상에 앉아서 실제로는 시간만 보내던 것은 아닌지 돌아봐야 한다. 물론 몇몇 예술가들이 새벽 늦은 시간까지 일한다는 이야기는 나도 종종 들어봤다. 하지만 우리는 밤늦은 시간까지 주로 TV만 봤다. 아이를 재워놓고 맥주를 마시며 TV를 보는 삶이 기분 좋게 하루를 마무리하는 것은 될 수 있지만 인생이 바뀌지는 않는다. 하지만 새벽에 일어난다면 인생을 바꿀 수 있다.

혹시나 삶이 불안하거나, 인생의 의미를 찾거나, 무언가에 도전하고 싶은 것이 생겼다면 새벽을 여는 삶으로 살아가기를 적극적으로 권한다. 우리는 부동산 투자를 본격적으로 시작할 때 읽었던 많은 재테크 책, 자기계발서 등을 이 시간을 활용해 읽었다. 하루를 다투는 매수타이밍에서 필요한 정보도 이 시간에 찾았다.

남보다 일찍 하루를 시작하다 보니 술친구는 자연스럽게 멀어졌다. 이러한 변화는 분명 예전과는 다른 삶을 이끌었다.

새벽에 일어나서 책을 읽거나 공부하는 것이 부동산 투자와 무슨 상관이 있느냐고 반문하는 사람이 있을 수 있다. 하지만 부동산 투자로 성공한 많은 사람이 부동산 관련 책뿐만 아니라 다양한 방면의 책을 읽는다.

무작정 새벽에 일어난다고 인생이 드라마틱하게 바뀌지 않는다. 다만, 과거와는 다른 나를 원하고 어제보다 더 나은 나 자신을 만들고 싶고, 매년 늘어나는 가계를 만들고 싶다면 내일부터 당장 이불킥을 활용해서 새벽에 일어나야만 한다. 새벽에 일어나 무엇해야 할지 모르겠다면 그 새벽시간에 하루를 무엇으로 채울지 적극적으로 설계하는 것부터 습관화하길 권한다.

# 05

# 부자의 마음으로
# 규모를 키워라

'분수에 맞게 살아야 한다'고 말하는 사람들이 있다. 자기 능력에 맞게 살아야 한다는 뜻이다. 그런데 그 분수라는 것을 도대체 누가 정한 것일까? '송충이는 솔잎을 먹고 살아야 한다', '뱁새가 황새 따라가다가 가랑이가 찢어진다', '올라가지도 못할 나무 쳐다보지도 마라' 등의 속담은 우리가 제일 싫어하는 속담이다. 우리는 송충이도, 뱁새도 아니고 사람이다. 우리는 올라가지 못할 나무가 없다. 단지 올라갈 생각을 하지 못해서 그런 것이다.

이미 부자인 듯 생각하고 행동하다 보면 내게 부족한 것이 무언인지 느끼게 된다. 그것이 돈이라면 돈을 더 벌 방법을 찾아 행동하면 되고, 그것이 시간을 소중히 여기는 습관이라면 그것을 몸에 익히면 된다. 무분별한 소비습관이라면 주변에 자수성가를 한 사람들의 소비습관을 관찰하거나 부자들의 소비습관에 관한 책이나 기사를 통해 간접적으로라도 익힌다. 부자들의 생활습관과 소득 창출 방법 등을 조금씩 따라 하다 보면 그것이 서서히 내 것으로 만들어진다. 그러면 나도 그와 같은 생활을 하고 있음을 깨닫는 순간이 찾아온다. 그리고 그것은 너무 빨리 다가와 갑작스럽게 느껴지기도 한다.

'지금 당신이 가진 대부분은 현재의 당신에게 걸맞게 이끌려 온 것이다.'

이것이 지금 당신이 부자가 아니더라도 이미 부자인 것처럼 생각하고 행동해야 하는 결정적인 이유다. 이미 부자인 당신에게 걸맞은 돈과 명예, 너그럽고 자비로운 마음, 부자들의 지혜까지 더 빨리 끌어당길 수 있다. 이런 생각과 행동은 내가 하는 일 거의 모든 것에 영향을 미쳐 나를 정말 부자로 만들어 주고 있다. 당신도 부자가 될 사람임을 한 치도 의심하지 말아야 한다.


## 누구나 처음은 어렵다

성공한 사람들의 이야기를 얼핏 들어보면 너무나 쉽게 이룬 것 같다. 성공스토리의 흐름은 대충 이렇다. '가난한 집에서 태어나 어릴 적부터 온갖 고생을 다 하며 살았다. 하지만 맡은 일에 최선을 다했고 결국 성공했다' 모든 성공스토리가 이와 같은 흐름이다. 한 문장 안에 그 사람 인생이 다 함축돼 있다 보니 그 사람이 한 온갖 고생이 어떠했는지 100% 이해되지 않는다. 설령 어떻게 최선을 다했는지 구체적인 에피소드를 소개하더라도 100% 공감하기 힘들다.

다른 사람의 뼈가 부러진 것보다 칼에 살짝 벤 내 손가락의 상처가 더 아프게 느껴지는 법이다. 옆집 아기는 순해 보이고 우리 아기는 예민해서 키우기 까다롭다고 느낀다. 남들이 하는 것은 너무도 쉽게 느껴지지만, 막상 내가 시작하려니 너무 어렵고 복잡하고 두렵다. 그래서 '나는 성공과 상관이 전혀 없는 사람'이라며 쉽게 포기해 버리는 경우도 많다.

이 책에서 우리가 걸어온 길이 어떤 사람들이 보기에는 너무 쉬워 보일 수도 있다. '결국에는 부부가 같이 부동산 투자해서 돈 좀 벌었다는 이야기네'라며 우리의 이야기를 한 줄로 요약할 수도 있겠지만, 우리 부부도 처음부터 쉽게 시작한 것은 아니었다. 몇 번의 시행착오도 겪었고, 포기하고 싶은 순간도 있었고, 눈앞에 당장 보이지 않는 성과에 조급해한 적도 많았다. 하지만 그것을 함께했기에 이겨내고 견뎌낼 수 있었다. 비교적 짧은 기간 동안 서로 직장에 다니며 맞벌이하던 시절보다 더 많은 자산을 쌓을 수 있었다.


## 우물쭈물하다가 얻는 것도 있다?

몇 번의 투자 경험이 있었지만 새로운 투자 기회가 왔을 때 우물쭈물하다가 기회를 놓친 적도 많았다. 보통 우리가 부동산을 매수하는 시점은 항상 누군가 말하는 '꼭지'의 시점이었다. 남들이 말하는 '꼭지'가 '꼭지가 아님'을 판단하는 데는 엄청난 두려움과 망설임을 이겨내야만 했다. 분명히 머리로는 '꼭지가 아님'을 이성적으로 판단했더라도 혹시나 잃을지도 모른다는 두려움을 이겨내는 용기는 지금도 여전히 필요하다.

분양권에 투자할 때는 '꼭지'의 두려움이 더 크다. 분양권의 경우 항상 주변 시세보다 높은 가격으로 책정된다. 우리는 건물이 올라가지 않은 빈터만 바라보면서 수천만 원의 프리미엄까지 붙은 가격을 보고 투자할지 말지 결정해야 한다. 특히 생애 처음으로 내 집 마련을 하기 위해 분양권을 매수하려고 한다면 그 두려움은 상상을 초월할 것이다. 거기다 분양권의 경우, 아무도 그 아파트에 살아본 사람이 없기에 재테크 카페를 기웃거려도 '그렇다, 아니다'의 논쟁은 끊이지 않았다. 다른 사람의 이야기를 들으면 들을수록 결정을 내리기 힘든 경우도 많았다. '우물쭈물하다가 이렇게 될 줄 알았지'로 유명한 버나드 쇼의 묘비명처럼 될까 봐 두려웠다.

분양권 매매 규제가 심한 지금과 달리 우리가 분양권 투자에 관심을 가졌던 2017년에는 주택 보유 수에 상관없이 중도금 대출을 받을 수 있었다. 지금 돌이켜보면 그렇게 좋은 조건에서 더 좋은 분양권을 매수하지 못한 것이 아쉽다.

우리는 평촌 분양권, 광명 역세권 단지, 의왕 포일동의 분양권 투자를 모두 놓쳤다. 놓친 이유는 다 달랐다. 평촌 분양권은 10% 계약금과 프리미엄 비용을 내기 위해 대출받을 생각을 하지 못했고 주변의 말에 흔들려 '꼭지'라는 결정을 내렸다.

광명 역세권 단지는 계약금 20%의 조건이 우리의 기준에서 받아들이지 못했다. 당시 계약금 20%의 현금 자산을 가진 사람이 얼마나 되겠냐는 판단을 했는데 우물 안 개구리였다. 현금을 억 단위로 가진 사람도 많을 뿐 아니라, 없다 하더라도 대출을 받아 계약하는 사람도 많았다. 의왕 포일동 분양권 또한 기존 투자로 자금이 묶여있어 포기했지만, 시간이 지나보니 추가 대출에 대한 두려움으로 올바른 판단을 내리지 못했었다.

물론 기회를 놓친 적도 많았지만 다른 여러 기회를 잡아 지금의 결과를 만들 수 있었다. 하지만 '놓쳤던 기회들도 다 잡았다면 얼마나 좋았을까' 하는 후회가 들 때가 있다. 투자를 망설이게 하는 여러 가지 이유가 생겼을 때, 우리가 놓쳤던 과거의 경험은 자산이 되어 투자 방향을 정하는 데 도움이 된다.

## 지금 하는 행동의 점이 이어져 성공의 선이 된다

어떤 투자든 시작은 어렵고 두렵다. 내가 가진 예금이 부동산이라는 다른 형태로 자산이 형성돼 새로운 대출이 생길 수 있다. 그로 매달 지급해야 할 이자가 발생할 수 있다. 이자가 생활비에 영향을 미쳐 당분간 소비생활의 변화가 필요할 수도 있다. 즉, 지금까지 살아왔던 많은 것에 변화가 생길 수 있다. 대부분의 사람은 이 변화에 대한 긍정적인 측면보다 혹시나 모르는 부정적인 측면에 더 초점을 두며 고민한다. 부정적인 측면에 초점을 두다 보면 그것이 더 부각돼 긍정적인 측면을 무시하게 되고 변화를 포기하게 된다.

앞을 보며 점과 점을 연결할 수는 없다. 뒤돌아볼 때만 가능하다. 그러니 당신은 미래에 언젠가 점들이 연결될 거라고 믿어야 한다. 무언가를 믿어야 한다. 당신의 직감, 운명, 삶, 카르마, 뭐든지. 이 접근법은 한 번도 나를 실망시킨 적이 없고, 내 삶의 모든 것을 이뤄내게 해줬다.

- 스티브 잡스

스티브 잡스의 유명한 연설문의 한 구절이다. 새로운 시도를 하는 데 망설여지는 때가 오면 나는 이 스티브 잡스의 연설문을 마음속으로 되뇐다. 누구나 처음은 어렵다. 어린 시절 엄마에게 한 거짓말이 들통났을 때 사실을 고백하고 용서를 구하기까지 엄청난 용기가 필요했다. 하지만 "엄마, 사실은요"라는 한마디를 뱉어내고 나면 그다음의 말은 술술 나왔던 기억이 있다.

상대하기 어려운 사람에게 전화해야 하는 일이 생겼을 때도 전화기를 들어 전화번호를 누르기까지가 어렵지 상대방이 전화를 받고 나면 내가 전달해야 할 사항을 막힘없이 말하고 있을 때가 있다. 누구나 하기 두렵고 힘든 일이 있다. 엄청난 결단이며 대단한 결심이 필요한 일이다. 하지만 일단 해보면 이전에 걱정했던 것과 다르게 일이 어떻게든 진행되는 경우를 경험했다.

재테크 카페에 성공 투자 후기를 누군가가 올리면 대부분의 사람은 축하해주지만, 꼭 그것을 비난하는 누군가도 있다. '결국 갭 투자했다는 이야기군', '이런 사람들이 있어서 집값이 올라가지' 등의 말을 한다. 우리 주변에는 늘 이런 사람들이 있다. 하지만 이렇게 비난을 한들 변하는 것은 없다. 행동한 사람은 그 결과를 얻을 것이고, 행동하지 않은 사람은 여전히 행동한 사람을 비난하며 자신의 처지를 합리화한다.

그래도 실패가 두려워 한 발 내딛기가 어렵다면, 마지막으로 '실패는 성공스토리의 시작점이다'라는 짐 론의 말을 기억하기 바란다. 고리타분한 명언일 수도 있지만 몇 번의 경험으로 이 말이 진리임을 깨달았다. 내 인생의 주인공은 나라는 것을 명확하게 인지한다면 그 인생의 줄거리를 남에게 맡기지 않을 것이다. 목표를 세우고 행동하고 그것의 결과가 실패든 성공이든 상관없다. 실패했다면 그 것을 딛고 일어서는 주인공의 이야기를 만들어내면 된다. 내 인생 이고 내가 만드는 이야기다. 한 번도 실패하지 않고 원하는 성공을 이끈 사람은 거의 없다. 실패의 정도에 차이가 있을 뿐이다.

## '80 대 20 법칙'은 부동산에도 적용된다

파레토 법칙은 '80 대 20 법칙' 또는 '8 대 2 법칙'이라고도 한다. 전체 결과의 80%가 전체 원인의 20%에서 일어나는 현상을 가리킨 다. 이 이론은 마케팅이나 경제학에서 자주 언급된다. 백화점 방문 객의 20%가 매출의 80%에 영향을 미친다는 식이다.

우리가 부동산 투자를 하면서 목표로 했던 기대 수익 중 당연 히 목표 기간에 달성한 물건도 있고, 그렇지 못한 물건도 있다. 목 표를 달성한 물건은 때로 우리의 예상치 이상을 달성하기도 한다. 이렇다 보니 우리가 소유한 물건 가운데 20~30%가 전체 수익의 70~80%를 차지하는 경험을 했다.

투자할 때는 당연히 투자하는 물건마다 소위 말하는 '대박'을 원 했다. 하지만 투자 물건 모두가 100%의 대박을 안겨주지는 못했다. 그중에는 손해를 본 물건도 있었으며 이런저런 부대비용을 제외하 고는 이렇다 할 수익을 안겨주지 못한 물건도 있었다. 하지만 대부 분의 물건은 나름의 잔잔한 수익을 안겨줬다. 그중 20~30%의 물건 이 우리 자산을 폭발적으로 늘려줬다.

요즘 부동산 투자 트렌드도 '수익이 고만고만한 부동산 여러 채를 소유하기보다는 똘똘한 한 채'로 트렌드가 옮겨졌다. 특히 8·2대책 등 부동산 가격 안정과 다주택자의 투기를 막기 위한 정부의 강력한 규제정책이 잇달아 나오면서 '똘똘한 한 채'를 선택하는 것은 더 중요한 투자 지침으로 자리 잡고 있다.

누구나 똘똘한 한 채를 잡기 원한다. 하지만 늘 우리의 예상대로 되지는 않는다. 물론 수년의 경험과 데이터, 확고하고 망설임 없는 선택이 있을 때는 그 확률을 상대적으로 더 높일 수 있겠지만, 초보자가 백발백중 성공하기는 어렵다. 우리 부부도 지금까지 투자를 멈추지 않고 도전해왔기에 수익이 창출된 것은 맞다. 그렇지만 '똘똘한 놈들로만 골라서 투자했더라면' 하는 아쉬움도 크다.

그런데 만약 우리가 똘똘한 한 채를 고르기 위해 이런저런 선택을 망설이고, 해야 할까 말아야 할까 망설이며 시간만 보냈다면 어땠을까. 우리에게 자산을 늘려준 20~30%의 집을 잡는 기회마저 날려버렸을 수도 있다.

똘똘하지 못했던 나머지 70~80%의 물건들이 우리에게 수익을 전혀 주지 못한 것도 아니다. 이런 물건들 또한 우리에게 적게는 몇천만 원, 많게는 수억 원의 이익을 가져다줬다. 그 물건들을 골라내는 과정에서 많은 경험적 지식도 쌓을 수 있었다. 우리가 소유한 부동산들에도 이 파레토의 법칙이 적용되는 것을 깨닫고 똘똘한 20%를 고르기 위해 과거의 경험적 지식을 이용하고 각종 호재와 교통망 등을 분석한다.

우리는 20%의 파이를 더 키우기 위해 좀 더 과감하고 공격적으로 투자했다. 규모를 키우는 것은 처음부터 쉽지 않았다. 당장 늘어나는 대출과 그것에 대한 이자 부담까지 있었다. 하지만 수익에 대한 확신이 있었고 배우자와 함께했기에 망설일 이유가 없었다. 투자 시점에서 2년이 지난 물건들은 대부분 임대를 통해 투자비용을 회수했다. 그렇게 함으로써 대출에 대한 부담도 줄어들었을 뿐 아니라 새로운 투자도 할 수 있게 됐다.

우리도 규모를 키우는 과정에서 대출과 시장에 대한 불안으로 망설였다. 지금은 부동산 규제정책으로 이전보다 더 시작이 어렵고 두려운 시장일 것이다. 하지만 빠르게 더 많은 자산을 축적하기 위해서는 과감한 투자로 규모를 키우는 수밖에 없다고 판단했다. 우리가 가진 자본의 흐름을 계산해서 감당할 수 있는 수준의 대출을 최대한 활용했다. 또 시장 상황에 따라 장기전이 될 부분을 해결하기 위해 여러 가지 방법을 예상하고 해결방법을 찾아 대비하고 있다.


## 임대사업 활성화를 위한 규모의 확장

우리 부부의 부동산 투자 접근 방법은 정부의 정책에 반하는 것이 아니었다. 정부의 의도대로 '임대사업 활성화에 기여하는 것'에 초점을 맞췄기에 규모를 키우면 키울수록 안정적인 임대주택공급이라는 정부의 정책에 기여하는 것이 된다. 물론 단기적으로 시세차익을 얻고 투자금을 회수하는 투자 방식을 선택할 수도 있다. 하지만 우리는 그렇게 하지 않았다.

우리 부부의 투자 방식이 단기적으로 봤을 때 세금, 자본의 흐름

등의 측면에서 공격적이지 못할 수도 있다. 하지만 장기적인 관점에서는 외풍에 흔들리지 않는 꾸준한 투자할 수 있게 했다. 주택을 매입하는 순간부터 투자의 방향과 목적에 맞게 매입했으며 아직 그 예상은 벗어난 적이 없다. 장기적인 관점으로 시장을 바라보고 투자하다가 시장의 반응이 좋아져 예상했던 수익이 빠르게 나면 시선을 바꿔 단기적으로 접근하기도 한다.

우리는 주로 아파트 분양권이나 새 아파트 위주로 투자했다. 그 이유 가운데 하나는 깨끗하고 좋은 집을 임차인에게 임대하고 싶었기 때문이었다. 또 다른 이유는 오랫동안 소유할 수 있다는 점 때문이다. 가치가 있는 아파트의 경우, 20년을 소유해도 그 빛을 잃지 않는다. 건물에 대한 가격이 감가상각이 되더라도 아파트가 서 있는 위치, 즉 토지의 값은 날이 갈수록 오른다. 또 금융위기가 오더라도 최대한 많이 버틸 수 있는 물건을 선택했다. 이러한 선택은 새 아파트를 선호하는 지금의 수요와 맞아 떨어져 더 많은 수익을 낼 수 있었다.

아직 사람들은 부동산 투자의 규모를 물을 때 몇 채의 주택을 가지고 있느냐고 묻는 경우가 많다. 한때는 주택 보유 수를 이름표처럼 달고 다니며 자신의 실력을 내세울 때가 있었다. 하지만 요즘 같은 시대에는 10채건 20채건 100채건 그 숫자가 중요하지 않다. 그 주택으로 얻은 이익이 더 중요하다. 투자하는 곳마다 대박이 나는 투자를 할 수 있으면 좋겠지만, 그것이 불가능하다면 규모를 키우고 그중 20%에 집중하면 된다. 상대적으로 수익이 덜 나는 곳은 차례로 정리한다. 그렇게 갈아타는 방식으로 계속 20%에 집중하다

보면 수익은 자연스레 점점 늘어난다. 그렇게 하면 '똑똑한 한 채'에 너무 집착할 필요도 없다.

여기 다시 한 번 짚고 넘어가야 할 것이 있다. 규모를 키우는 것도 중요하지만 제대로 키워야 한다. 규모를 무작정 키우기만 하면 안 된다. 한때 유행처럼 번졌던 갭 투자로 주택 수를 늘려간다면 지금 정부가 쥐 잡듯이 잡는 투기꾼의 꼬리표를 달게 될 것이다.

우리는 끊임없이 투자에 관심을 두고 고민하고 공부해야 한다. 부동산 투자도 빠른 시대의 변화만큼이나 빠르게 달라지고 있다. 10년 만에 강산이 바뀌는 게 아니다. 불과 4~5년 만에 새로운 도시가 새로 생기는 시대다. 특히 새 아파트에 대한 수요는 계속 증가하고 있으며, 지금도 지어지고 있다. 부동산 투자는 주식처럼 종일 시세를 들여다볼 필요가 없다는 장점이 있다. 하지만 그 흐름의 주기가 빨라지고 있기에 사놓고 무조건 묻어두기만 하는 시대는 더 이상 아니다.

규모를 키우되 키우기 전부터 자본의 흐름을 파악하고, 각종 호재를 분석해 적합한 투자를 해야 한다. 잘 키워놓은 부동산 투자 물건은 결국 우리를 위해 일해줄 것이다. 그 물건에 사랑하는 마음과 관심을 잊지 않고 꾸준히 준다면 우리의 자산은 절로 불어난다.

# 06

# 같은 꿈을 꾸는 부부가
# 더 빨리 부자가 된다

어느 날 아내가 내게 친구들과 대화를 나눈 채팅창을 보여준 적이 있다. 얼마 전 부산에 사는 친구들과 단체 채팅방에서 이야기를 나눴던 내용이라고 했다.

A: 나 어젯밤 오랜만에 신랑이랑 해운대 마린시티 다녀왔는데 야경이 예술이더라. 홍콩은 저리가라였음. 외국 온 것 같더라. 식당 분위기도 다르고 사람들도 여유로워 보이고 달라 보였음.

아내: 우와! 정말 좋았겠다. 거긴 같은 부산이라도 다른 세계지. 거기 사는 사람들은 어떻게 돈을 벌었을까?

B: 그야 뻔하지. 금수저거나 로또 당첨됐거나.

이 짧은 채팅 대화를 보고 당신은 어떤 점을 발견했을까? A는 오랜만에 해운대 마린시티라는 야경이 좋은 곳에서 식사하고 왔다. 좋았던 기분을 나누고 싶어서 채팅방에서 친구들에게 화제를 꺼냈다. 그것에 대한 아내와 C의 반응 차이에 주목하기 바란다.

아내는 기분이 좋은 A의 감정에 먼저 공감했다. 그리고 그곳의 사람들이 어떻게 돈을 벌었을지 화두를 던지며 그들이 가진 경제적 능력을 솔직하게 부러워했다. 이어서 그러한 능력을 성취한 사람들의 노하우를 궁금해했다. 아내의 말 속에는 나도 그 방법을 배워서 그들처럼 여유로운 생활을 하고 싶다는 뜻이 포함돼 있다. 하지만 C는 좀 다르게 반응했다. C는 경제적인 능력을 부러워하면서도 그들이 금수저거나 로또에 당첨된 사람이라고 단정 지으며 빈정거렸다.

당신은 만약 A와 같은 화젯거리를 듣게 된다면 어떻게 반응할 것인가. 예를 들어 "결혼기념일에 큰마음 먹고 호텔에 식사하러 왔는데 음식도 너무 고급스럽고 맛있고, 그곳에 온 사람들도 다들 여유가 있어 보이고 귀티가 나더라"라는 말을 듣는다면 어떨 것 같은가. 그들의 부를 질투하거나 시기하며 자기와는 전혀 상관없는 일 취급해버릴 텐가 아니면 그들이 부를 이룰 수 있었던 배경과 노력, 노하우, 라이프스타일을 궁금해하는가?

혹시 이 책을 읽으며 이미 부자인 사람들의 대부분이 날 때부터 부자거나 로또에 당첨된 엄청나게 운이 좋은 사람이라고 생각하고 있지 않은지 반성해보자. 경제적으로 여유로운 사람들은 타고난 운으로 아무런 노력 없이 부를 이뤘기에 나와는 전혀 상관없는 사람들이라고 스스로 선을 긋고 있는 것은 아닌지 생각해봐야 한다.

그렇게 선을 미리 그어버리는 사람은 평생 어떠한 변화도 일으키지 못한다. 하는 일마다 '나는 흙수저니까'라는 자기 합리화로 모든 책임을 외부로 돌려버릴 것이다. 부모를 원망하고, 공평하지 못한 사회를 탓하고, 정부를 탓하면서 하는 수 없이 그들의 도움을 받는다. 과연 누가 자신을 흙수저로 만들었을까? 비록 흙수저로 태어났더라도 그것을 절대 인정하면 안 된다. 인정하는 순간 평생 흙수저로 남을 것이다.

이제는 옆에 있는 배우자를 떠올려 보자. 당신의 배우자와 자신이 가진 부에 대한 생각과 일치하는가? 자신이 원하는 부의 정도를 배우자는 그냥 로또 맞을 확률이라고 생각하고 포기하는지 파악해 보자. 평생을 함께 살아가야 하는 배우자와 부에 대한 생각이 다르고 각기 다른 꿈을 꾸고 있다면 앞으로 경제적인 여유를 가지기는 쉽지 않을 것이다.

부부가 부에 대한 생각이 일치하고 같은 꿈을 향해 달려간다면 그 실행은 빨라지고 실행 결과는 제곱 이상으로 나타날 것이다. 하지만 그 반대가 된다면 혼자서 부를 향해 달리는 것보다 더 늦은 속도로 나아가게 될 것이다.

부부가 같은 생각, 같은 꿈을 가진다는 것은 정말 중요하다. 맞벌이하며 고생을 마다치 않는 이유가 언젠가는 경제적 여유를 누릴 수 있을 것이라는 막연한 바람 때문이라면 지금 당장 서로의 부에 대한 생각과 꿈을 일치시켜야 한다. 그렇게 하는 순간 그토록 기다리던 언젠가가 정확한 날짜로 부부에게 돌아올 것이다.

내가 어렸을 때는 우리 집안만 빼고 다른 친척들은 모두 경제적으로 여유가 있었다. 신기하게도 이건 아내도 마찬가지였다. 아내 집안만 빼고 다들 잘 살았다. 친척 중에는 몇백 억대의 자산을 자수성가로 일구신 분도 계셨다. 나는 그 친척을 보면서 선대로부터 물려받은 땅이 있거나 사업을 밀어준 백이 있다고 생각했다. 더 이상의 자세한 내용을 알려고 하지도 않았다.

　나와 아내는 결혼하고 서로 경제관념이 생길 시점에 그분들이 어떻게 부를 축적하고 대물림할 수 있었는지 새삼 궁금해졌다. 그 당시 우리는 부에 대한 호기심과 열정이 달아있는 상태였기에 궁금증을 해결하기 위해 노력했다. 각자의 가족들이 모이는 자리에서 부모님들이 들려주시는 이야기를 통해 그분들의 자산 축척 과정과 노하우를 좀 더 자세히 알 수 있었다. 물론 부모님들도 남의 집 사정이라 세세한 부분까지는 잘 모르셨지만, 대충의 배경과 흐름에 대해 듣는 것만으로도 그분들의 자산 형성 과정에 대해 알 수 있었다.

　만약 우리가 그분들이 나와는 다른 세계의 사람이라고 생각하고 부러움과 질투의 대상으로 여길 뿐, 어떻게 부를 일궜는지는 궁금해하지 않았다면 조금의 성장도 없었을 것이다. 부부가 함께 궁금해하고 찾았던 그분들의 이야기는 지금도 우리 부부에게 할 수 있다는 강한 동기를 불러일으키며 용기를 주고 있다.

# 07

# 부자 꿈을 꾸는 당신은
# 이미 부자

당신이 결혼하지 않은 싱글이라면 모를까, 결혼했다면 또는 결혼을 약속한 누군가가 있다면 반드시 인생의 파트너와 함께 부자가 되기를 꿈꿔야 한다. 당신과 당신의 배우자가 부자가 되기로 결심하고 그것을 함께 꿈꾸기 시작했다면 그 순간 당신은 이미 부자로 가는 길에 한 발짝 들어선 것이다.

우리가 여기서 말하고자 하는 부자는 나이를 지긋이 먹은 뒤에 되는 부자를 말하는 것이 아니라 머리가 하얗게 변하기 전에 부자가 되는 것을 말한다. 우리는 마흔이 되기 전에 부자가 되기로 했다. 그러기 위해서 월급으로 모아서 쌓을 수 있는 자산을 훌쩍 뛰어넘을 다른 수단을 찾기로 했다.

부자가 되기로 결심했다면 우선 상상력과 그 상상력을 따를 수 있는 뻔뻔함을 길러야 한다. 우리는 부자가 되기로 결심한 그 순간부터 부자가 됐다. 당장 수십억 원의 자산이 있는 것이 아니라 전세살이를 하고 있으면 어떤가. 미래에는 우리가 설정한 목표를 이뤘을 것이 확실하기에 우리는 이미 수십억 원의 자산을 가진 사람이라고 뻔뻔하게 생각했다.

　이지성 작가의 책《꿈꾸는 다락방》을 보면 엄청난 공식이 등장한다. 'R(reality)=VD(vivid dream)' 생생하게 꿈꾸면 그것이 현실이 된다는 공식이다. 부자가 된 우리의 모습을 구체적으로 머릿속에 그리고 같은 장면을 상상했다. 그 상상 속에서 이미 부자가 된 우리를 생생하게 느꼈으며 느낀 그대로 생각하고 행동하려고 노력했다. 우리는 이 공식을 일상에 적용해서 말하고 행동하기 시작했다. 우리가 서로에게 홍 사장, 김 여사라는 별칭을 부르기 시작한 이유다.

　사치품을 구입할 돈이 당장 주머니에 없을 때도 우리는 백화점 명품 매장을 마음껏 둘러보고는 이런 대화를 나눴다. "여보, 나 저거 3년 후에는 살 수 있을 것 같아. 그때 사러 오면 되겠다. 그때 더 좋은 거 나오면 봐서 사지 뭐", "그래. 그러자!" 우리는 명품을 당장 살 능력이 없다고 처지를 비관하지 않았다. 3년 뒤에는 명품을 사고 남을 만큼의 수익이 창출될 것임을 굳게 믿었다.

　예전에는 습관처럼 "돈이 없어"라는 말을 입에 달고 다녔지만, 지금은 돈이 없다는 말을 절대로 입에 담지 않는다. 우리가 그렸던 상상이 곧 우리의 현실이라 믿는다. 우리는 충분한 돈이 있고 단지 그 돈을 세상에 잠시 맡겨두고 있으며 그 돈들은 곧 내게 돌아올 것이라고 믿는다.

　흔히 말하는 부자들을 만나면 그들이 이룬 경제적 성공에는 반드시 이유가 있다고 믿는다. 내가 아직 경험하지 못했거나 성공하지 못한 것을 이미 해낸 사람이기 때문에 그들은 곧 희망이 된다. 그 사람이 일군 노력이나 성과에 대해 "넌 집안이 잘사니까 그렇지",

"우리보다 소득이 높으니까 그렇지"라는 생각으로 깎아내리지 않는다. 상대보다 부족한 점이 무엇일까 찾아보고 더 나은 사람이 되기 위해 방법을 찾는다.

우리가 결혼한 뒤, 주변의 친구들도 거의 동시다발적으로 결혼했다. 친구들은 양가에서 적게는 4,000만 원에서 많게는 2억 원이 넘는 돈을 지원받아 신혼집을 마련했다. 처음에는 부모님의 도움으로 상대적으로 쉽게 신혼생활을 시작하는 친구들이 부러웠다. 하지만 곧 생각을 바꿨다. '우리는 그것을 스스로 이룰 능력이 있다'라면서 말이다.

당시에는 그 능력을 맞벌이하면서 충당할 수 있다고 믿었다. 10년이 지난 지금은 그게 전부가 아님을 알고 있다. 중요한 것은 우리가 부를 이룰 능력이 있다는 것을 한 치도 의심하지 않았다는 것이다. 부에 대한 능력을 서로 조금씩 발견할수록 부를 이루는 속도도 점점 빨라졌다. 지금은 그때 많은 자산을 받아서 결혼생활을 시작했던 친구들보다 더 많은 자산을 축적했다.

입사 동기로 알게 된 R이라는 친구가 있다. 내가 입사 3개월 차쯤 됐을 때 어느 모임에서 그 친구를 만났다. 그날 모임에 R은 명품 시계를 차고 나왔다. 평소 명품을 좋아하던 나는 R이 찬 손목시계를 한눈에 알아봤다. 그 시계는 당시 우리가 받는 월급의 몇 배가 될 정도로 고가의 제품이었다. 사회생활을 시작한 지 얼마 안 된 내 기준에서 그 시계를 산다는 것은 상상할 수도 없는 일이었다.

하지만 그 친구는 무슨 호기에선지 그 시계를 사서 차고 다녔다. 그 친구는 자기가 산 시계에 대해 이렇게 이야기했다. "이 시계의 가격은 1,000만 원 정도 되지만 내가 앞으로 계속 돈을 벌 테니까 10년 후쯤에는 이 돈은 나한테는 있어도 그만, 없어도 그만인 돈이 되겠지. 그런데 지금 내가 갖고 싶은 시계니까 내가 감당할 수만 있다면 지금 사는 거지!"

당시 나는 그 친구의 그 말을 듣고 '이 친구는 정말 부잣집 아들이거나 경제 개념이 없는 사람이다'라고 생각했다. 하지만 지금 돌이켜 보면 R은 자신이 부자가 될 것을 뼛속까지 믿고 있었던 사람이었다.

이후 R은 지방의 새 아파트 가격 상승기 초반에 과감한 결정으로 분양권과 아파트를 여러 채 샀고, 2~3년 만에 10억 원이 넘는 시세차익을 얻었다. 현재는 대부분의 물건을 정리한 뒤 꼬마건물을 하나 매입하고 다음 투자의 기회를 기다리고 있다. 자신이 부자가 될 것을 한 치도 의심하지 않았던 R은 정말 부자가 돼 호화로운 생활을 하며 잘 지내고 있다.

# 3장

# 맞벌이라면 투자도 같이 해야 100% 맞 벌 이

역할 분담에서 오는 환상의 팀워크로 자산 모으기

# 가장 잘할 수 있는 곳에
# 공격적으로 투자하라

"여보, 월 8,000만 원의 수입을 얻으려면 어떤 것을 하면 될까?" 요즘 우리가 시간 날 때마다 고민하며 대화하는 주제 가운데 하나다. 주변에 사업해서 월 1억 원을 달성한 사람이 있다는 소식을 듣고는 우리도 할 수 있음을 확인해 보고 싶어졌다. 하지만 현실은 그리 녹록하지 않음을 금방 깨달을 수 있었다. 대기업 연봉 돈을 매월 벌어들일 수 있다는 것은 상식적으로 불가능하게 보였다.

우리가 직장을 다니며 맞벌이하던 시절, 1년 동안 허리띠를 바짝 졸라매도 5,000만 원 이상 모으기 어렵다는 것을 경험했다. 1년에 5,000만 원을 모으려면 매월 400만 원 이상 모아야 한다. 한 사람의 월급 이상을 모으면서 생활을 유지한다는 것은 쉽지 않은 선택이었다. 인풋(수입)이 정해져 있는 상태에서 아무리 아웃풋(지출)을 막아봤자 남은 총량(자산)이 늘어나는 데 한계가 있을 수밖에 없다.

2012년 신혼 시절 별다른 경조사가 없거나 명절 등의 가족 행사가 없는 경우에 우리 부부의 저축액은 보통 한 달에 200만 원에서 230만 원가량이었다. 열심히 모았을 때 1년 평균 자산의 증가는

2,400만 원에서 3,000만 원 사이였다. 물론 이것은 우리가 1년 내내 정신을 바짝 차리고 살았을 때만 가능한 결과였다. 사실을 고백하자면 우리가 정신을 바짝 차리고 산 날은 결혼 초의 몇 달 뿐이었다. 맞벌이 부부가 몇 년 동안 정신을 바짝 차리고 산다는 것은 매우 힘든 일이다.

일찍이 이 부분을 깨달았던 우리는 단순히 시간이 흐르면서 자산이 축적되기를 가만히 앉아서 기다리지 않았다. 월급에서 매월 100만 원씩 아껴 1년 동안 1200만 원을 모으는 일은 수동적인 계획이라고 생각한다. 수동적인 계획 아래에선 허리띠 졸라매고 짠내 나는 삶을 살며 버텨내는 수밖에 없다.

현실에 맞춰 계획을 수립하면 목표 역시 그 수준 안에서 설정하게 된다. 현재 가능한 수준이 아닌 우리가 원하는 수준을 목표로 설정한다면 어떻게 될까? 위에서 언급했던 매월 100만 원씩 모아 1,200만 원 종잣돈 마련이라는 목표를 세운 삶과는 완전히 다른 삶이 전개될 것이다.

예를 들어 3,000만 원이 필요하다면 3,000만 원이 우리의 목표가 된다. 어떻게 해야 하는지는 그 뒤에 계획을 세우면 된다. 매월 아끼고 아껴 모은 100만 원은 우리가 3,000만 원이라는 목표를 달성하기 위한 많은 행동 중 하나일 뿐, 그것이 전부가 되지 않는다.

우리는 각자가 할 수 있는 최대치를 끌어낼 수 있을 때까지 목표를 위해 밀어붙인다. 확고한 목표가 우리를 더욱더 밀어붙여 적극적인 계획과 행동을 하게 한다.

2017년 1월, 우리는 새해를 맞이하며 '저평가된 아파트 3채 구입'이라는 목표를 설정했다. 당시 확보된 투자금은 없었다. 앞으로 매월 월급을 모아봤자 아파트 한 채에 투자하기도 턱없이 부족한 종잣돈밖에 없었다. 하지만 우리는 현실에 안주하는 목표를 설정하지 않았다. 현실을 직시하는 순간, 사고의 틀은 현재에 안주해버리고 더 좋은 방법을 생각하려는 의지마저 사라져 버리기 때문이다.

일단 우리가 세운 목표가 실현 가능한지 따지기 전에 비전보드에 먼저 적었다. 그 다음 무엇해야 하는지와 무엇을 할 수 있는지 고민했다. 목표를 적었다고 해서 적절한 방법이 바로 떠오른 것은 아니었다. 하지만 이러한 방식은 우리의 머릿속을 온통 아파트 3채라는 목표로 가득 차게 했다. 불가능하게 여겨졌던 목표는 어느새 점차 익숙해지며 이미 가능하다는 전제로 '우리가 무엇을 할 수 있을까?'라는 질문을 하게 만들었다.


"2017년에 저평가된 아파트 3채를 사려면 어떻게 해야 할까?"
1. 저평가 지역의 저평가 아파트 물건 찾기
2. 매매가 대비 전세가율 높이기
3. 투자금 확보를 위한 자금 운용하기


우리는 부동산 투자할 때 타이밍을 중요하게 여긴다. 투자하려면 당연히 돈이 필요하다. 하지만 돈을 버는 투자를 하기 위해선 좋은 물건도 있어야 한다. '종잣돈을 모은 뒤 투자를 시작해야지!'라고 마음을 먹고 열심히 투자금을 확보하는 시간에 좋은 물건이 사라질 수도 있다. 그렇다고 투자금이 확보된 시점에 좋은 매물이 나온다

는 보장도 없다. 대부분의 사람이 종잣돈을 모은 뒤 기회를 노린다
고들 하지만 우리는 그러지 않았다. 종잣돈을 모으는 것과 기회를
잡는 것을 병렬로 진행해 그 순간의 타이밍을 놓치지 않는다는 것
이 우리의 성공 비결이기도 하다.

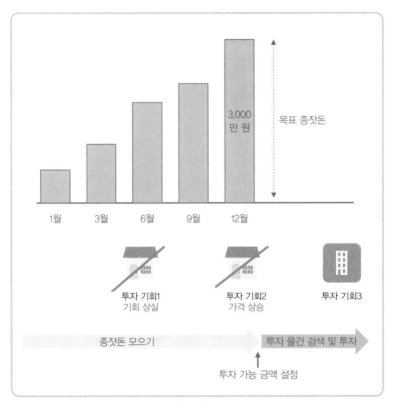

종잣돈 직렬 투자

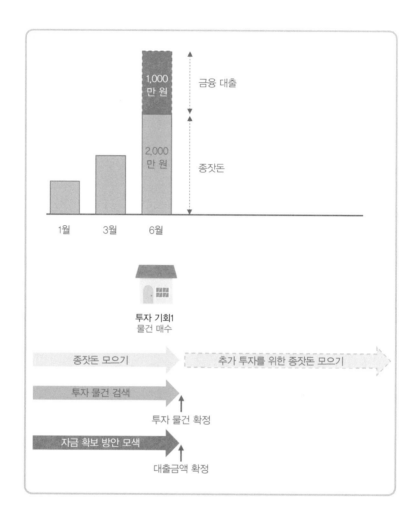

종잣돈 병렬 투자

우리는 그동안 쌓아왔던 지식과 경험을 가지고 시간과 노력을 투입한다면 좋은 물건을 찾을 수 있다는 확신이 있었다. 우리만의 기준과 시선으로 부동산을 바라봤을 때 비로소 우리에게 맞는 물건을 찾을 수 있게 됐다. 하지만 이미 여러 곳에 투자라는 씨앗을 뿌려놓은 덕에 수중에는 가용할 수 있는 투자금이 없는 것이 문제였다.

더 좋은 물건이 나타날 것을 대비해 자신의 가용금액 20%는 남겨두는 것이 좋다는 인생 선배들의 조언은 익히 알고 있었다. 그런데 우리는 이미 더 좋은 곳을 찾아 그 20%까지 투자를 마친 후였기에 정말 수중에 돈이 하나도 없었다. 그렇다고 투자가가 되기로 마음먹은 이상 손가락만 빨고 있을 수는 없는 노릇이었다. 그래서 다시 한 번 점검하기로 했다.

직장인으로서 내가 가진 신용을 최대한 활용하고 있나, 내가 지금 가진 신용을 최대한 활용할 수 방법은 무엇이 있나 고민하기 시작했다. 가용금을 확보하는 방법을 모색하면서도 조건에 맞는 물건을 찾는 노력을 아끼지 않았다.


## 우리를 성장시킨 '대출'이라는 지렛대

2017년 하반기에 용인이 우리의 레이더망에 들어왔다. 버블 세븐이라는 과거의 명성 아닌 명성을 가진 '수지' 지역은 익히 들어서 알고 있었다. 하지만 이미 꺼져버린 불씨라 생각하고 우리가 그동안 조사를 등한시했던 지역이었다.

신분당선 개통이라는 엄청난 호재를 현실화시킨 지역이지만 광교와 판교라는 큰 덩치에 밀려 부동산 시세에 크게 반영이 되지 않아 사람들의 주목을 받지 못했던 지역이 아닌가 싶었다. 바로 이러한 점이 우리의 시선을 끌어당긴 이유였다. 일명 '갭 메우기'가 곧 들어갈 것으로 판단했다. 이미 안양 지역 투자로 경험했듯이 구축이 많은 수지 지역에 신축을 향한 수요가 폭발적으로 늘어나게 될 것이라고 확신했다.

용인시 수지구에 위치한 역세권 아파트 가운데 신축 또는 분양권을 위주로 물건을 찾아봤다. 누가 봐도 군침이 도는 위치였지만 아직 사람들에게 크게 주목받지 못하는 조용한 곳이었다. 재테크 카페에서는 비방의 글이 많이 올라왔으며, 시세 또한 침체 분위기를 반영하고 있었다. RR(로얄층과 로얄동의 줄임말)의 경우 6,000~7,000만 원 정도의 프리미엄이 형성됐으며, 저층과 비선호층의 경우 500만 원에서 2,500만 원 정도의 프리미엄이 형성돼 있었다.

저평가 지역을 찾았고 저평가 물건까지 발견한 상황이었다. 하지만 우리 부부에게는 투자금이 없었다. 계약금과 프리미엄 그리고 수수료까지 생각하면 약 5,000만 원 이상의 현금이 필요했다. 돈을 확보하는 방법으로 보유한 아파트들을 통해 후순위 담보대출을 받을 수도 있었지만 그렇게 하지 않았다. 우리가 가진 부동산 사업의 모토가 '친절한 임대사업자'이기에 세입자들에게 불편한 감정을 안겨주는 행동을 하고 싶지 않았다.

그렇다면 우리 안에서 최대한의 돈을 끌어내야 했다. 마침 지인에게 소개받은 대출 상담사를 통해 좋은 상품을 소개받았다. 이미 신용대출 사용 중이었기에 더 이상 한도가 나오지 않으리라 생각했었다. 그런데 제1금융권의 외국계 은행에서는 대출 한도가 최대 연봉의 2배까지 가능하다는 것을 알게 됐고, 내가 가진 한도 내에 필요한 금액을 끌어낼 수 있었다.

신용대출로 투자금은 확보했지만 몇백만 원이나 되는 중개수수료까지 확보하지는 못했다. 하지만 우리에겐 큰 문제가 되지 않았다. 원하고 행동하면 길이 보인다는 것을 이미 알고 있었기 때문이다. 우리는 부동산 투자를 한 이래 처음으로 중개수수료를 가불했다. 그동안 우리 부부의 노력하는 모습을 계속 지켜보신 공인중개소 사장님이 우리를 너무 좋게 평가해주셨기에 가능한 일이었다. 무사히 분양권을 인도받았고 중개수수료는 2주 뒤에 월급이 들어오자마자 감사의 마음을 보태서 보내드렸다.

모든 투자금을 대출로 감당한 이 분양권은 매수 3개월 후부터 조금씩 주목받기 시작했다. 몇 년이 지난 지금, 그 집에 우리가 입주해 살고 있다. 시세는 현재 분양가의 3배 이상으로 호가를 형성하고 있다. 우리가 매수하던 시점과 비교해서 추가된 호재는 없다. 지금 알려진 호재는 그 당시에도 이미 알려져 있었다. 하지만 부동산 시세는 급격히 반등했고, 지금은 실거주 외에도 투자 목적으로 많은 사람이 관심을 두는 곳이 됐다.

이렇듯 부동산은 타이밍이다. 부동산은 된장과 같이 오래 묵혀야 좋다는 말이 있지만, 타이밍을 놓친 상태에서는 아무리 묵혀도 회복할 수 없는 경우가 많다. 우리는 그 타이밍을 위해 대출이란 도구를 활용했고, 도구를 이용한 대가로 지불하는 이자 대비 엄청난 수익을 낼 수 있었다.

참고로 우리는 1금융권 은행만 이용했다. 긍정적 대출은 우리를 성장시키는 동력원으로 생각하기에 우리가 감당할 수 있는 최대한으로 운용하고 있다. 대출을 악으로 생각하는 사람들도 종종 있다. 그러나 대출도 내게 올 미래의 돈을 끌어 쓴다는 생각으로 활용한다면 삶에 충분한 도움이 된다고 여긴다.

요즘 젊은 세대에서 유행한다는 '영끌(영혼까지 끌어모으기)'해서 투자하라는 것이 아니다. 좋은 기회를 잡기 위해 다양한 수단을 고려해봐야 하며, 그중 대출을 너무 부정적으로 보지 말라는 것이다. 금융기관에서 내게 빌려주는 만큼 그리고 그것을 내가 감당할 수 있는 만큼 대출을 활용하고 가용금액을 모아서 기회의 범위를 넓혀보자는 것이다. '결국은 대출해서 부동산 투자하라는 거네'라는 단편적인 시각으로 보기 시작하면 투자의 길이 좁아지고 어려워질 수밖에 없다.

## 궁하면 어떻게든 통한다

'두드리면 열린다'라는 말이 있다. 이것을 조금 각색하면 '열리면 두드려야 한다'가 된다. 두드리지 않고 열리기만을 멍하니 기다리면 아무것도 일어나지 않는다는 말이다. 우리가 당장 투자금이 수중에 없다고 1년 동안 종잣돈 모으기에 집중하는 목표를 세웠다면 그 1년 동안 아무 일도 일어나지 않았을 것이다.

우리는 우리가 원하는 미래를 목표로 정했고, 그것에 걸맞은 현재를 만들기 위해 행동했고, 미래를 현실화했다. 이처럼 아내와 나는 앞에 있는 문을 누군가가 열고 나오길 마냥 기다리지 않는다. 초인종이 있다면 누를 것이고, 반응이 없다면 문을 두드리고 나와 달라고 호소할 것이다. 가만히 앉아서 기다리지 않게 늘 더 나은 목표를 세운다. 그것이 바로 목표의 힘이 아닌가 싶다.

지금 여러분들은 어떠한 목표를 가졌는지 고민해야 한다. 목표를 세웠다면 과연 여러분들을 계속 움직이게 하는 목표인지 점검해 볼 필요가 있다. 현실에 맞춰져 있는 할 만한 목표보다 원하고 해야 만 하는 목표를 설정해보길 권한다. 진정성 있는 목표가 설정돼 있 으면 여러분들의 1년 그리고 한 달, 더 작게는 하루의 한 시간도 의 미 있게 만들어 나갈 수 있다.

"차곡차곡 쌓아서 20년 뒤 10억 원을 만들어야지"라는 목표는 그만 세워도 된다. 이 책을 읽은 후에는 목표를 다시 세우길 바란다. '5년 뒤 30억 원 자산 달성' 그렇게 목표를 세우고 스스로 끊임없는 질문해보자. "그러기 위해서 지금 당장 무엇해야 할까?"

# 머니머니해도 결국
# 부동산 투자를 선택하다

2017년부터 부동산 시장이 과열됐다고 판단한 정부는 단계별로 부동산 시장 안정화 정책을 펼쳐왔다. 물론 많은 정책의 노력에도 불구하고 부동산 가격의 급등되는 이상적인 현상도 일어났기도 했다. 앞으로는 정부의 바람과 같이 주택을 투자로만 바라보던 투기 세력이 어느 정도 수그러들면서 시장이 안정화되지 않을까 싶다.

부동산 투자를 꾸준히 해왔던 사람으로서 지금의 정부 정책이나 시장의 분위기가 좋다고만은 할 수 없다. 하지만 1~2년만 투자할 것이 아니기에 다 지나가는 경험의 일부라고 생각하며 지금 이 순간에도 어떻게 해서 돈을 벌 수 있을지 고민하고 있다. 우리 부부의 현재 자산은 부동산 투자를 통해 일궈냈다고 해도 과언이 아니다. 그만큼 부동산 시장에서 오랫동안 공부하고 버텨온 덕에 주택시장 상승세를 함께 누릴 수 있었고 그만큼 자산의 가치도 올릴 수 있었다.

지금 부의 양극화는 계속해서 진행되고 있다. 인플레이션에 의해서 현금의 가치가 계속해서 떨어지고 있는데 어떤 이는 적금과 예금 통장에 현금을 모아두었다고 안심하고 있다. 또한 집을 살 바에 전세로 살면서 전세보증금이라도 지키는 것으로 자산을 잃지 않았다고 좋아한다. 하지만 인플레이션이 계속되는 상황에서 현금을 지키고만 있는 것은 도태되고 있는 것과 다름이 없다. 끊임없이 자신의 자산을 굴리고 불리는 것만이 부의 양극화가 일어나는 시점에서 뒤쳐지지 않고 앞에 설 수 있는 유일한 방법이 아닐까 싶다.

부의 양극화에서 살아남기 위해 우리는 부동산 투자를 선택했을 뿐이다. 물론 주식, 사업, 암호화폐 등 다양한 방법이 있었지만 우리 부부에게는 부동산 투자가 제일 적격이었다. 그렇다고 누구나 부동산 투자로 돈을 벌 수 있다고 생각하지는 않는다. 돈을 벌기 위한, 부자로 가기 위한 수단 가운데 하나가 부동산 투자인 것이지, 유일한 수단이 아니라는 것을 우리는 알고 있다. 부동산 시장이 어렵다고 마냥 손을 놓고 기다리지도 않는다. 다양한 방법을 시도하고 경험하면서 새로운 수익 창출을 발굴하면 된다. 부동산 투자가 아니라도 새로운 돈줄기, 즉 수입원을 찾아보고 내 것으로 만들어내면 된다.

지금부터 말하는 부동산 투자에 관한 이야기는 우리가 지금의 자산을 일궈낸 과정을 고스란히 담은 것이다. 정부의 부동산 정책이 어떻든, 아무리 경제가 어렵고 시장이 흔들린다고 해도 부동산은 변함없이 우리의 자산 가치를 지켜주는 것임에는 변함없다. '그때니깐 가능했던 거야'라고 비관하며 남의 이야기로만 치부하면 안 된다. 내가 어느 시대, 어느 위치에 있든지 부동산 투자에 관한 공부는 필요하다. 여러분의 자산을 지키고 불리는 방법으로 반드시 알아야 할 툴이라고 생각하고 읽어보길 권한다.

우리가 부동산 투자를 선택하게 된 시기는 2011년 9월, 처음으로 아파트를 소유하게 된 날이다. 한창 연애하던 시절, 부자가 될 것이라는 크나큰 꿈을 품고 서로의 돈을 탈탈 털어서 부산 전포동에 있는 초역세권 24평 아파트를 2억 6,000만 원에 매수했다.

재테크는커녕 부동산 투자에 대해 단 1도 개념이 없었던 나는 아내를 통해서 처음으로 전세를 이용한 투자 방식을 알게 됐고 그때 부동산이라는 신세계를 접하게 됐다. 아내 역시 초짜인 것은 마찬가지였다. 직장 동료들을 통해 부동산 투자법들을 익히 들어 알고는 있었지만, 아내도 아파트를 투자로 매수하기는 처음이었다. 이렇게 우리의 첫 부동산 투자는 일명 '갭 투자'라는 방식으로 아파트를 매수하며 배우게 됐다.

그 당시 우리는 연인 사이였지만, 미래에 결혼을 약속한 사이였기에 공동 투자의 개념으로 각자 4,000만 원씩 분담하고 공동명의로 아파트를 매수했다. 매매 계약과 동시에 전세 계약도 진행해 보증금 1억 8,000만 원에 우리 돈 8,000만 원만 내니 아파트의 명의가 우리에게 넘어왔다. 자산이란 자고로 열심히 일해서 벌어 모으는 것이라고 배우며 살아왔던 내게 아파트라는 큰 자산이 하루아침에 생긴 것이다. 그때의 흥분과 설렘을 잊을 수 없다. 신상 신발, 신상 전자제품을 가졌다고 자랑하며 철없이 기뻐하던 것과는 완전히 다른 세상이었다.

신상 아이템을 가지고, 화려하게 외형을 꾸미는 것과 달리 당장 눈에 띄는 변화는 없었지만 나도 모르게 어깨가 쭉 펴지며 힘이 들어가게 됐다. 사람들이 부동산 이야기를 나눌 때 자신 있게 끼어들어 함께할 수 있었다. 왜냐하면 나는 이미 20대에 아파트 한 채를 가진 사람이었기 때문이었다. 비록 전세보증금을 끼고 산 아파트였지만 상관없었다. 아파트 매수는 나의 자신감을, 더 나아가서는 자존감을 올려주는 든든한 버팀목 역할을 톡톡히 했다.

우리는 2011년 첫 투자를 시작으로 지금까지 부동산 투자를 이어오고 있다. 연애 시절 즉흥적으로 결심하고 실행했던 투자인 터라 결혼과 이직으로 급하게 처분해서 세금과 수수료를 빼고 약 1,000만 원을 채 남기지 못한 아쉬운 결과다. 하지만, 이 경험이 없었다면 지금의 우리가 있었을까 싶다. 목표를 먼저 정해놓고 어떻게 해낼 것인가를 후에 고민하는 습관 역시 이미 그때부터 학습해왔다고 생각한다. 우리가 지금처럼 자신감 있는 삶을 살아갈 수 있는 이유도 뒤에 부동산이란 든든한 버팀목이 버텨주고 있기 때문일 것이다.


## 제대로 사고팔 줄만 알면 된다

아파트 30채 보유한 부동산 투자 전문가, 경매를 통해 수십 채의 빌라를 보유한 투자의 신 등 세상에는 투자 전문가들이 너무나 많다. 우리는 부동산 투자만 전업으로 하는 사람도 아니기에 전문가는 더욱더 아니다. 하지만 부동산 투자를 꾸준히 해오면서 부동산 가치를 볼 수 있는 식견을 조금 갖췄다고 생각할 뿐이다.

주위를 돌아보면 아직 부동산 매매를 어려워하는 사람들이 많다. 내 집 마련을 할 때도 부모님이 대신 계약서를 작성해줬다는 사람도 있다. 남들은 한 번 하기 어렵다는 매매 계약을 우리는 한 해에만 여러 차례 진행한 적도 있다. 그것도 수도권 역세권 주변 아파트로만 말이다.

부동산을 제대로 사기 위해서는 그 부동산이 가진 가치를 정확하게 볼 수 있어야 한다. 요즘에는 부동산 가치를 데이터로 한눈에 파악할 수 있는 툴이 많이 개발돼 손쉽게 눈을 현혹할 수 있다. 주식처럼 그래프 끝이 오름세가 보이면 빨리 사야겠다는 조급함을 불러일으킨다. 하지만 부동산의 가치는 데이터로만 평가할 수 있는 게 아니다. 물론 시세, 학군, 수요와 공급 정도는 데이터가 정확하게 알려줄 수 있다. 하지만 앞으로의 미래 전망까지 데이터로 파악하는 것은 매우 위험하다. 수많은 예측은 각 개인이 과거의 데이터를 통한 의견일 뿐이지 사실은 아니다. 그래서 우리는 각종 데이터와 분위기에 휩쓸리지 않는 우리만의 기준으로 부동산을 매수한다.

우리 부부만의 부동산 매수 기준은 다음과 같다.

1. 지하철역을 도보로 이용할 수 있을 것(역세권)
   ※ 역이 없다면 교통개발 계획에 포함돼 있을 것
2. 신축일 것
3. 내가 아닌 남들이 살고 싶은 곳. 즉, 누구나 살고 싶어 하는 곳
4. 위 기준에 맞지 않지만 사야 한다면 그만큼의 가격 메리트가 있는 곳(사는 즉시 벌 수 있는 곳. 즉, 급매가 가능하고 하자는 있지만 수리 가능한 물건)

부동산 투자할 때 자신만의 기준을 갖는 것은 매우 중요하다. 기준에 맞는 투자로 성공하는 것도 중요하지만, 만약 실패했을 때도 자신이 온전한 책임을 져야 한다. 자신이 보유한 부동산을 제대로 팔기 위해서는 현상을 객관적으로 바라봐야 한다. 부동산에 투자하기 전에 바라는 목표가가 있다고 해도 투자한 지역에 대해 끊임없이 공부하며 현상을 지속해서 모니터링해야 한다. 그래서 자신이 세운 목표가가 무리한 것은 아닌지 파악하고 목표가를 수정하는 것이 중요하다. 모니터링 항목에는 매매가와 전세가 모두 포함돼 있어야 좀 더 정확한 매도타이밍을 잡을 수 있다.

매매 횟수는 크게 중요하지 않다. 또한 보유한 부동산 수도 중요한 것이 아니다. 요즘 같이 부동산 투자가 일반화된 시기에 레버리지를 활용한 무피 투자, 플러스피 투자, 소액 투자 방법을 통해 보유한 부동산의 수를 늘리는 것이 자랑할 일은 아닐 것이다. 다만 제대로 사고 제값에 팔아 어떻게 원하는 수익을 달성했는지 집중해야 한다.

많은 사람이 "싸게 사서, 비싸게 팔아야 한다"고 말하지만 쉽지 않다. 더구나 싸게 산다고 무조건 좋은 것은 아니다. 우리는 급매라고 나온 물건을 급하게 사들였지만 세입자를 들이기 위해 올 수리와 인테리어를 진행했다가 호가보다 더 비싸게 산 격이 된 적도 있었다.

때로는 '로열 오브 로열'의 물건을 제값을 주고 사는 것이 나중에 되팔 때 더 많은 수익을 남겨주기도 한다. 그래서 제대로 사는 것이 중요하다. 그리고 무조건 비싸게 매도한다고 좋은 것도 아니다.

비싸게 받기 위해 그만큼 더 많은 시간과 노력을 기울여야 하고 감정소모를 겪어야 한다. 이 같은 기회비용을 불필요하게 소모하지 말고 여유자금을 빨리 회수해 더 좋은 물건에 투자하는 것이 자산을 운용하는 큰 관점에서는 이득이다.

매도하는 사람과는 달리 매수하는 입장에서는 선택지가 많다. 우리 물건이 특출나게 좋지 않은 이상 가격이 메리트가 있어야 사고 싶은 생각이 들 것이다. 부동산 투자를 하며 이번 한 번만 팔고 끝낼 것이 아니라면, 역지사지 관점으로 자신이 물건을 매수할 때를 생각하며 매도를 진행하는 것이 좋다.

## 시간이 갈수록 재평가되는 가치

사고파는 것, 즉 매매에는 기본적인 룰이 있다. 남들보다 싸게 사고, 남들보다 많이 받고 팔아야 이윤이 남는다. 나는 어릴 적부터 물건을 사들이는 것을 좋아했다. 용돈을 받거나 아르바이트해서 번 돈은 카메라 용품이나 전자기기를 사는 것에 거의 사용했다.

더 많은 것을 사고 싶어 하는 마음은 자연스럽게 가진 물건을 되팔아 자금을 마련하게 했고, 이러한 매매의 순환이 내게 물물교환의 경험을 쌓게 해줬다. 또한 물건을 사고팔며 한정판에 대한 가치를 알게 됐다. 제조품이라면 당연히 시간이 갈수록 감가상각이 돼 가치가 떨어지기 마련인데, 한정판 제품은 시간이 가면 갈수록 그 가치가 더욱 빛을 발했다. 물건이 없으니 내가 구입한 가격보다 더 높은 가격대로 거래되는 것을 경험했다.

학창시절 한창 DSLR(디지털 카메라)에 빠졌던 적이 있었다. 당시 여러 개의 렌즈를 중고로 사고팔며 위의 룰을 지키며 수급조절을 하니 조금씩 이윤이 남았다. 남는 돈으로 또 다른 렌즈를 사서 다시 팔기도 했다. 수요가 있으니 그만큼 매도가가 올라갔고 아무리 남이 사용한 중고라고 해도 그 돈으로 구할 수 없다면 더 높은 가격을 제시했다.

우리가 매매하는 아파트 역시 건설사가 제조하는 제조품 가운데 하나다. 그렇다고 아파트를 중고 거래하듯이 쉽게 다룬다는 의미는 아니다. 주택이란 특성으로 사용하는 사람은 안정적인 주거를 보장받아야 하며 상업적 이익만을 위해 매매가 이뤄지면 안 된다. '의식주' 가운데 '주'에 해당하는 아파트는 우리의 삶과 직결된 것이라 정부의 개입이 큰 것이고 매매를 하더라도 정부의 정책에 반해서는 안 된다고 생각한다.

이러한 이유에서인지 특이하게도 주택은 계속해서 사람이 주거하고 사용하는데도 그 값이 내려가질 않는다. 이미 가격이 오른 아파트에 편승해 상대적으로 가격이 내려가는 경험을 할 수도 있지만, 그것은 오른 뒤 조정이 이뤄진 것일 뿐이다. 오히려 사용한 지 20년이 넘은 아파트도 그 시점에 가치를 재평가받아 다시 한 번 가격이 치솟기도 한다.

이처럼 실물자산 중에서 감가상각이 되지 않고 그 가치가 계속 더 올라가는 것은 좀처럼 본 적이 없다. 인플레이션을 조금만 이해하고 있다면 저축보다는 실물자산에 관심을 더 가져보길 권한다. 만약 부동산 중에서도 수요와 공급 중에 수요에 치중된 한정판을 구할 수 있다면 흔히 말하는 로또 1등 당첨과 같을 것이다.

## 적당한 시차가 주는 여유

직장을 다니며 주변 동료들에게 주식 투자를 한번 해보라는 권유를 많이 받았다. 누구는 주식 투자로 2,000만 원 투자해서 2억 원을 벌었다느니, 매월 월급 이상의 이익을 얻고 있다는 소식을 들으며 귀가 솔깃한 적이 많다. 하지만 이미 여윳돈이나 종잣돈은 부동산 투자로 쏠려 있기에 다른 곳에 투자할 여력이 없었다. 나는 아내와 상의 끝에 100만 원 정도만 주식 투자를 경험해보기로 했다. 부동산에는 수천만 원을 하루에 투자하기도 했지만, 전혀 모르는 주식에는 많은 돈을 투자하기 두려워 100만 원으로 한정 지었다.

주식에 돈이 투입되는 순간, 나는 수시로 변하는 시세에 긴장을 놓을 수가 없었다. 매번 시세를 확인하기 위해 핸드폰을 손에서 놓지 못했다. 물론 주식 투자 초보가 겪는 당연한 행보겠지만, 머릿속에 투자금이 떠다니는 것이 영 맘에 들지 않았다.

"그때 팔았어야 했어", "다시 오를 거야"라는 후회와 기약 없는 희망이 머릿속을 떠다녔다. 5%만 올라도 매도할 것을 고민했고 10%가 떨어져도 오를 것이라는 허황된 기대로 버티기만 했다. 한번은 운 좋게 상한가를 연달아 맞아 매도 후 150% 이상의 이익을 얻은 적이 있었지만, 기쁘기보다는 그동안 매도타이밍을 위해 조마조마했던 시간에서 벗어난 것이 더 홀가분했다.

그 이후 우리는 더욱더 적극적인 주식 투자할 것인가를 선택해야만 했다. 주식시장에서 살아남기 위해서는 더 많이 시스템에 접속해야 하며, 더 많은 이익을 얻기 위해서는 더 많은 시간을 투자할 회사의 재무구조와 미래 경제를 공부해야 했다. 하지만 우리는 주식 투자는 하지 않기로 했다. 시시각각 변하는 주식 시세에 대응하기 위해 시간을 소모하기 싫었으며 마이너스라는 리스크를 감수하며 투자하고 싶지 않았다.

우리는 각자의 본업(직장과 부동산 투자)에 열중해야 하기에 주식에 대응하기란 쉽지 않았다. 그리고 전문적으로 하기 위해 미국 증시까지 파악하려면 저녁 있는 삶을 거의 포기해야 했다. 그건 우리가 그토록 최우선으로 생각하는 가족과의 시간을 망치는 일이었다. 결국 조금 더 안전하게 자산을 늘리는 관점으로는 부동산 투자가 나을 것이라 판단을 내렸다.

시간이 조금 더 흐른 지금, 우리는 진짜 주식 투자를 하고 있다. 예전에 했던 주식 투자 방식이 '트레이딩'이었다면, 지금의 우리는 부동산 투자를 하며 배웠던 '가치 투자' 방식을 주식에 적용해 우리의 자산을 지키면서 좀 더 빨리 늘리는 수단으로 활용하고 있다. 물론 주된 투자 방식은 여전히 부동산 투자다. 하지만 자산을 늘리기 위한 수단을 편식하는 것은 좋지 않다는 것을 깨닫고 천천히 금융 자산 비중을 늘리고 있다.

우리는 수많은 숫자 사이에서 데이터를 분석하는 것보다 사람들이 살아가는 이야기가 있는 부동산 투자를 좋아한다. 물론 수요와 공급, 시세를 따지기 위해 데이터를 완전히 무시할 수는 없지만, 그 지역에서 살아가는 사람들 사이에서 듣는 소식과 분위기가 우리의 투자에 더욱더 큰 영감을 준다. 우리가 가만히 책상에 앉아 데이터를 분석하기보다 한 번이라도 현장에 더 가보는 것을 우선하는 이유가 그것이다.

또한 부동산 투자를 하며 부동산이 주는 시차의 여유를 즐긴다. 오랜 시간을 두고 지켜보던 아파트를 오늘 구입했다고 내일 당장 시세가 오르길 기대하지 않는다. 매일매일 시세를 체크할 필요가 없으며, 한 달이 지났다고 10%가 갑자기 떨어질 일은 거의 없다. 몇십억 원을 호가하는 강남 아파트는 하루하루 시세가 변한다지만, 우리가 일반적으로 살아가는 아파트의 시세가 그렇게 흔들리진 않는다. 만약 그렇다면 나라의 뿌리가 흔들리는 것과 같으므로 정부가 가만두지 않을 것이다. 2017년 이후부터 정부 정책 및 공급 부족으로 아파트 가격이 급등하며 흔들리는 시점이 있긴 했다. 하지만 오랜 시간이 흘러 지금 이 순간을 돌아본다면 그 흔들림조차도 하나의 점으로 느껴질 날도 있을 것이다.

우리는 부동산 투자에 믿음이 있다. 우리가 살아가는 이 주택은 긍정적인 방향으로 흘러갈 수밖에 없다는 확신 말이다. 아무리 정부가 부동산 규제를 한다고 해도 그 속에는 주택시장 안정화라는 큰 틀이 있기에 그 틀 안에서 벗어나지 않으면 된다. 우리 역시 정부의 방향에 맞게 주택임대에 기여한다는 마음으로 투자해나간다. 하지만 규제로 점점 주택시장에서 개인 임대사업을 하기 어려워지기에 장기적으로는 직접 주택을 공급하는 디벨로퍼(개발자)가 되어 공급자 역할을 하는 것도 하나의 목표로 잡고 있다. 부동산 투자에서 특히 주택 영역을 시작하려는 분들이 있다면 이러한 흐름을 참고하면 좋다.

## 레버리지를 최고로 활용할 수 있는 부동산 투자

투자하는 사람 가운데 '레버리지(leverage): 자산 투자로부터의 수익 증대를 위해 차입자본(부채)을 끌어다가 자산매입에 나서는 투자 전략을 총칭하는 말'을 모르는 사람은 없다. 투자의 규모를 키우려면 대출이란 도구를 기본으로 활용해야 하기 때문이다. 같은 수익률을 가질 수 있다고 가정했을 때 돈의 규모가 크면 클수록 얻을 수 있는 수익금은 더 클 수밖에 없다. 돈 5,000만 원을 활용한다고 했을 때 5,000만 원의 10%는 500만 원이지만, 5,000만 원에 4억 5,000만 원의 부채를 끌어와 5억 원을 투입했다면 5,000만 원의 수익금을 얻게 될 것이다. 물론 상황을 쉽게 설명하기 위해 단순하게 표현한 것이지만 실제 갭 투자를 이러한 이유로 선호한다.

빚을 지독히 싫어하는 사람이 있지만, 빚을 제대로 활용해 최대의 효과를 본 사람들도 있다. 우리 부부도 그 가운데 하나다. 우리는 담보대출과 신용대출 그리고 보증금이라는 빚을 골고루 활용해 부동산 투자 규모를 키울 수 있었다. 이처럼 부동산 투자에서는 금융기관의 대출이 아닌 세입자의 보증금을 추가로 활용할 수 있는 이점이 있다.

2017년 9월에 투자한 안양지역 역세권 아파트를 전세보증금 3억 5,000만 원과 신용대출 6,000만 원으로 총 4억 1,000만 원에 매수했다. 이 경우 모든 비용을 대출을 활용해 충당했다. 이후로 발생하는 시세차익은 신용대출의 이자를 제외하고는 전부 수익으로 가져올 수 있다.

이처럼 부동산 투자는 대출이라는 수단 말고도 세입자의 보증금을 활용한 레버리지를 활용할 수 있는 이점이 있다. 이 아파트는 계약 후 잔금을 치르는 3개월 사이 2,000만 원이 올랐고 명의를 가져온 후 6개월 만에 5,000만 원이 다시 올랐다. GTX 호재와 주변 재개발 아파트의 일반분양 소식에 시세가 움직인 것이다. 4년 정도 지난 지금은 솔드아웃(품절) 현상으로 매도자가 부르는 게 값이 됐다. 이처럼 대출이라는 도구를 활용하지 않았다면 부동산이 재평가받는 기회를 잡을 수 없었을 것이다.

그렇다고 무작정 대출 활용만이 답은 아니다. 2021년 현재는 예전과는 달리 무주택자를 비롯해 1주택을 보유한 사람들에게는 복잡한 레버리지 규제가 들어간다. 위에서 언급한 세입자 보증금을 활용한 갭 투자를 한 번 하려면 신용대출 제한, 전세대출 상환, 직접 거주 요건 등 하나에서 열까지 걸리지 않는 것이 없다. 물론 이전과 다른 부동산 시장 규제로 어려움은 있지만, 그 안에서 살아남기 위한 행동해야 한다. 그것은 불법과 편법이 아닌 정당한 방법으로 내 자산을 불리는 행동이 돼야 한다. 다주택자가 되지 않고 부동산 투자로 자산을 계속 불리는 방법으로 몸테크를 활용하는 것도 염두에 둬보자.

대출이 무조건 좋다고 말하는 것은 아니다. 하지만 대출은 자신이 감당할 수 있는 한도 내에서 최대한 활용할 수 있을 때 최대의 효과를 볼 수 있다. 자산은 물론이고 대출 또한 자신의 능력이라 생각한다. 그만큼 믿을 수 있어서 기관에서 돈을 빌려준 것이 아닐까? 기관에서 평가했을 때 원금과 이자를 갚을 능력이 된다고 판단했을 것이며, 그렇기에 우리는 당당히 이자를 내며 그 돈을 활용해 레버리지 효과를 보는 것이다.

## 몸테크가 가능한 부동산 투자

부동산 투자를 꺼리는 사람들에게 이유를 물어보면 대부분 "집값이 떨어질까 봐 겁이 나서요", "전세가가 떨어지면 어떡해요?", "경매 넘어갈까 봐 두려워요"라고 대답한다. 보통 일어나지 않은 것에 지레 겁먹은 사람들이 많다. 하지만 일어나지 말라는 법도 없으니 걱정하지 말라고 하진 않겠다. 그렇다면 단 하나의 방법이 있다. 몸테크를 활용하는 것이다. 일명 '몸빵'이라고 한다. 다양한 투자법을 활용해서 여러 개의 주택을 소유하기보다 자기가 살고 싶은 아파트, 살 수는 있을 것 같은 아파트 위주로 검색해서 매수하면 된다.

내가 살고 싶은 아파트는 보통 남들도 살고 싶기에 가격이 쉽게 내려가지 않는다. 그런데 만약 경제가 기울어 시세가 떨어지거나 역전세가 일어난다면 방법은 하나다. 모든 짐을 싸 들고 그 아파트로 들어가는 것이다. 그리고 가격이 회복될 때까지 버티고 버티면 된다. 부동산은 실물자산 중에서도 가격에 대한 탄력 회복성이 뛰어나므로 시간이 해결할 것이다. 우리 부부도 투자할 때 리스크를 고려한다. 특히 분양권의 경우, 입주 시 물량으로 전세가가 받쳐주지 않으면 입주까지 고려해서 매수했다.

이처럼 상황을 매우 부정적으로 봤을 때 몸테크를 통해 해결할 수 있다. 긍정적인 관점에서도 보통 몸테크를 활용하게 되면 '일시적 1가구 2주택' 세법에 따라 2년에 한 번씩 양도차익에 대한 양도소득세에 대한 비과세 혜택을 받으며 한 단계씩 자산을 늘려 갈 수 있다.

## 아이들과 함께하는 부동산 투자

가족의 행복을 위한다는 이유로 가족의 시간을 희생시키고 싶지 않았다. 자기계발이든 투자를 위한 조사든 모든 것은 아이들이 깨기 전 새벽에 해치웠다. 아이들이 깨어있는 시간에는 최대한 함께하는 추억을 만들기 위해서였다. 만약 퇴근 후 저녁시간이나 주말에 임장을 가야 하거나 공인중개소 방문이 필요하다면 아이들과 함께했다. 차로 이동하는 시간과 주변을 살피며 걸어 다니는 시간은 우리에겐 여행과 같았다. 아이들은 새로운 지역에서 새로운 것을 보는 것만으로도 매우 즐거워했고, 나 역시 그 시간을 허투루 허비하지 않았다.

월곶-판교선의 기본계획을 발표하기 전, 좋은 물건을 잡기 위해 시흥시청 주변의 장곡동과 능곡동 아파트들을 샅샅이 파악한 적이 있다. 그러기 위해 우리 가족은 평일 저녁마다 함께 임장을 다녔다. 공인중개소를 통한 주변 시세 파악은 아내가 주간에 진행했다. 내가 퇴근하면 아이들과 함께 아파트 주변을 돌아보며 퇴근길의 유동인구를 조사하면서 산책도 겸했다. 놀이터가 있다면 아이들을 놀게 하면서 아내와 나는 그 지역에 대한 이야기를 나눴다.

4살 때부터 함께 집을 보러 다닌 첫째는 9살이 된 지금 제법 풍월을 읊을 줄 안다. 공인중개소 안에서도 아빠 엄마가 일하고 있다는 것을 파악하면 조용히 기다릴 줄도 안다. 집안 내부를 보기 위해 전혀 모르는 집에 방문해도 태연하게 내부를 돌아보고 난 뒤 나오면서 꼭 한마디씩 해준다. "아빠, 이 집은 아까 그 집보다 별로 같아. 이 집 사지 마" 뭘 알고 말하는지는 모르지만 그래도 피드백을 주는 것에 의미를 두고 꼭 의견을 물어본다.

부동산 투자를 진행하기 위해 초기 물건 검색 및 지역 공부를 제외하고는 모든 과정을 아이와 함께한다. 부동산 투자는 가족과 함께할 수 있는 투자임을 강조하고 싶다. 어렸을 때부터 부모가 열심히 투자하는 모습을 보고 자란 아이는 분명히 다를 것이다. 나중에 아이들이 커서 세상을 바라보는 눈도 달라져 있을 거라 확신한다.


## 부동산 투자는 우리의 수단

우리는 첫 투자의 A to Z를 모두 함께했다. 주말마다 데이트를 대신해 지하철을 타고 내리며 부동산을 돌아다녔다. 난생처음 공인중개소에도 덜덜 떨며 함께 들어가 사장님과 협상을 진행했다. 초보라는 티를 팍팍 낸 덕분에 더 많은 도움을 받은 적도 있다. 필요한 투자 금액을 확정 짓고 돈을 마련하기 위해 데이트하면서도 돈 이야기를 나눴다. 투자 금액을 어떻게 마련할 것인가를 고민하며 우리는 서로의 재정 사정을 더욱더 투명하게 알게 됐다. 그때부터 우리의 돈은 하나로 관리되기 시작했다.

술과 사람을 좋아했던 나는 직장생활 4년 동안 모은 돈이 3,000만 원 정도밖에 되지 않았다. 삼남매 중 막내로 살아오며 자신의 것을 소유해보지 못한 어릴 적 기억 탓인지 나이가 들어도 소유욕이 많아서 새로운 것이면 이것저것 사 모았다. 그러느라 통장에는 다 쓰고 남는 돈이 들어가 있을 뿐이었다.

이런 나의 모습을 연애한 지 3개월 뒤에 알게 된 아내는 그 당시 엄청난 결심을 한 듯했다. 재테크는 둘째치고 돈과 소비에 대해 개념조차 없던 나를 보고 포기할 만했지만, 어떻게든 나를 변화시키고 이 현실을 벗어나기 위한 길을 선택한 것이다. 그때 이후로 그녀는 버릇처럼 내게 하는 말이 있다. "여보 돈도 내 돈이고, 내 돈도 내 돈이다" 그러면서 공인인증서를 달라고 했다. 하지만 그것은 내 마지막 자존심이라 결혼 전까지 줄 수 없다고 말했다. 이후 결혼식을 올리고 아내는 다시 내게 말했다. "결혼했으니 이제 내게 공인인증서를 주시오."

나는 약속대로 공인인증서와 비밀번호를 함께 넘겼다. 그때부터 우리는 100% 함께 소득과 자산을 공유하기 시작했다. 이 사건이 있었기에 자연스럽게 결혼과 동시에 경제적 관념을 공유할 수 있었다.

이 사건은 내게 돈 관리만큼은 부부가 함께해야 한다는 확고한 기준을 세워 줬다. 우리는 첫 투자를 경험한 뒤, 우리를 한 단계 아니 더 높은 수준의 삶을 살아가기 위한 수단으로 부동산 투자를 선택했다. 부자라고 모두 행복한 삶을 사는 것은 아니겠지만, 행복을 위해서는 반드시 부가 필요하다고 우리는 믿고 있었다.

사리사욕을 위한 부가 아닌, 삶의 행복을 위한 부를 추구한다면 분명히 긍정적인 결과가 기다릴 거라고 확신했다. 이러한 믿음과 행동을 동반한 부동산 투자로 지금의 부를 끌어당길 수 있었고, 우리 가족이 행복이란 꽃봉오리를 맺을 수 있게 했다. 시간이 흘러 시간과 공간의 자유까지 얻게 돼 이 꽃봉오리가 하나의 꽃으로 아름답게 피어나길 바라본다. 백지보다도 가벼웠던 재테크 지식을 가졌던 나를 지금의 모습으로 개과천선 시켜준 아내에게 감사하며 하루하루를 살아간다.

## 우리를 가슴 뛰게 한 부동산 투자

무작정 살아가기 위해, 단순히 돈을 벌기 위한 일보다 자신의 가슴을 설레게 하고 행동할 때마다 흥분되는 그런 일을 찾아야 한다. 우리는 우리를 흥분시키는 일을 찾았다. 처음에는 몰랐지만, 다른 곳에 한눈팔고 돌아오니 더 알게 됐다. 부동산 투자는 우리가 제일 잘하는 것이었음을 말이다.

아내와 신나게 종일 떠들 수 있는 것이 부동산 이야기고, 우리를 새벽부터 일어나 끝장 회의하게 하는 원동력도 부동산 투자다. 서로 직장 다니며 월급 받을 때는 이렇게 신나지 않았다. 하지만 함께 부동산을 검색하고 분석하면 너무 재미있다. 공인중개소에 방문하기 전에 협상을 위한 시나리오를 짜며 그 상황을 즐긴다. 잔금을 치르고 마지막 도장을 찍을 때의 짜릿함은 느껴보지 않으면 모른다.

# 부동산 투자하면서
# 우리가 얻은 것들

표면적으로만 봤을 때 우리는 외벌이다. 남편인 나는 아침에 출근해서 저녁에 퇴근한다. 아내는 아이들을 등원시키고 커피숍에 가거나 도서관에 가는 여유로운 주부로 보일 것이다. 하지만 겉으로 보이는 것과 실상은 매우 다르다.

우리가 하루를 시작하는 시간은 새벽 4시부터다. 글을 읽고 쓰는 것을 좋아하는 우리는 새벽시간을 대부분 글과 관련된 활동에 할애한다. 특히 아내는 휴직으로 직장에 다니지 않지만 일상을 책과 함께 살아간다. 커피숍에 가서도 남들과 수다를 떨며 시간을 소비하는 것이 아닌, 새로운 영감을 얻기 위해 책을 읽거나 글을 쓰며 하루하루 의미 있는 시간을 보낸다.

언젠가 아내는 베이킹 사업을 하고 싶다고 다양한 책을 읽었다. 그러더니 새벽시간에 처음 보는 디저트류들을 뽑아내는 게 아닌가. 나는 아내를 보면서 '이 사람은 정말 마음만 먹으면 하는구나' 싶었다. 나 또한 그런 아내에게 장애물이 되지 않도록 공부하고 도전하고자 하루를 시작한다.

우리는 겉으로 드러나지 않는 또 하나의 직업을 갖고 있다. 사무실도 없고 직원도 없으며 버젓한 명함 하나 없지만 엄연한 직업이다. 우리는 부동산의 가치에 투자하는 투자가다. 평소 나는 일과시간에 직장생활에 충실하고, 아내는 육아와 독서에 전념한다. 하지만 부동산 시장의 변곡점을 알아채거나 투자할 가치를 찾게 됐을 때, 우리는 슈퍼맨이 변신하듯 투자가 모드로 돌입한다.

우리는 분석가가 되어 새벽시간을 부동산 시장과 시세 분석하는 시간으로 활용하고, 필요하면 서로가 찾은 물건들을 브리핑하며 이견을 조율한다. 그리고 이 시기의 아내는 우아하게 책을 읽고 글을 쓰는 것이 아닌, 새벽에 조사한 지역과 물건이 위치한 현장을 탐색하는 행동대장이 된다. 아쉽지만 직장에 발이 묶인 나는 잠시나마 금융가가 되어 현재의 자금 상태를 파악하고 자금 운용에 대한 방향을 설정한다. 말을 거창하게 해서 그렇지 어떻게 돈을 더 마련할 수 있을지 여기저기 상담하는 것이다.

부동산을 통해 많은 자산을 모았어도 아직 온전한 경제적 자유를 얻지 못한 우리가 살아가는 모습이다. 지금껏 모은 자산으로 여유가 있어 보일 수도 있지만 우리는 아직 더 큰 꿈을 위해 치열한 삶을 살아가고 있다. 결혼하고 10년 동안 맞벌이 투자가로서 살아온 세월을 돌아보니 달라진 것이 많고 얻은 것도 참 많다. 부동산 투자는 앞으로 살아갈 날이 더 많은 우리 부부에게 더욱 가치 있는 삶을 살게 해줄 넓은 시야와 적극적인 마인드를 갖게 해줬다.

## 세상을 보는 관점이 달라지다

사람들은 부자에 대해 편견을 가진 것 같다. 물려받은 재산이 많거나 운이 엄청나게 좋았을 거라고 말이다. 나 역시 젊은 나이에 좋은 차를 타고 다니고 으리으리한 집에 사는 모습을 보고 있으면 마음속에서 시기와 질투심이 요동쳤다. '나는 왜 저렇게 살지 못하는 것일까'를 생각하며 현실을 자책했다. 심지어 물려줄 재산이 없었던 조상을 탓하며 자신을 더 초라하게 만들었다.

하지만 돈을 벌고 자산을 축적해 보니 이런 생각은 자격지심일 뿐인 것을 알게 됐다. 선천적 부자보다 후천적 부자가 훨씬 더 많다는 것을 알게 됐다. 아파트 100채를 가진 30대 청년, 디지털 마케팅을 통해 월 1억 원을 버는 디지털노마드 인생, P2P 투자에서부터 비트코인으로 수십억 원을 벌어들인 이야기 등 자신의 노력으로 무에서 유를 만들어낸 새로운 후천적 부자들이 계속해서 탄생하고 있었다. 이는 우리 부부에게 희망을 주는 메시지와 같았다. 기업을 물려받은 재벌 3세의 고리타분한 이야기보다 더 현실감 있게 다가오며 우리를 자극했다. "저들은 해냈는데 우리라고 못할 것 있겠어?"라는 생각이 강하게 들었다. 후천적 부자들의 도전과 시도는 우리 부부를 가만히 앉아 있지 못하게 했다.

가진 것이 없을 때는 노력해서 부를 일궈낸 사람들보다 선천적으로 부를 타고 난 사람들만 바라보며 '우리는 안 돼'라는 합리화를 시키고 있었던 것 같다. 하지만 우리가 막상 부를 가지려고 노력해보니 부자를 바라보는 관점이 달라졌다. 그들의 부가 많고 적음을 비교하는 것은 우리에게 좋은 영향을 주지 못했다. 부의 양을 비교하면 할수록 부정적 감정을 더 불러일으키게 되어 현재를 부정적 시선으로 보게 했다. 이제는 그들의 부의 양보다, 어떻게 부를 축적했는가에 대한 방법론에 대해 더 많은 관심을 두게 됐다.

만약 부모의 재산을 물려받았다면 그들은 그 부를 어떻게 활용해서 불렸을까. 더 깊이 들어가 그들의 부모님은 어떻게 부를 일궈냈을까. 그걸 알아내는 것이 더 중요했다. 그들의 부에 대한 마음가짐, 생활습관, 부를 축적하기 위한 노하우와 노와이 등이 궁금해졌다. 우리와 다른 점이 발견되면 배척하기보다 어떻게 하면 삶에 적용할 수 있을까를 고민하게 됐다.

예전의 나는 부자를 다른 영역의 사람들이라는 관점으로 바라봤다. '저들은 저렇게 살았구나', '역시 나와는 다른 삶이었어'라며 부자들의 삶을 나와 분리해서 현실에 안주하며 살았다. 이제는 부자들을 바라보며 부러워하는 처지가 아닌, 그들의 입장에서 부자들의 생각으로 삶을 살아가려고 한다. 이미 부자가 된 듯 그들의 삶 속에서 살아보는 것을 선택하기로 했다. 그들은 우리를 알지 못하지만, 우리는 그들의 삶을 닮아가면서 많은 영향을 받고 있다. 그들의 삶 속에 녹아 살면서 우리가 영향을 받았듯, 우리도 많은 사람에게 좋은 영향을 줄 수 있는 사람이 되길 원한다.


## 회사와의 관계 재정립

유명한 재테크 카페에서 유명한 일화를 읽은 적이 있다. 직장에 다니며 하루하루를 일에 찌든 채 활력 없이 살아가던 40대 가장이 부동산 투자를 통해 월수입이 월급을 뛰어넘는 순간 인생이 변했다는 이야기였다. 회사에서는 실적이 나오지 않는다며 무시를 당하면서도 40대 가장은 이를 악물고 부동산 투자를 해나갔다고 한다. 월세가 월급을 뛰어넘는 순간 힘든 직장생활을 때려치울 것이라는 각오로 말이다.

하지만 그의 인생은 생각과는 조금 다르게 흘러간 듯했다. 월세라는 든든한 버팀목이 생기는 순간 직장에서 그의 목소리는 커지고 당당해졌다. 잘릴 것이 두렵지 않으니 매사에 적극적이 됐다. 상사에게 쓴소리를 할 수 있게 됐고, 아닌 것은 아니라고 거절도 했다. 상사에게 아부를 잘해서 받는 인사평가는 포기한 채 '마이웨이'를 선택했다. 그랬더니 40대 가장은 예전보다 더 높은 고가를 받으며 인정받는 직원이 되어 회사에 계속 다닌다는 이야기였다.

나는 이 사례를 보고 난 뒤 회사와의 관계에 대해 다시 생각했다. 만약 이 사례와 달리 수입원이 계속 회사밖에 없었다면 회사와의 관계가 좋아질 수 있었을까? 나는 그렇지 못했을 거라 확신한다. '돈을 주는 만큼 일하는 관계'로 남을 수밖에 없다. 그러면서 '월급은 쥐꼬리만큼 주면서 시키는 일은 많네', '하기 싫지만 잘리지 않으려면 해야지'라는 생각으로 회사에 질질 끌려다니는 처지가 되고 말았을 것이다.

한 번의 이직 경험이 있는 나도 이직의 고려 1순위가 연봉이었다. 하고 싶은 일을 위해 이직했다고 표면적으로 얘기하지만, 그 당시 나는 더 높은 연봉을 받기 위해 지금의 회사로 왔다고 하는 것이 맞다. 더 많은 월급을 받으면 더 많은 자산을 축적할 거라 기대했지만 그렇지만도 않았다. 그렇다고 또다시 더 높은 수준의 월급을 주는 회사로 이직할 수 있는 것도 아니었다.

《퇴사하겠습니다》의 저자 이나가키 에미코는 "회사와 회사원을 연결해주는 월급, 즉 돈에 대한 집착이 사라지면 회사가 두려운 존재가 아닌 배움과 성장의 장이 되고 회사와 거리를 두게 되면 비로소 보이는 것들이 있다"라고 말했다.

나는 이 말을 격하게 공감한다. 이나가키 에미코처럼 '돈이 없어도 행복한 라이프스타일'을 유지할 수 없다면 월급을 뛰어넘는 수입원을 가져야만 한다. 월급보다 부동산 투자를 통한 수입원이 더 높아졌을 때 나는 알게 됐다. 월급의 많고 적음이 의미 없어졌을 때가 돼서야 비로소 내가 회사에 다니는 진정한 이유에 대해 생각하게 됐다. 월급은 생존하기 위해 받아오는 것이 아니다. 월급은 당신의 인생을 위해 투자돼야 한다. 그것이 부동산 투자가 된다면 당장은 아니더라도 이후 회사와의 관계를 재정립할 기회를 이른 시일 안에 만들어 줄 것이다.

회사에서 주는 월급만으로는 부자가 될 수 없다. 하지만 월급이 부를 축적하는 수단으로 활용된다면 빠르게 부자가 될 수 있다고 믿는다. 월급을 500만 원씩 적금해서 1년 뒤에 6,000만 원을 모아서 10년 동안 6억 원을 만들 수는 있다. 하지만 매년 6,000만 원씩 부동산에 투자한다면 6억 원이 아닌 60억 원을 벌 수 있는 부의 길을 걸을 수 있다.

나는 30억 원의 자산을 쌓은 후에도 여전히 회사를 다니고 있다. 회사에서 주는 월급으로 먹고살기 위해, 월급을 모아 자산을 쌓기 위해서가 아니다. 사회적으로는 더 많은 사람을 만나며 더 좋은 경험을 쌓기 위함이고, 경제적으로는 지금 우리의 자산을 지키기 위해 그리고 더 많은 자산으로 불리기 위한 수단을 얻기 위해 회사와 관계를 유지하고 있다. 내가 좋아하는 《미니멀리스트》의 저자 조슈아 필즈 밀번은 책에서 '회사에서 사명을 다 하려 하지 마라. 자신의 인생에서 사명을 다 해라'라고 적었다. 이 글귀는 회사와의 관계에 대해 다시금 생각하게 한다. 인생의 사명을 다 하기 위해 회사와 어떤 관계를 맺는 것이 좋을까? 회사의 족쇄를 차는 것이 아니라 회사와 수평적인 관계를 맺어라. 그러기 위해서 회사 앞에 당당할 수 있는 자신감을 가져야 한다. 회사가 나를 놓을 수 없는 실력을 갖추는 것도 한 방법이다. 우리는 회사의 월급에 목매지 않는 사람이 돼야 한다.

## 언제든지 살 수 있다는 소비의 여유

우리는 부동산 투자로 얻은 부를 통해 원하는 라이프스타일을 지속하고 유지할 수 있게 됐다. 삶에 꼭 필요한 것만 곁에 두고 살아갈 수 있는 그런 라이프스타일 말이다. 우리를 더욱더 행복에 집중하게 하고 부를 추구할 시간적 여유를 가져다주는 라이프스타일 말이다. 우리는 그런 삶을 유지하고 즐기며 살아가고 있다.

아내와 결혼한 후 맞벌이 직장생활로 하루하루를 버티며 살아갈 때는 매번 새로운 것을 추구하기만 했다. 지금 가진 것보다 더 좋은 것, 남들 눈에 보기 좋아 보이는 삶, 더 큰 재미를 추구하며 닥치는 대로 돈을 소비했다. 돈을 벌면 벌수록 더 좋은 것으로 생각했고, 그렇게 하면 더 나은 즐거움을 얻을 수 있다는 착각 속에 빠져 허우적댔다.

지금 돌이켜보면 그때는 더 나은 삶을 추구하기보다 순간의 힘듦을 잊기 위해 잠깐의 쾌락을 즐겼을 뿐이었다. 날이 갈수록 벌어오는 수입은 늘어갔지만, 그것을 소비하며 얻을 수 있는 즐거움은 정작 비례해서 늘어나지 않았다. 오히려 공허함은 커지고 그 공허함을 채우기 위해 밑 빠진 독에 물 붓는 것처럼 돈을 소비했다.

우리는 수입이 늘어날수록, 자산이 축적될수록 즐거움을 추구하는 욕망을 절제하고 다스려보기로 했다. 단순히 감정에 휘둘러 돈을 소비하는 행동을 하지 않기로 했다. 남들보다 더 좋은 것을 소유했다는 우월감을 즐기기 위한 소비를 자제했고, 스트레스를 풀기 위한 쇼핑도 하지 않았다.

내 삶에 도움이 되는 것만 곁에 두고 그 공간에는 내가 가장 좋아하는 것만 채우기 시작했다. 물건과 함께 사람과 시간까지도 그렇게 구조조정을 했다. 이러한 행동 방식이 우리의 소비 형태를 바꿔놓았다. 예전에는 돈이 있든 없든 필요하면 어떻게든 소유하려던 사고방식이 지금은 언제든지 살 수 있다는 자신감으로 바뀌면서 소비에 여유를 보태게 됐다.

좋은 차를 타는 지인을 봐도 조급해지지 않았다. 좋은 집에 사는 친구를 만나도 부럽지 않았다. 우리는 그것들을 돈 내고 가지고 올 수 있는 능력을 이미 갖췄지만 지금 그러지 않고 있는 것 뿐이었다. 우리가 원하는 조금 더 큰 미래의 삶을 위해 지금의 라이프스타일을 살아가는 것이다.

미니멀라이프. 욕심을 부리지 않고 자신에게 집중해서 사는 삶이라고 한다. 우리 역시 미니멀 라이프를 추구하고 살지만 조금은 다른 형태다. 가지고 싶지만 가질 수 없음에 큰 욕심을 부리지 않고 참아내는 것이 아닌, 언제든 가질 수 있기에 더 좋은 것만 채우려고 자리를 비워놓는 삶을 살아간다.

굳이 겉으로 보이기 위해 치렁치렁 무겁고 복잡한 삶을 살아가지 않아도 된다. 뒤에서 든든하게 지켜주는 부동산 자산이 있기에 지금의 삶을 단순화하고 가볍게 할 수 있었다. 우리는 남들의 기준이 아닌 우리가 느끼는 행복을 위해 살아가고 있다. 우리는 이것을 자신감이 주는 여유라고 생각한다.


## 베풀 수 있는 마음의 여유

아직 주변에는 우리가 부동산 투자를 하는지 모르는 사람들이 많다. 가까운 친구들부터 직장 동료들, 심지어 가족들도 잘 모른다. 아무리 초연결시대라고 하지만 대놓고 SNS에 밝히지 않는 이상 관심조차 없는 것이 사실이다.

굳이 '나는 부동산 투자를 한다'라고 떠들고 다닐 필요는 없다. 하지만 사람들이 모여서 잘못된 정보나 허황된 소문을 화제에 올리면 이를 바로잡고 싶어 입이 근질근질해진다. 그렇다고 아무 때나 나설 수는 없다. 내 조언이 필요하지 않은 사람들에게는 최대한 말을 아끼며 그 순간이 지나가기만을 기다린다.

예전의 나는 좋은 정보가 있으면 품 안에 넣어두고 혼자만 알고 싶어 했다. 굳이 남에게 정보를 주고 싶은 마음이 들지 않았기 때문이다. 한 지인에게 내가 직접 겪으면서 얻은 경험과 현장에서 얻은 정보들을 활용해 좋은 지역과 물건을 추천해준 적이 있었다. 난 성심성의껏 알려줬고 상대가 매수의 의사가 있어 자금 운용까지 조언했다. 그랬더니 뒤에 가서는 자신이 대단한 것을 해낸 마냥 떠들고 다니는 모습을 보고 내가 쏟은 열정에 너무 미안했다. 그 후로 한동안은 상대방의 간절함을 판단해서 조언해줬다. 그것도 내가 조언해주는 것을 엄청 티를 팍팍 내면서 후에 잘되면 내 덕을 잊지 말라고 당부하면서 말이다.

하지만 부동산으로 어느 정도 자리를 잡은 지금은 사람들을 대하는 마음가짐이 달라졌다. 선구자까지는 아니라도 내 조언이 필요해서 다가오는 사람을 굳이 막지 않는다. '최고의 동기부여는 자기 스스로 행동했다고 느끼게 하는 것이다'라는 말이 있다. 그 말처럼 나는 사람들에게 행동하기 위한 소스와 자극을 던져주며 스스로 해냈다는 성취감을 느끼게 하는 것을 목적으로 조언하고 있다.

내 집 마련을 위해 청약을 고민하는 신혼부부에게는 분양권에 대한 정보를 준다. 투자를 목적으로 주택을 추가로 구입하고 싶어 하는 사람들에게는 현재의 규제를 설명해주고 풀어가는 방법을 우리의 경험에 빗대어 설명해준다. 굳이 나만 알고 있으면 되는 것을 입이 아프게 조언해주나 싶을 것이다. 아무리 좋은 것을 줘도 행동할 사람만 행동한다. 나는 좋은 것이 고여 썩지 않기를 바라는 마음으로 조언해줄 뿐이다.

조언하는 이유를 하나 더 덧붙인다면 주변에 함께 투자하는 사람이 많이 생겼으면 하는 바람도 있다. 우리는 정말 아무 도움 없이 직접 몸으로 겪으며 실패와 성공을 경험했다. 그래서 앞으로 투자를 시작하는 사람들에게 조금이나마 도움이 되고 싶은 마음도 크다.

## 가장 큰 자산인 자신감을 얻다

"젊은 사람이 어떻게 부동산 투자를 빨리하게 됐어요?" 우리가 부동산 투자를 시작하면서 지인들에게 가장 많이 들었던 말 가운데 하나다. 요즘은 투자 연령대가 20대까지 내려가 우리가 더 이상 젊은 사람들이 되지 않겠지만 말이다. 우리가 젊은 나이에 부동산 투자를 시작하면서 얻은 가장 큰 자산은 바로 자신감이다.

투자를 통해 얻은 자신감은 회사에 다니며 큰 성과를 달성해 얻는 보상과 인정, 많은 연봉이 주는 자신감과는 확연히 다른 것이었다. 스스로 투자할 곳을 발굴하고 스스로 돈을 마련하고, 처음부터 끝까지 주도권을 쥐고 진행하는 부동산 투자는 차원이 달랐다. 노력한 만큼 보상해주는 부동산 투자를 경험하면서 우리는 해내지 못할 것은 없다는 마음의 확신을 가질 수 있었다.

우리를 부의 길로 끌어준 것은 부동산 투자였지만 마지막도 부동산 투자가 되리라 보장할 수 없다. 그러나 이미 마음속에 탑재된 자신감은 새로운 도전에 대한 두려움을 사라지게 했다. 이제는 누군가 새로운 길을 가고 있다면 우리도 해보고 싶은 마음이 먼저 든다. 이렇게 글을 쓰고 책을 준비하는 일도 자신감이 없었으면 할 수 없었다. 누군가에게 도움이 되는 삶이 되고 싶었다. 우리보다 더 나은 사람들이 이미 도움을 베풀고 살아가고 있지만, 우리도 그들과 다를 바 없다는 자신감으로 '마이웨이'를 가고자 했다.

앞으로 다가올 미래를 생각하면 두려움보다 설렘이 더 많다. 일련의 투자로 얻은 자신감으로 인생은 스스로 도전하고 개척하고 참여해서 원하는 대로 끌어당겨야 한다는 것을 배웠다. 우리는 부동산 투자를 '시도했고', 시도를 했기에 원하는 것을 '얻었다'. 앞으로도 이 행동 방식은 우리 몸과 마음속에 새겨 변하지 않는 법칙이 될 것이다. 여러분도 '얻고 싶으면 시도하라'.

# 소액 투자로
# 월세 받는 '빌라 투자'

주택을 실거주용이 아닌 투자용으로 접근할 때 두 가지 고려사항이 있다. '현금 흐름'을 중시할 것인지, '미래의 가치'에 중점 둘 것인지 방향을 설정해야 한다. '현금 흐름'을 선택한다면 소액으로 접근할 수 있는 수익형 부동산에 투자해야 한다.

빌라(다세대 주택), 오피스텔, 도시형 생활주택, 상가를 활용해 은행 예금이자보다 높은 수익률로 월세를 받는 것이 목적이다. 또 다른 선택으로 '미래의 가치'를 고려한다면 주거생활에 밀접하게 관련돼 있는 아파트와 땅에 투자하는 것이 대표적이다.

시간의 흐름에 따라 점차 그 가치가 발할 것을 미리 짐작해서 투자하려면 목돈을 묻어둬야 한다. 이는 당장 수익이 발생하지 않기에 시세차익을 보기 전까지는 투자금을 묻어놓고 버틸 수 있는 체력이 필요한 투자 방법이다.

그래서인지 부동산 규제의 강도가 높지 않던 과거에는 부동산 투자를 시작할 때 빌라와 같은 수익형 부동산에 먼저 접근하는 경우가 많았다. 대체로 구축 빌라의 경우 매매가가 1억 원 이하로 접근할 수 있어서 대출을 최대한 활용하면 투자금을 최소화할 수 있고, 아파트 대비 월세 수익률이 높기에 투자금을 은행에 예금하는 것보다 더 높은 이익을 얻을 수 있다는 장점이 있기 때문이다.

그렇다면 모든 수익형 부동산은 월세 수익률이 높은 것일까? 우리가 현장을 돌아보며 시세를 파악해 보니 꼭 그렇지만은 않았다. 생활이 어려운 사람들이 모여 사는 곳일수록 월세 수익률이 높다는 것을 현장의 경험으로 알게 됐다. 목돈을 낼 능력이 없는 사람들, 은행권에서 대출도 어려운 하루하루 벌어서 살아가는 사람들일수록 월세를 더 선호하는 아이러니한 현상을 발견했다.

반면, 정비가 잘된 지역이나 아파트처럼 어느 정도 생활이 안정된 곳은 월세 수익률이 절반 수준이다. 아니, 은행이자보다 조금 나은 수준이다. 수입이 안정적인 세입자의 경우 충분히 목돈을 낼 수 있고, 금융권을 이용해 대출로 보증금을 충당할 수 있으니 집주인이 원하는 월세가 아닌 금리에 맞는 월세가 형성되는 것이다. 예를 들면 빌라의 경우 보증금 1,000만 원을 월세로 전환하면 10만 원이다. 아파트의 경우는 5만 원도 안 된다고 생각하면 된다. 그만큼 빌라는 월세 수익을, 아파트는 시세차익으로 접근해야 한다.

월세 수익률이 높은 곳일수록 그만큼 세입자 관리가 쉽지 않다. 물론 사업하는 분이나 가게를 하는 분의 경우 보증금을 낮춰 사업자금에 보태어 쓰고 월세는 경비로 처리해 절세효과를 보기 위해 월세를 선호할 수도 있다. 하지만, 이 경우는 고급 빌라나 아파트에서 주로 발생하는 현상이다. 우리가 투자로 접근하는 빌라에서는 발생하기 어렵다.

경제적 여유가 없는 세입자라고 모두 관리가 어려운 것은 아니다. 그러나 집주인의 이익이 올라갈수록 세입자의 부담도 그만큼 올라간다는 것을 고려한다면 그렇게 좋은 관계가 형성되기는 어려울 수도 있다. 그렇기에 부동산 투자를 시작한다면 무조건 수익형 부동산인 빌라에 집중하지 말고 각자의 장단점을 파악한 뒤 자신의 스타일에 맞게 맞춰가는 것이 중요하다.

또한 지금처럼 다주택자에 대한 정부의 규제가 심할 때는 투자로 주택 매수 시 명의 사용에 주의해야 한다. 무턱대고 월세 수익을 위해 빌라를 구입하면서 명의를 사용하면 그 순간 무주택자들은 1주택자가 되고 실거주 주택을 보유한 사람은 순식간에 2주택자가 되어 앞으로 자신이 살고 싶은 집을 매수할 때 큰 걸림돌이 될 수 있다.


## 500만 원으로 20만 원 월세를 받다

우리 부부의 첫 수익형 부동산은 아내가 혼수로 갖고 온 부산의 작은 빌라였다. 아내는 20대 중반부터 부동산 투자에 눈을 떴었다. 사회생활을 시작하며 주변 동료들의 영향으로 월급만으로는 미래를 장담할 수 없음을 일찍 깨달았고, 월급을 늘리는 것이 아닌 월세라는 머니파이프를 추가로 장만했다.

2009년 당시 아내는 사회 초년생이었다. 당연히 목돈은 없었고, 수중에 있는 단돈 500만 원을 들고 투자할 곳을 찾으러 다녔었다. 그때는 부산이란 곳이 지금처럼 핫하지 않았으며, 오히려 지방이라는 인식이 더 강했던 때였다. 부동산 투자의 1도 몰랐던 아내는 일단 움직여야 한다는 생각으로 퇴근할 때마다 지역을 옮겨가며 공인중개소를 들렀다.

아내는 정말 아무것도 몰랐기에 공인중개소 사장님들께 조언을 청했다. 무시하고 귀찮아하는 분도 많았지만 젊은 나이에 장하다면서 성심성의껏 정보를 주신 분도 많았다. 마침내 주워들은 정보들을 모아 부산 지하철 2호선 가야역 주변으로 선택 지역을 좁혔다. 하지만 투자금이 적었기 때문에 아파트 매수는 꿈도 꾸지 못했다. 결국 500만 원이라는 투자금에 맞춰 접근한 투자 종목은 수익형 부동산, 즉 빌라였다.

그 당시에는 대출이니 레버리지니 그런 것은 하나도 모른 채 오로지 공인중개소 사장님께 500만 원의 투자금으로 살 물건을 권해달라는 막무가내식으로 접근했다. 지금 돌이켜보면 레버리지를 최대한 활용할 물건을 잘 찾아냈다고 볼 수 있지만, 그 당시는 그걸 노리고 접근한 것은 아니었다. 아내가 빌라를 매입할 때는 시중 대출 금리가 6%대로 지금보다 금리가 제법 높은 편이었다. 그래서 오피스텔이나 아파트를 통해 월세 수입을 얻고자 했다면 큰 수익률을 가져가기 힘든 시기였다.

이러한 조건이 있었기에 아내는 가야역 주변을 선택한 것이다. 가야역에서 조금만 올라가면 '주거환경개선지구'로 지정된 빌라 마을이 있다. 이곳은 십수 년 전에 주거환경을 개선하기 위해 낡은 집을 허물고 새로운 주택을 지을 수 있게 정부가 2%대 대출을 지원하며 주택 환경 개선을 활성화했던 곳이었다. 따라서 이 지역 빌라를 구매하게 된다면 2%대 대출 금리를 그대로 승계받을 수 있었으며 금리 이득으로만 4%대 이익을 남길 수 있었다. 한 가지 아쉬운 점은 원리금 균등 상환이었으므로 매달 원금과 이자를 함께 갚아 나가야 했다.

아내 김 여사가 그 당시 매수했던 조건은 이러했다.

---

가야역 수익형 빌라 매수가: 3,000만 원
담보대출: 1,000만 원
보증금: 1,500만 원
월세: 20만 원
투입자금: 500만 원
대출 금리: 2%

---

그 당시 아내는 부동산에 대한 지식이 없었다. 더구나 빌라에 대한 시세 조사는 물론, 주변 부동산에 대한 시세정보를 찾아볼 생각도 하지 않았다. 찾아보고 싶어도 시세정보 및 인프라가 지금에 비하면 형편없었기에 질 좋은 정보를 얻기 어려웠을 것이다. 그러한 이유로 부동산 시세는 오롯이 공인중개소 사장님에게 통제권을 넘겨줄 수밖에 없었다. 즉, 매수 금액과 월세 및 보증금은 공인중개소 사장님이 부르는 게 값이었다.

그래도 젊은 사람이 열심히 살아보려는 모습이 보기 좋았는지 골칫거리 물건을 팔아치우는 것이 아닌 정상적인 물건을 소개받았다. 공인중개소 사장님을 만나 물건을 찾고 등기필증을 넘겨받는 것이 한 달 만에 이뤄졌다. 드디어 생애 첫 월세가 들어오기 시작한 것이다.

┌─────────────────────────────────────────────┐

## ⟨가야역 빌라 수익구조⟩
───────────────────────────────────────

월세: 20만 원
대출이자: 17,000원
투자금 기회비용: 23,000원
▶ 순수익: 16만 원

└─────────────────────────────────────────────┘

경매 서적이나 요즘 책에 나오는 수익률 계산방식을 사용하지 않고 수중에 들어오는 수익 금액만 계산해보기로 했다. 수익구조만 봐도 알겠지만, 수익률로 표현하면 너무 뻥튀기되는 것 같아 제외했다. 수익률은 보여주기 위한 계산방식일 뿐이다.

실제 필요한 것은 순 수익금이다. 당시 아내의 월급은 수당을 탈탈 끌어모아도 160만 원 정도였다. 하지만 500만 원이라는 종잣돈으로 월급의 10%인 16만 원을 추가 노동시간 없이 매월 벌 수 있게 됐다.

아내는 월급 외 수입이 발생함으로써 숙원인 치아 교정을 위한 자금을 모을 수 있었다. 기존 월급에서는 더 이상 쪼개서 저축할 여유가 없었기 때문이었다. 그리고 2011년에 나를 만나게 되면서부터는 그 돈을 데이트비용으로 활용할 수 있었다고 한다.

이렇게 좋은 수익구조의 경험을 하게 해준 가야역 빌라는 2015년 11월 우리의 손에서 떠나게 됐다. 6년 동안 단 한 번도 월세를 미루지 않고 잔 수리도 알아서 해결해주던 세입자가 나가게 된 것이다. 우리는 세입자가 나가는 시점에 맞춰 시세차익을 누리고자 매도를 결정했다.

6년 동안 단 한 번도 월세를 빠지지 않고 내준 세입자님도 대단했지만, 6년 동안 단 한 번도 월세를 올리지 않았던 아내의 신념도참 대단했다. 옆에서 지켜보던 나는 매년 월세를 올리자고 제안하기도 했다. 그때마다 아내는 세입자의 고마움을 배신할 수 없다며끝까지 20만 원의 월세를 고집했다. 지금 우리가 추구하는 비전인세입자와 집주인이 윈윈(win-win)하는 '친절한 임대사업자'를 아내는 처음부터 수행했다. 가야역 빌라는 우리에게 6년이란 시간 동안월세 수입을 가져다주고, 6년 뒤 2,000만 원이라는 시세차익을 남겨주고 떠났다.

---

### 〈가야역 빌라 투자 최종 수익〉

6년 월세 수입: 약 1,152만 원
6년 시세차익: 2,000만 원

---

이렇게 우리의 첫 부동산, 수익형 빌라는 대략 3,000만 원 이상의 수익을 남기며 좋은 경험으로 우리 부부의 기억 속에 남았다.


잘 만난 인연, 6년을 편하게 해준 세입자

빌라와 아파트에 투자하다 보니 계약관계긴 하지만 수많은 사람과 관계를 맺을 수 있었다. 전세 계약하며 "더 이상 갈 곳이 없으니,

입주하면 절대 안 나갈 거야. 쫓아낼 생각하지 마"라며 정감 있게 협박(?)하시는 할머님도 계셨고, 실컷 수리를 다 해줘도 툴툴거리기만 하는 불편한 세입자도 있었다. 입주 시작부터 비싸게 계약했다며 불평하는 사람도 있었던 반면에, 전세 재계약을 해줘서 고맙다며 손을 잡아주던 젊은 부부도 있었다. 세상살이가 모두 내 생각대로 흘러가지 않다는 것을 다시금 알게 해주는 순간순간들이었다.

아내의 첫 부동산 임대계약서는 우리가 매도할 때까지 6년 동안 변경 없이 유지됐다. 즉, 세입자 한 명이 계약조건 변경 없이 6년 동안을 우리의 빌라에 거주한 것이다. 단 한 번의 문제를 일으킨 적 없이, 단 한 번도 월세 입금하는 날짜를 어기지 않고 말이다.

빌라를 구입했던 6년 전에도 이미 가야역 빌라는 오래된 건물이었다. 작은 수리를 많이 해야 했다. 건물 전체 수리를 위해 호실별로 부담금을 내야 하는 상황도 있었다. 보일러가 낡아서 교체해야 할 때는 세입자가 알아서 처리하고 영수증을 청구해 우리 부부의 신경을 덜어줬다. 그 외에도 소소하게 발생하는 수선에 대한 비용은 별도 청구 없이 내역만 알려주고 스스로 비용을 부담해 주셨다. 고등학생 아들과 둘이 지내던 어머니뻘 세입자분은 집주인인 우리보다 집을 아껴주셨다. 그런 마음을 알기에 월세가 입금될 때마다 항상 고맙고 짠한 마음으로 받았다.

6년이 흐르고 주변 시세가 올라가면서 덩달아 물가도 올랐다. 다른 빌라 주인들은 계약 갱신하면서 월세를 5만 원씩 올리는데 우리는 그렇게 하지 않았다. 그때는 '친절한 임대사업자'가 아닌 철없던 나는 아내에게 남들처럼 우리도 월세를 올리자며 계속 닦달했다. 하지만 아내는 한마디로 거절했다. 세입자의 정성과 성의를 배신할 수 없다며 제날짜에 꼬박꼬박 월세를 입금해주는 것만으로도 고마워하자며 나의 입을 다물게 했다.

우리는 그 월세가 없어도 살 수 있지만, 월세를 내야 하는 당사자에게는 큰 부담이 될 수 있다는 생각을 그땐 하지 못했다. 세입자가 그렇게 우리의 신경을 덜어준 이유도 우리의 마음이 전달돼서인지 모르겠다. 이런 것이 바로 서로 도움이 되는 전략이지 싶다. 그때의 경험은 앞으로 우리가 세입자를 대하는 마음가짐에 큰 영향을 줬다.

부동산 투자로 많은 계약관계를 맺어보며 이런 생각을 하게 된다. 나는 사람과 사람으로서 관계를 맺는 것에는 어려움을 느낄 만큼 모난 사람은 아니었다. 하지만 관계 사이에 계약이란 조건이 들어서면 뭔가 알 수 없는 벽이 그때부터 생긴다. 서로가 지지 않기 위해 따지게 되고 이득을 취하려는 관계로 변하는 것만 같았다.

우리는 세입자들과 계약할 때면 단순히 계약관계를 맺는다고 생각하지 않는다. '삶'이 빠진 계약은 너무 딱딱하고 재미없는 관계가 될 것이기에 우리는 그들과 삶을 계약한다고 생각하고 도장을 찍는다. 세입자는 부동산 투자의 삶을 이어주는 동반자고, 우리는 그들에게 삶의 터를 제공해주는 공급자라고 생각하면서 말이다. 부동산 투자를 통해 서로 배려하며 살아가는 맛, 그러한 삶의 중요함을 배우게 됐다.

## 월세보다 자산증식을 선택하다

매달 월급 수준은 아니더라도 용돈 수준으로 들어오는 월세의 맛을 알게 된 우리는 그 이후로도 월세 수익률이 높은 오래된 주택단지를 찾아다녔다. 용돈 수준의 월세 수익을 월급 수준 이상으로 높여 경제적 자유를 얻어야겠다는 장밋빛 꿈을 꾸면서 말이다. 하지만 경기도에 올라와 우리의 마지막 빌라를 매수하면서부터 수익형 부동산에 대한 회의감이 들기 시작했다.

※ 많은 사람이 '급매'를 잡으라고 한다. 하지만 정말 사정이 있는 급매는 공인중개소 사장님과 긴밀한 관계가 있거나 자주 찾아뵙고 얼굴을 익힌 사람이 아닌 이상은 추천받기 어렵다. 공인중개소 사장님도 사람인지라 자신에게 친한 사람, 잘 보인 사람들이 먼저 떠오른다. 따라서 더 좋은 물건을 더 빠르게 추천받고 싶으면 공인중개소를 편하게 생각하고 자주 방문해 사장님과 편한 사이가 되도록 노력해야 한다. 그리고 정말 급매가 나왔을 때 진짜 살 사람이란 것을 어필하는 것도 중요하니 은근슬쩍 떠보는 자세는 피하도록 해야 한다.


경기도에 올라와 복직하게 된 아내는 선호지역을 선정해서 하루에 한 번씩 공인중개소에 방문하기 시작했다. 중개소별로 보유하는 빌라들의 시세를 파악하고, 월세 수익률이 높은 물건을 추천받기를 계속했다. 아내의 특기는 모르는 척 배움의 자세로 공인중개소 사장님들에게 정보 얻어내기였다. 나이 지긋한 사장님들은 아내를 딸이나 며느리처럼 여기고 좋은 정보를 종종 알려주셨다.

저녁이 되어 내가 퇴근하면 아이들을 데리고 아내가 조사한 지역으로 넘어가 아내가 둘러본 빌라들을 함께 둘러보고 집으로 돌아왔다. 그렇게 며칠 반복하며 발품을 팔다 보니 드디어 우리 부부의 눈에 쏙 들어오는 빌라를 찾을 수 있었다.

우리는 안산 이동의 매화초등학교 근처에 있는 4층짜리 다세대 주택의 4층 물건을 추천받았다. 다세대 주택 내부는 올 수리가 돼 있었고 시세는 1억 원 이상으로 형성돼 있었다. 하지만 매도자의 집안 문제(상속)로 빠른 처분이 필요한 상태였다. 빌라의 주인은 세 명이었고 각자 자신의 상속 지분을 챙기기 위해 급매물로 나온 것이었다.

우리는 9,300만 원이라는 네고된 금액으로 매매계약서에 도장을 찍었다. 올 수리에 인테리어까지 돼 있으니 별도의 추가 비용 없이 세입자를 바로 들일 수 있다고 판단했고 그렇게 우리의 월세 늘리기 꿈은 순항하는 줄 알았다.

빌라를 매수함과 동시에 들였던 세입자는 20대의 자매였다. 동생은 대학생이고 언니는 직장에 다니고 있었다. 자매는 자취를 시작한다며 자매의 아버지와 함께 부동산에 와서 계약했다. 그런데 사정이 어렵다며 보증금과 월세를 조정해달라고 부탁하길래 우리는 흔쾌히 그렇게 해드렸다. 보증금 500만 원에 45만 원의 월세계약으로 쌍방의 관계는 시작됐다.

월세 날짜가 다가올수록 기뻐야 했지만, 이 세입자를 들이고부터는 그렇지 못했다. 수익형 부동산마다 월세에 대한 이자가 나가도록 설정돼 있었기에 자매의 월세 입금이 늦어지면 우리 부부의 생활비에서 이자를 먼저 충당해야 했다.

누구든 어려운 사정은 있을 것이다. 그러면 그럴수록 서로 이야기를 해서 풀어가는 것이 상책이라고 생각한다. 하지만 이 세입자는 매번 월세 입금을 지연시키면서 우리가 먼저 월세 입금을 부탁한다고 신신당부를 해야 며칠 뒤 겨우 입금했다.

처음에는 자매 둘이서 고생하는 것 같아 안타까운 마음에 사정을 들어보고 싶었지만, 계속되는 변명에 안쓰러운 마음이 들지 않았다. 은행이 문을 닫았느니, 인터넷뱅킹을 할 줄 모른다느니, 통장을 갑자기 잃어버렸다는 둥 매달 새로워지는 변명에 기가 찰 노릇이었다. 물론 월세를 내지 않으면 보증금에서 밀린 월세만큼 제하면 되지만 그 방법은 우리가 생각했던 '친절한 임대사업'과는 너무나 다른 모습이었다.

당연히 내야 하는 월세를 미루는 임차인과 그것을 받지 못해 조급해하는 임대인. 매월 입금되는 월세로 기쁜 날을 보내는 것이 아닌 매월 신경 쓰이는 날로 변해버린 월세 입금일. 돈을 벌어가는 그 시간이 별로 행복하지 않았다. 세입자 역시 월세 날이 다가올 때마다 조마조마하고 힘들었을 것이다.

그렇게 1년 동안 매월 월세로 우리 부부에게 스트레스를 주던 자매는 다시 이사 간다고 했다. 그 사이에 빌라를 찾는 사람이 많이 줄어 월세를 43만 원으로 깎고 난 뒤에 비로소 새로운 임차인을 구할 수 있었다.

새로 온 세입자는 40대의 홀로 지내는 남성이었다. 그는 월세가 이것밖에 안 되냐며 저렴해서 좋다면서 호탕하게 계약서에 사인했다. 우리는 이번에는 괜찮겠지라는 안도의 한숨을 쉴 수 있었다. 하지만 우리에게 빌라는 더 이상 투자하지 말라는 하늘의 계시인지 이 세입자는 전보다 더하면 더했지 결코 평범한 사람이 아니었다.

월세를 반씩 쪼개서 준다며 안 내고 버티고, 한 달을 건너뛰고 두 달 치를 주기도 하며, 심지어는 보증금에서 그냥 까라고 당당하게 소리치는 사람이었다. 연이어 세입자에게 뒤통수를 맞아보니 월세를 받는다는 것이 기쁘지 않았다. 우리가 보유하는 아파트와 분양권이 아무 소리 없이, 아무런 대가 없이 조용히 자신의 가치를 상승시키며 자산을 불려가는 것이 훨씬 깔끔하고 좋아 보였다.

앞으로 월세로 500만 원을 벌기 위해 이런 세입자를 몇 번을 거쳐야 할까? 부동산 계약서에 아무리 세입자를 내보낼 수 있고 월세를 받아낼 수 있다고 명시돼 있지만, 그 과정에서 우리의 에너지를 소모하고 소비해야 하는 것이 너무 아까웠다. 특히 불필요한 감정 소모까지 해야 한다는 사실이 더욱 싫었다.

문제가 많았던 이 빌라는 2년을 더 보유한 후 다시는 수익형 빌라에 투자하지 않을 거라는 다짐과 함께 입주권 투자를 위해 매도했다. 그런데 여기서 빌라의 또 하나의 문제가 발생했다. 빌라의 경우 시세가 아파트처럼 투명하게 공유되지 않아 공인중개소 사장님들의 입김이 많은 영향을 끼친다. 그 당시 새 아파트 입주와 빌라 매도 시기가 겹쳤다. 물건을 보러 오는 사람들이 없어서 우리는 빠른 매도를 위해 근방의 공인중개소에 물건을 다 내놓고 있었다.

그때 몇몇 공인중개소 사장님이 우리가 원하는 가격이 얼마인지 물어보고는 그 가격 이상으로 팔아주면 그 차익을 자신에게 달라고 요구했다. 예를 들어 우리가 1억 원에 매도를 원하면 자신이 1억 2,000만 원에 팔아줄 테니 2,000만 원의 차익은 자신의 몫으로 인정해달라는 것이다. 물론 우리가 손해 볼 것은 없었지만 꽤씸한 마음에 그 공인중개소 사장님과 거래하지 않았다. 우리의 물건으로 장난치는 것 같아서 기분이 나쁜 것도 있었지만, 물건을 매수하는 사람들에게 못할 짓을 하는 거라는 생각이 들었다. 우리는 정직한 거래를 해줄 공인중개소 사장님을 찾아 매도를 부탁했다.

하지만 빌라는 매수보다 매도가 정말 어려웠다. 빌라는 투자로 접근하는 사람이 많지 실거주를 위해 매수하는 경우는 극히 적었다. 특히 세입자가 자신이 있을 때만 집안을 보여준다며 문을 열어주지 않았다. 그러니 빌라를 찾는 사람이 있어도 매도타이밍을 잡기가 어려웠다.

다행히 실거주를 위해 서울에서 안산까지 내려온 중년의 부부가 우리 빌라를 마음에 들어 했다. 그런데 이사 일정을 잡으면서 우리는 또다시 세입자에게 질려버렸다. 그는 새 거주지에 입금할 계약금이 필요하다며 이사비와 보증금을 미리 달라고 했다. 그러면서 밀린 월세는 이사 간 뒤에 꼭 갚겠다며 사정을 하는 게 아닌가. 얼굴을 마주 보고 통사정을 하는데 차마 거절할 수가 없었다.

이번에는 믿어서가 아니라 포기하고 떠나보내는 마음으로 세입자가 원하는 대로 해줬다. 그렇게 일정을 맞춰 매수자에게 빌라를 잘 넘겨주고 전 세입자에게 전화를 걸어 밀린 월세를 받으려고 했지만 우려했듯이 전화를 받지 않았다. 예상했던 일이지만 끝까지 실망을 안겨주는 세입자였다. 하지만 속은 후련했다. 이번을 기회로 삼아 우리의 인생에 빌라 투자는 다시는 없을 것이라고 다짐했다.

**[안산 빌라 매입구조]**

매입가: 9,300만 원
담보대출: 5,580만 원
신용대출: 3,200만 원
보증금: 500만 원

**[안산 빌라 2년 보유 수익구조]**

매도가: 1억 원
시세차익: 700만 원
월세: 45만 원(43만 원)
이자: 28만 원
월세 수익: 17만 원 × 24개월 = 408만 원
이사비: 100만 원
월세 떼임: 45만 원

월세 순수익 17만 원씩 1년이면 204만 원이었다. 이러한 빌라 10채를 가지고 있어야 월 170만 원의 수익이 난다. 이렇게 10채의 월세를 5년간 모아도 1억 원 남짓이다. 물론 당장 현금흐름으로 인한 경제적 자유를 무시할 수는 없지만 빌라의 세입자 사례와 같이 월세를 위해 세입자 관리, 건물 관리 등으로 써야 하는 기회비용이 우리에겐 아까웠다.

처음에는 또 하나의 월급이라는 기대로 시작한 빌라 투자였지만 가치 투자를 통한 시세차익 수익과 비교했을 때 너무나 많은 차이가 있었다. 아파트를 통해 시세차익으로 얻을 수 있는 이은 좋은 흐름을 타면 한 채만으로도 수천만 원은 얻을 수 있기 때문이다. 눈에 보이는 수익은 당장 발생하지 않지만 우리의 자산을 늘리고 미래가 치를 올려주는 역할을 해준다. 특히 인플레이션을 고려한다면 현금으로 발생하는 수익보다 실물자산을 통한 수익에 집중하는 것이 더욱더 중요하다. 우리가 월세보다 시세차익, 즉 자산증식에 눈을 돌린 이유가 바로 이것이다.

수익형 부동산이 무조건 좋지 않다고 말하는 것은 아니다. 다만 그 당시 우리는 자산을 늘리는 것에 집중하고자 했을 뿐이다. 종잣돈을 모아 월세 수익을 일으키고, 또다시 종잣돈을 모아 월세 수익을 늘리다 보면 지겹고 힘들어서 지쳐버릴 것 같았다.

우리가 3,000만 원으로 수익형 부동산을 매입해 월세 순수익 25만 원을 갖췄을 때, 부산의 한 지인은 2,000만 원으로 아파트에 투자해 2년 만에 투자금의 2배 이상인 5,000만 원 시세차익을 얻었다. 물론 시대의 흐름을 잘 탄 것도 있다. 우리는 현금흐름을 얻기 위한 투자보다 시대에 흐름을 탈 곳에 투자해 자산증식을 우선하기로 했다.

우리는 어느 정도 자산을 갖추고 그 자산으로 현금흐름(월세)으로 바꾸는 일이 처음부터 월세를 맞춰가는 일보다 훨씬 수월할 거라 판단했다. 무에서 유를 만들어내기는 힘들지만, 유에서 유를 만들기는 어렵지 않을 것이다. 그리고 이러한 판단으로 우리가 지금의 자산을 이루게 됐다고 믿고 있다.

4~5년 전부터 경매가 유행처럼 번지기 시작하면서 무피 투자

니, 플러스피 투자니 하며 빌라 경매와 투자에 많은 바람이 불었던 적이 있었다. 대출이 막히고 규제가 강화되면서 조금 뜸해지긴 했지만, 그래도 구축 빌라에 많은 분이 관심을 가졌다.

우리의 경험에서 진심으로 조언하자면, 남들이 좋다고 추천한다고 무조건 따라 하면 안 된다는 것이다. 특히 빌라의 경우 환급성이 아파트 등에 비해 매우 떨어지기 때문에 무조건 여윳돈으로 투자해야 한다. 우리도 빌라의 현금화 때문에 몇 번 고생해 봐서 잘 알고 있다. 빌라 매도는 길게 1년은 잡아야 한다. 아파트 물량이 풀리는 시기에는 세입자들은 조금 무리하더라도 초기 전세보증금이 낮은 새 아파트에 들어가고 싶어 한다. 또 요즘 세입자들은 전세보증금 대출을 잘 활용할 줄 알기에 집주인에게 이득이 되는 월세를 되도록 피하려 한다.

부동산 투자를 결정할 때 누차 말하는 것이지만 본인 스스로 결정할 수 있어야 한다. 아내의 경우 첫 부동산 투자 경험에서 좋은 공인중개소 사장님을 만나서 그나마 좋은 경험을 했다. 물론 그분도 아내에게 중개수수료를 바가지 씌우긴 했지만 말이다.

대부분의 사람은 실패의 쓴맛을 본다. 여기저기 많이 나오는 자칭 전문가들을 너무 믿지는 말자. 본인의 스타일, 본인의 전략, 본인만의 기준으로 올바른 투자방향을 세울 수 있길 바란다. 남들이 다 아는 그런 도구와 방법은 우리가 쓰는 엑셀과도 같다. 누구나 볼 수 있고 누구나 활용 가능한 정보를 가공해 대단한 듯이 현혹하는 것에 속지 말아야 한다. 시간을 절약하기 위해 가공된 정보를 활용하는 것은 좋지만, 그 정보에 놀아나는 일은 없어야 한다.

# 05

# 가장 심플하고 매력적인 '분양권 투자'

부동산 투자라고 해서 무조건 실물자산을 사들여 하는 것은 아니다. 투자로 접근할 때 부동산을 세 가지 영역으로 나눌 수 있다.

첫 번째로 부동산의 가장 기본이 되는 땅으로 접근하는 것이다. 예를 들어 개발 예상지역의 땅을 매수해 적정 시간 동안 묵힌 후 개발이 진행되거나 개발 기대로 가치가 오를 때 매도하는 역세권 땅 투자로 수익 내는 방법이 있다. 또 LH에서 제공하는 상가주택 부지를 분양받아 자신의 건물을 짓고 건물의 가치까지 보태 매도해서 수익을 극대화할 수도 있으며, 노후 연금용으로 임대를 통해 장기 보유하는 방법도 있다.

우리는 아직 땅 투자에 대한 경험이 없다. 소액으로 개발지역의 땅을 사려면 보통 기획부동산 업자를 끼고 지분 투자 또는 공동 투자를 해야 한다. 이것은 우리가 원하는 방식이 아니었다. 매수와 매도에서 우리가 쥘 수 있는 통제권이 너무 없기에 마치 도박과 같다고 생각했다. 지분 투자가 아닌 단독으로 개발 예상지역 땅에 투자하기에는 투자 금액 단위가 너무 크거나 투자 금액을 낮추면 개발 기대 지수가 너무 낮은 지역으로 눈을 돌려야 하기에 장기보유로 이어질 리스크가 있어서 선뜻 나서기 어려웠다.

게다가 땅은 주택보다 대출 금리도 높아 보유에 대한 부담이 클 수밖에 없다. 하지만 정부에서 삶의 중심인 주택에 투자수요가 몰리는 것을 막기 위해 규제를 강화하면서 땅으로 눈을 돌리는 투자자들이 많다. 실례로 강원도 한 지역에 LH에서 분양한 상가주택 부지의 경쟁률은 어마어마했다. 규제로 상가주택 건물이 준공될 때까지는 전매를 통한 수익을 볼 수 없는 상황이었는데도 사람들의 수요가 높은 것을 보니 그만큼 땅에 관심이 많이 높아졌다는 것을 알 수 있었다.

두 번째로는 기사나 주변에서 가장 흔히 볼 수 있는 건물 투자다. 빌라와 아파트 같은 주택에 투자하거나 상가나 빌딩에 투자해 임대 수익 및 시세차익을 원하는 것이 건물에 투자하는 사람들의 목적이다. 건물 투자의 가장 큰 장점은 임대라는 수요가 있기에 투자자가 장기적으로 보유할 체력, 즉 자금을 쉽게 마련할 수 있다는 점이다. 특히 빌라와 상가는 높은 월세 수익률로 보유만으로도 매월 수익이 발생할 수 있으며, 장기보유로 시세차익을 덤으로 얻을 수 있는 매혹적인 부동산이다.

아파트의 경우 월세로 수익을 발생시키기는 어렵지만, 장기보유를 위한 부담을 덜 수 있다. 월세로 대출이자의 부담을 덜 수 있고, 전세를 놓아 세입자의 보증금으로 아파트 매수를 위한 투자금을 최소화할 수 있는 장점이 있다. 이러한 임대 이점은 실제 건물이 있어야 얻을 수 있는 것이며, 땅에 투자할 때는 오직 대출을 통해서만 자금을 마련해야 하는 어려움이 있다.

다만 상가와 오피스텔을 제외한 주택에 투자할 경우 정부의 규제를 반드시 고려해야 한다. 다주택자는 투기꾼으로 몰아가는 추세이니 주택을 투자로 접근할 시 여러 가지 세금 관련 강의나 책을 찾아 공부한 후 방향을 설정하길 권한다(세금 관련 도움은 '미네르바 올빼미' 블로그에서 도움을 많이 받았다).

세 번째는 우리가 가장 선호했던 '주택에 입주할 권리', 즉 분양권(입주권 통칭)에 투자하는 것이다. 분양권의 경우 눈에 보이는 실물이 없다. 다만 건물이 지어질 사업현장을 확인할 수 있고 시행사에서 제공하는 모델하우스에 방문하면 조감도 및 조형, 내부 인테리어를 사전에 확인할 수 있다.

그런데 이러한 분양제도에 대한 엇갈린 의견들이 많다. 현재 우리나라 분양 방식은 건물을 지어 제공할 계획만으로 수요자들을 끌어모은다. 이것은 시행사, 시공사의 금융 부담을 덜기 위한 방식으로, 실수요자들은 실제 존재하지 않는 모형과 계획만으로 판단하고 구입해야 한다. 실제 건물이 다 올라갔을 때 계획대로 시공되지 않거나 부실시공 등의 문제가 많이 발생한다.

그렇다고 지금 행해지고 있는 선분양제도가 꼭 나쁘다고 할 순 없다. 2~3년 뒤에 새 아파트를 받는다는 조건으로 소비자가 내는 돈은 얼마나 될까? 실제 60% 중도금 대출을 활용하면 처음 계약 시 내는 분양가의 10%를 제외하고는 입주 시까지 부담하는 돈은 거의 없다. 그만큼 입주를 기다리는 동안 입주자금을 확보할 여유 기간을 가질 수 있다. 이것은 시사하는 바가 크다.

현재 선분양이란 이유로 시행사가 주변 시세와는 다른 높은 분양가를 제시했어도 3년 뒤, 즉 미래의 일은 아무도 모른다. 그것이 높은 분양가일지, 낮은 분양가일지 말이다. 지금 현재만을 비교하면 안 된다는 말이다. 만약 후분양제로 80% 건물이 지어지고 난 뒤 분양한다면, 시행사는 분명히 그때의 시세를 그대로 반영할 것이다. 더 큰 문제는 남은 20%를 지을 동안 입주자는 입주자금을 마련해야 할 것이다. 6~12개월의 짧은 기간 동안 입주자금을 마련하기는 어렵다.

새로운 분양계획이 공고되면 항상 나오는 이야기가 있다. '시행사가 프리미엄을 다 해먹었네', '될지도 모를 호재를 분양가에 다 넣었구만' 등 분양가의 적정성을 따지는 일은 반드시 거쳐 가야 할 관문이 됐다.

하지만 우리가 분양가를 바라보는 시각은 조금 다르다. 이 아파트가 다 지어지고 인프라가 구축됐을 때를 머릿속에 그려보고 그 시점에도 이 금액 그대로일지 판단한다. 수많은 전문가가 여러 데이터를 조합해서 적정 분양가를 판단하지만 우리는 그동안 쌓아온 경험을 통한 기준을 더 우선한다. 앞으로 지어질 아파트의 미래가 장밋빛이라 생각하면 과감히 분양권을 가지고 온다.

우리가 분양권 투자를 선호하는 가장 큰 이유는 단순함에 있다. 분양권은 말 그대로 앞으로 지어질 아파트에 입주할 권리증이기에 실물이 없다는 것이 거래에 있어 몇 가지 단순한 기준을 우리에게 제시해준다(*여기서 조합원 입주권은 논외로 하고 시행사에서 일반분양한 분양권 기준이다).

첫째, 실물이 없다는 것이다. 실물이 없다는 것은 무엇보다도 거래 시 단순함을 가져다준다. 먼저 명의를 주고받을 때 취·등록세를 고려하지 않아도 된다. 매수 시 등기할 필요가 없어 별도 셀프등기 또는 법무사를 고용해야 하는 부담을 덜 수 있다. 또한, 실물을 볼 수 없기에 내부 인테리어와 매물 상태를 보기 위한 임장이 필요 없고 모델하우스나 시행사 홈페이지에 가서 자료를 확인하는 게 전부다. 이처럼 분양권은 집에서 모니터 앞에 앉아서 매도하고 매수할 수 있는 물건이다.

둘째, 세입자를 고려하지 않아도 된다. 부동산을 투자로 접근하게 되면 필연적으로 따라오는 것이 세입자와의 관계다. 월세로 할 것인지, 전세로 할 것인지, 자금 운용을 어떻게 할 것인지 향후 계획을 세우게 된다. 또한, 연식이 오래돼 내부 수리나 인테리어를 진행해야 한다면 추가 비용까지 고려해야 한다. 하지만 분양권은 그럴 필요가 없다. 투자의 초기 비용은 분양가의 10%만 있으면 되며 나머지 비용은 중도금 대출로 60%를 채울 수 있으므로 별도 자금 운용에 고민할 필요가 없다. 다만 입주할 때 중도금 대출을 주택담보대출로 전환하고 나머지 잔금 30%를 어떻게 낼지 고민하면 된다.

셋째, 신축보다 더 새것이라는 것이다. 아파트를 구입하는 연령대가 예전보다 많이 내려왔다. 우리가 첫 투자할 때만 해도 30대가 정말 어린 나이라고 생각했다. 그런데 요즘 현장에서 등기부등본을 확인해 보면 우리 나이보다 훨씬 적은 나이의 사람들이 보인다. 밀레니얼 세대, 즉 20~30대의 젊은층이 주거를 해결하기 위해 아파트 구매를 선호하기 시작했다. 젊은 세대는 신축을 선호한다. 특히 여성들은 신축에 대한 열망이 훨씬 강하다. 1기 신도시에 이어 2기 신도시까지 구축되는 상황에서 주요지역의 신축 아파트 인기는 이미 급등한 아파트값으로 증명되고 있다.

예를 들면 2015년도의 평촌 센트럴 더샵의 분양권을 물색했을 때 매물이 딱 하나 있었다. 그것도 프리미엄 5,000만 원에 말이다. 그때만 해도 이렇게 신축에 대한 갈증이 높을지 몰랐기에 이곳보다 더 저평가된 곳을 찾으려고 눈을 돌린 적이 있다. 지금 이 아파트가 입주하고 난 뒤 형성된 실거래가를 보고 있으면 속이 쓰리지만 덕분에 지역의 특성을 뼛속 깊이 배울 수 있는 계기가 됐다.

앞으로는 당연히 신축 아파트보다 더 새것인 분양권에 더 관심이 쏠리게 될 수밖에 없다. 신축을 원하는 사람들에게 더 이상의 설명을 할 필요가 없다. 입주 몇 년 차인지, 도배나 장판 한 지 얼마 안 돼서 그냥 입주해도 된다느니 하면서 구구절절 말하지 않아도 된다. 그냥 몇 평형에 어떤 옵션을 선택했는지만 알려주면 그만이다. 입 아프게 우리 아파트를 자랑할 필요가 없다. 지역만 잘 선정했다면 신축을 향한 수요는 무궁무진하다.


## 청약에 너무 목숨 걸지 말자

우리 부부도 불타오르던 청약 열기에 합류하고 싶었지만, 다주택자라는 이유로 우선이 되지 못했다. 그래서 새로운 것을 발견하는 모험가가 되기를 선택했다. 주변 지인들은 청약통장을 이용해

로또를 한번 맞아 볼 거라며 매번 청약에 도전한다. 하지만 뜻대로 되진 않는다. 청약은 말 그대로 청약일 뿐 주도권이 없다. 다만 오랜 기간 주택을 보유하지 않았고 다자녀에 노부모까지 모시고 있다면 가점의 혜택을 얻을 수도 있겠지만, 주변을 보면 딱히 그렇지도 않다. 40~50점의 가점을 받는 사람은 주변에도 이미 수두룩하다.

청약에 목숨을 거는 지인들이 내게 조언을 구할 때마다 "청약에만 매달리다가 놓쳐버린 기회비용이 더 클 수 있다. 분양권은 굳이 청약이 아니라도 구할 수 있고 원하는 투자 수익을 볼 수도 있다. 내집 마련을 위해서든 부동산 투자를 위해서든 청약이라는 운에 맡기지 말고 처음부터 자신이 통제할 수 있는 것부터 도전하는 것이 좋다. 특히 처음이라면 더욱 그러하다"고 말해준다.

부동산 투자에 관심이 생긴 후배에게 나는 그가 가진 관심을 열정으로 바꿔주려고 많은 시간을 들여 조언했다. 후배는 그 후 부동산에 대한 열정이 생겼다면서 관심 지역에 청약을 어떻게 진행하면 되는지 조언을 구했다. 나는 그가 조금 더 공격적이고 적극적인 투자를 하기를 바랐지만 아무것도 하지 않는 것보다는 낫다고 생각했다. 후배가 관심을 둔 지역은 인기 지역이니 어디든 붙고 난 뒤에 다시 이야기하자며 고민하지 말고 특별공급 소진율이 가장 낮은 곳을 위주로 공략하라고 조언했다. 내가 눈독 들이던 아파트에 그가 청약할 예정이었고 "붙고 난 뒤 가져가기 힘들면 내가 살 테니 걱정하지 말고 당첨되고 찾아와"라고 말해줬다. 정말 내가 사고 싶어서 한 말이기도 하지만 그 한마디에 그 후배는 일단 무엇이라도 시작할 수 있을 것이다.

많은 사람이 청약에 목을 맨다. 인기 지역 경쟁률을 보면 그 수요가 참 대단하다. 그 많은 사람이 당첨이란 관문을 통과하지 못했을 때 다음 행동은 무엇이 되겠는가? 진정으로 그 아파트에 살고 싶었거나 투자하려고 했다면 어떻게든 그 아파트에 더 집중했을 것이다. 하지만 대부분의 사람은 청약에서 떨어지면 다음 청약할 지역이 어딘지 물색하고 그 시기까지 기다리는 것으로 끝을 낸다.

지인의 경우 자신의 청약통장이 아깝다며 결혼 후 7년이 넘는 기간 동안 자신의 집을 마련하지 않았다. 나로서는 그가 투자로도 집 한 채를 구입하지 않는 것이 너무나 안타까웠다. 능력이 안 되는 것이 아니라 그 청약통장을 활용하기 위해 수년 동안의 기회비용을 놓치고 있다니 소탐대실로 보일 수밖에 없었다.

우리는 분양권에 투자하기 위해 청약을 하지 않는다. 청약통장도 없을뿐더러 이미 주택을 소유하고 있기에 가점도 없다. 추첨제를 활용하기 위해 일정 금액을 통장에 가만히 묶어두기도 아까웠다. 청약통장에 돈을 묶어둘 바에는 차라리 그 돈을 빼서 다른 곳에 투자하는 것이 더 낫다고 판단했다.

분양권을 가지려면 일차적으로 청약에 당첨되는 방법이 있다. 앞에서 말했듯이 여러 가지 청약 자격에 맞춰 소신껏 지원한다면 당첨이란 행운을 얻을 수도 있다. 하지만 이는 하늘의 운을 쓴 것이지 투자라고 할 수는 없다. 그래도 일정 비용, 즉 중개수수료와 프리미엄을 부담하지 않고 분양권을 가질 방법이니 자격이 되는 사람들은 청약을 활용하는 것도 나쁘지 않다. 다만 로또라는 마성에 빠져 너무 많은 기회비용을 소모하지 않기를 바란다.

참고로 모델하우스 방문 시 '내 집 마련 신청'을 받는지 꼭 확인하길 바란다. 시행사별로 진행하는 방식이 다르지만, 청약에 떨어진 후 다시 한 번 기회를 가질 수 있는 제도라고 생각하면 된다. '내 집 마련 신청'은 모델하우스 별로 확인해야 한다. 모델하우스에서 신청받아 정해진 날에 모여서 추첨하기도 하고, 정해진 날에 줄 서서 기다린 후 신청서를 받기도 한다. 이것 또한 운에 맡기는 것이지만 이왕 운에 맡기기로 했으면 더 많은 기회가 주어질수록 좋은 것이 아닐까?

다음은 분양권을 가장 쉽게 취할 방법으로 바로 미분양 아파트의 분양권을 구입하는 것이다. 인기 지역의 프리미엄 가득한 분양권들은 이미 미래가 계획되고 그려져 있기에 누구나 알 수 있는 좋은 물건이다. 그만큼 거래가 활성화돼 있고 실거주와 함께 투자자들도 많이 들어와 선점하고 있다. 이는 겉으로 보이는 호가로 좋아보일 수 있지만 실제로 모래 위에 지은 성처럼 불안정한 요소를 품고 있을 수 있다.

실거주의 수요만으로는 높은 호가를 형성하기는 어렵다. 높은 호가 안에는 투자자들이 항상 들어와 지키고 있다. 투자자들이 어느 정도 수익을 보고 빠질 때가 되면 현재의 호가가 앞으로도 계속 호가로 이어질 수 있을지는 의문이다. '하이 리스크 하이 리턴'이란 말을 반드시 잊지 말아야 한다.

미분양 아파트의 분양권을 산다는 것은 차려놓은 밥상에 숟가락만 들고 가서 퍼먹으면 되는 것처럼 쉬운 일이다. 하지만 많은 사람이 미분양의 무덤이란 트라우마가 있기에 쉽사리 접근하지 않는다.

분양권은 미래를 바라볼 수 있을 때 투자해야 한다. 지금 당장 눈에 보이는 호재가 없다고 미래도 그러하다는 보장은 없다. 아무리 좋은 곳도 시대의 상황에 따라 사람들의 관심 밖으로 밀려날 수도 있다. 단지 사람들에게 인기가 없다는 이유로 그 아파트 분양권의 가치도 낮을 것으로 판단하는 것은 아주 좋은 기회를 발로 차버리는 것과 같다.

미분양 아파트의 분양권은 매입하면서 무혈입성하는 것과 같다. 청약통장을 쓸 필요도 없으며 계약금 외 추가 비용이 들지 않는다. 매입 후 인기 지역의 분양권처럼 프리미엄이 높은 수준으로 형성되는 건 기대하기 어렵다. 하지만 분양권 완판이 되는 순간, 프리미엄 몇백만 원이 기본으로 붙기 시작할 것이다. 물론 그 지역의 신축 선호도, 주변 시세 대비 분양가, 향후 수요와 공급 수준에 따라 다를 수는 있다.

경기도 광주에 최초로 민간 택지지구를 조성한다는 소식을 듣고 미분양 아파트의 24평 분양권을 거둬들였었다. 경강선(경기도와 강원도)이라는 호재와 앞으로 있을 수광선(수서와 광주)의 호재가 남아있었고 인근의 분당과 판교에 대한 접근성이 상당히 좋았다. 서울과의 접근성도 좋아 외부에서 바라본 나로서는 너무나 좋은 지역이었다.

하지만 시장의 평가는 미분양으로 답을 줬고 한동안 냉소적인 시선은 유지됐다. 그러다 입주를 앞두고 시장은 이 지역을 재평가하기 시작했다. 마이너스 프리미엄까지 거래됐던 분양권은 호가 5,000만 원이 넘어가고 입주한 아파트들은 이미 거래할 매물도 없었다. 가끔 가뭄에 콩 나듯 나오는 매물의 호가는 분양권의 호가를 넘어서고 있다.

이처럼 분양권에 투자할 때는 2~3년을 앞서 바라볼 줄 알아야 한다. 허허벌판인 곳이 아파트를 짓는다고 생각하면 '과연 살만한 곳인가?'라는 의심이 들게 된다. 하지만 의심보다는 2~3년 뒤 새로운 것이 탄생한다는 생각으로 미래를 판단하면 접근하기 조금 쉬울 것이다. 지금의 미분양이 미래가치를 나타낸다고 생각하면 오산이다. 미래의 가치를 알아보는 눈이 있어야 물건을 알아보는 것이다. 기회비용을 생각해야 한다. 인기 지역의 분양권을 프리미엄 주고 사서 수익을 볼 수도 있겠지만, 추가 비용 없이 분양가의 10%만 내고 이익을 얻는다면 투자금 대비 가성비가 가장 높다고 할 수 있지 않을까?

분양권을 취하는 또 다른 방법은 분양권을 직접 매수하는 것이다. 우리는 이 방법을 가장 선호한다. 청약과 달리 내가 원하는 동호수를 골라서 가져올 수 있기에 이점이 크다. 청약은 무작위로 동호수가 배정되지만, 분양권 매수는 우리가 가진 투자금에 따라 비선호와 로열 물건을 고를 수 있는 것도 매력적인 요소 가운데 하나다.

저층과 고층의 경우 분양가부터 다르게 책정되며, 일반적으로 저층의 경우 프리미엄이 상대적으로 고층보다 낮게 형성된다. 이점을 활용하면 가성비 좋은 투자를 끌어낼 수도 있다. RR의 물건이 좋은 것은 누구나 알고 있다. 시세 형성도 RR이 끌어준다. 투자금이 여유롭다면 좋은 물건을 좋은 가격에 사는 것이 정답이겠지만 투자금이란 것이 항상 여유로울 수 없기에 투자 대비 수익에 대한 가성비를 따져봐야 한다. 그렇게 생각하면 RR인 물건보다 조금 비선호 물건인 탑층, 1층 또는 필로티에 투자하는 것도 좋은 방법이다. 분명 비선호층이지만 소수에게는 필요한 장점이 있는 물건이므로 좋은 시기에 좋은 사람을 만나면 RR만큼의 가격을 받을 수도 있다. 탑층과 필로티 1층의 경우 층간소음에 스트레스를 받는 사람들에게 유일한 돌파구라서 요즘 들어 선호도가 상당히 높아졌다. 다른 층에 비해 공급이 너무 적기에 더욱 그러하다.

지인의 경우 창원 북면의 아파트 필로티 1층 분양권을 200만 원에 구입했다. 입주 후 2년 뒤 경기도로 이사하게 되어 아쉽게도 시세차익 3,500만 원을 주고 매도했다. 그 당시 시세가 높아 봤자 3,000만 원이 채 되지 않았지만, 필로티층의 물건이 귀했고 마침 필로티만 찾는 사람이 있었기에 가능했던 거래였다. 지인은 아들들을 좀 더 편하게 키울 수 있었던 필로티층을 매도하게 돼 정말 아쉽다고 했다. 하지만 수익 면에서는 전혀 아쉬움이 없는 투자였다.

아직 공인중개소 사장님들이 탑층과 필로티층 물건을 낮게 평가하는 경향이 있다. 원하는 사람이 붙기도 전에 금액을 낮게 책정하고 빠른 거래를 유도하는 경우가 많다. 만약 물건을 매도할 때 이런 사장님이 있다면 굳이 그곳에서 거래하지 말라고 당부하고 싶다. 비선호층이라고 해도 처음부터 낮게 평가될 필요가 없다. 그 층을 선호하는 사람을 찾아서 좋은 가격을 받게 해주는 공인중개소와 거래하길 바란다. 우리 부부 또한 필로티와 탑층 아파트를 몇 개 보유하고 거래해봤기에 잘 안다. 급하지 않다면 비선호층이라고 고개 숙일 필요가 전혀 없다.

참고로, 분양권 매수 시 일반적으로 두 가지 불법 거래 방법이 있다. 하나는 분양 이후 전매제한 기간에 거래하는 것이다. 이는 일명 '떴다방'이 만들어 놓은 시세에 휘둘리는 것이기에 절대 해서는 안 된다. 법을 어기는 것도 문제지만 전매제한 기간에 명의를 이전받지 못하기에 나중에 무슨 일이 일어날지 예측할 수 없다. 아무리 믿을 수 있는 사람이라도 돈 앞에서는 가족도 버릴 수 있는 것이 사람이다.

또 하나는 분양권에만 국한된 것은 아니지만 유독 분양권 거래에 많이 일어나는 다운 거래다. 특히 인기 지역의 분양권의 경우 프리미엄이 억 단위로 넘어가게 되면 매도 시 양도소득세가 부담되기에 이것을 매수자에게 부담시키는 경우가 있다. 이때 매수자와 매도자가 협의를 통해 계약서에 프리미엄을 낮게 적어 적법한 세금 납부를 회피하는 위법 행위다. 2017년 이후부터 불법거래에 대한 신고포상제로 많이 개선됐다고 하지만 일부 지역에는 이러한 거래가 남아있음을 현장에서 볼 수 있었다.

이러한 불법거래를 언급하는 것은 눈앞의 이익을 위해 법을 어긴 거래는 하지 말자는 차원이다. 비록 거래할 때는 매수자나 매도자 서로에게 당장 이익은 되겠지만, 법을 어기고는 두 발 뻗고 잘 수 없다. 둘 중의 한 명이 맘이 변해 신고할 수도 있고, 세무조사로 한 명만 적발돼도 낚싯줄처럼 위법자는 줄줄이 따라오게 돼 있다.

행복하려고 돈을 버는 것인데 돈을 버는 과정이 행복하지 않으면 그것은 껍데기만 있는 행복이다. 행복하게 돈을 벌고 행복한 생활을 누릴 부동산 투자 방식이 문화로 정착됐으면 한다.

## 몇 년 후의 미래를 상상할 줄 알면 돈이 된다

경기도로 올라온 후 부산에 있을 때보다 서울이 가까워져 맘 편히 서울 구경을 많이 다녔다. 부산에 있을 때는 몇 년에 한 번 서울에 갈까 말까 했는데 경기도로 오고 나니 서울이 코앞이라는 것에 새삼 뿌듯했었다. 어느 날 서울로 향하는 고속도로에서 특이한 이름의 IC가 눈에 들어왔다. 바로 목감IC. 당시 주변에 무슨 시가 있는지도 잘 몰랐을 때였기에 목감은 우리에게 생소한 지역이었다. 차 안에서 '목감은 못 가는 곳인가?'라며 아내와 농담을 주고받으며 웃었던 기억이 있다. 그 후 시간이 지난 지금 목감은 정말 '못 감'이 되어 사람들의 입에 오르내리고 있다.

어느 날 아내는 직장 동료로부터 시흥에 목감지구라는 택지개발 소식을 들었다며 내게 지역 임장을 같이 가보자고 했다. 우리 부부에게 돈 되는 이야기, 개발 소식, 호재 이야기는 끊임없이 대화로 이어지기에 이런 소식은 바로바로 공유되고 전달된다. 목감지구 개발 소식을 듣자마자 목감이 시흥에 있고, 시흥은 서울과 가까우니 사람들의 관심이 높겠구나 판단했다.

그때 덤으로 알게 된 것이 바로 '신안산선'이었다. 십수 년 동안 지연되던 사업이지만 목감지구 개발 시점과 맞닿아 뭔가 사업에 박차를 가할 것 같은 예감이 들었다. 특히 목감역이 생긴다는 기대로 목감 지역이 관심을 받기 시작했다는 뉴스를 통해서도 가능성을 재확인했다.

하지만 직접 임장을 가본 결과 목감지구는 정말 아무것도 없는 허허벌판이었다. 기존 인프라로 택지지구 옆에 구도심이 있었지만,

사람들의 생활 욕구를 충족시키기에는 부족한 수준이었다. '과연 이곳에 사람들이 모일까?', '이곳에 지하철이 들어온들 유동인구가 얼마나 될까?'라는 의구심이 들자 주변의 모든 것이 부정적으로 보이기 시작했다. 목감역이 생긴다고 해도 아직 개발확정이 되지 않은 교통망 계획일 뿐이었다. 5년 만에 짓는다고는 했지만, 실제 지하철을 타고 다니려면 10년이 더 걸릴 수도 있기에 너무 먼 미래의 호재를 기다려야 했다.

게다가 목감지구 개발 중 핵심이라고 할 수 있는 물왕저수지도 막상 가보니 수질 상태도 좋지 않고 주변 환경도 썩 좋지 않았다. 식당가도 깔끔하지 못하고, 주변에 상권이 이뤄지기에는 너무나 많은 시간이 필요할 듯했다.

그래도 우리는 미래를 바라보기로 했다. 지금 현상은 부족한 것이 분명하지만, 서울과 물리적 거리가 가까운 장점이 뚜렷했기에 택지지구가 완성만 된다면 사람들이 모여 살기에 부족함 없을 것으로 판단했다. 또한, 바로 위에 있는 광명 역세권 개발이 한창이었고 그곳에 모인 사람들의 관심도가 프리미엄으로 가시화됐기에 역세권 개발과 다른 신규 주거지역으로 어느 정도 영향을 받을 것으로 생각했다. 목감역은 택지지구가 완성되기 전에 착공되기만 하면 되고, 호수 주변은 아파트 단지가 들어서기 시작하면 자연스럽게 개선될 것으로 예상했다.

목감지구 내 아파트를 선택한다면 크게 두 지역으로 나눠서 선택해야 했다. 하나는 역 프리미엄이 예상될 목감역이 생기는 주변으로, 중심상가가 빠르게 들어설 것으로 보였고 구도심과 붙어 있어서 당장 입주하더라도 인프라 이용에는 큰 불편이 없는 지역이다.

다른 한 지역은 호수 프리미엄이 반영 예상된 물왕저수지 주변으로, 중심상가와 함께 아파트들이 들어선다. 호수라는 천혜의 자연환경을 끼고 개발되기에 여유와 힐링을 우선하는 사람들이 많이 찾을 만한 곳이었다. 특히 초등학교도 신설되기에 아이들 키우기에는 최적의 장소가 아닐까 싶었다. 하지만 분양 당시 개발 호재가 눈에 보이는 신설역이 생기는 목감역 주변으로 사람들의 관심이 쏠렸으며, 호수 쪽은 크게 주목받지 못하고 대체지 정도로 여겨졌었다.

그 당시 목감 택지지구 내 분양하는 아파트는 공공분양주택으로서 분양받은 후 1년이 지나야 거래할 수 있었다. 분양을 마감하고 그렇게 1년이 지난 후 우리는 다시 한 번 목감 지역을 둘러봤다. 처음에는 분양 당시에 많은 관심을 받았던 목감역 주변의 아파트의 분양권을 매수하기로 했다. 예상대로 전매제한이 풀린 시점에 목감역 주변과 호수 주변의 분양권 시세가 다르게 형성돼 있었다. 목감역 주변의 프리미엄이 호수 주변의 프리미엄보다 많게는 1.5배 정도 차이가 났다. 그만큼 사람들의 관심도가 목감역 주변으로 모였고 앞으로 역이 들어선다면 시세의 차이는 계속해서 더 벌어질 가능성이 컸다.

하지만 우리는 호숫가 지역의 아파트 분양권을 선택했다. 분명 신설역 프리미엄의 힘이 엄청난 것은 알았지만 그만큼 불확실한 부분도 많았다. 십수 년 동안 지연된 사업이 지금 당장 시작된다는 보장도 없었으며, 착공돼도 완공까지 얼마만큼의 기간이 걸릴지 모르는 것이었다.

우리에게는 '하이 리스크 하이 리턴'의 선택이었다. 그래서 우리는 10년 후의 먼 미래가 아닌 2~3년의 눈앞에 가까운 미래를 선택했다. 지금 당장 가지고 있진 않은 인프라로 평가가 절하돼 있지만, 택지지구가 조성되고 중심상가가 자리 잡으면 유동인구가 생기면서 금방 해결될 것으로 판단했다. 수원 광교신도시의 호수 주변 아파트들의 시세를 생각하며 호숫가 아파트의 시세 상승을 기대했다.

2018년부터 택지지구의 구색을 갖추기 시작한 목감지구의 모습은 2021년 지금 어느 정도 완성단계에 있다. 몇 개의 단지만 입주가 남았을 뿐이고 이미 사람들이 북적거리고 활기찬 마을로 변해 있다. 목감역 주변의 상가들은 계속해서 개발되고 있으며, 호수 주변의 중심상가들은 이미 준공돼 운영되거나 입주 예정인 상점들이 즐비하다. 지금 목감지구 내 아파트들의 시세는 84㎡ 기준 분양가 대비 2배 이상 올랐으며, 앞으로도 시세 상승에 대한 잠재력은 무궁무진하다. 광명시흥 테크노밸리 개발에 따른 주거지역으로 주목받고 있으며, 광명 역세권 개발이 안정적으로 이뤄지면서 주변 시세를 끌어주고 있기에 목감지구가 성숙기에 다가서는 시점에는 더 많은 사람의 관심을 받을 것으로 예상한다.

이처럼 분양권을 매수할 때는 주변의 시세에 너무 집착해서는 안 된다. 물론 비교하고 분석할 데이터가 주변 시세밖에 없지만, 참고자료로 활용될 뿐 절대값으로 보면 시야가 좁아지게 된다. 주변 10년 된 아파트 평당 시세가 1,500만 원이라고 새로 분양한 아파트의 평당 시세가 1,500만 원이어야 한다는 생각은 버려야 한다.

2~3년 후 새 아파트가 들어설 때 기존 아파트는 이미 13년 된

아파트가 돼 버린다. 주변의 시세에 빗대어 분양권의 가치를 판단하지 말고 새 아파트가 들어설 때 독보적인 장점이 무엇인지 판단하는 것이 우선이다. 신축에 대한 수요일지, 교통망일지, 학군일지, 정책의 변화일지는 그 누구도 확언할 순 없다. 단지 자신이 그 미래를 그릴 수 있고 그것에 대한 확실한 믿음을 가지는 것이 가장 중요하다.

## 이미 시작된 호재도 다시 보자! - 저평가, 갭 메우기

우리 부부의 부동산 투자 원칙 가운데 가장 중요시하는 것은 위치다. 일반적으로 부동산의 가치를 평가할 때 교통, 상권, 학군, 연식 등을 고려한다지만 우리는 교통 중에서도 역세권을 최우선시한다. 이미 이용하는 역이 있다면 최대한 가까운 곳으로 선택하고, 향후 신설될 역이 계획돼 있다면 그 주변에 있는 분양권이나 기존 아파트를 선택한다. 물론 역세권 이외에도 주변 환경, 학군, 직주(직장주변)라는 변수도 고려해야겠지만, 여러 변수를 고려하다 보면 투자할 타이밍을 놓쳐버리거나 일반적인 물건을 찾을 수밖에 없게 된다. 따라서 하나라도 특출난 장점이 있는 특별한 물건을 찾기로 했다.

우리는 많은 장점이 있는 부동산보다 역세권이라는 큰 장점이 있는 부동산에 집중했다. 이렇게 전철 노선도를 활용해서 부동산 시세를 파악하다 보면 지역별 갭을 확인할 수가 있다. 같은 노선에 있지만, 역별로 주변 부동산 시세는 천차만별이다. 한 예로 2호선은 모두 강남으로 연결돼 있어 역을 품고 있는 아파트들의 시세가

다 높을 것으로 예상하지만 그렇지 않은 지역도 있다. 4호선의 평촌역과 산본역을 비교해보면, 같은 1기 신도시로 개발된 지역이며 지하철로 3정거장밖에 떨어져 있지 않지만, 아파트 시세 차이는 거의 2배다. 왜 이런 차이가 발생하는지 분석해보면, 크게 세 가지로 함축된다. 평촌의 학원가 위력, 서울 접근성, 지하철과 지상철의 차이를 들 수 있다. 물론 안양과 군포의 지역개발에 대한 견해 차이가 있겠지만 이렇게 차이점이 명확할 때는 지역별 갭을 인정하고 넘어간다.

역별로 두 지역의 부동산 시세를 파악하는 방법도 있지만 두 지역 사이에 있는 또 다른 한 지역의 가치를 확인할 수도 있다. 이를테면 우리가 용인 수지를 재평가할 수 있었듯이 말이다. 용인 수지는 광교와 판교라는 신도시 사이에 있다. 어찌 보면 애매한 위치라고 볼 수 있겠지만, 이것이 바로 용인의 위치를 드러낼 수 있는 가치가 아니었을까. 지난 버블 세븐이 있던 시절, 용인 수지가 하락의 장을 겪을 때는 교통이라는 단점이 큰 요인으로 작용했다. 택지지구로 반듯하게 다져진 지역도 아니기에 광교와 판교가 갖춰질 시절에도 사람들의 이목을 끌지 못했던 지역이었다. 하지만 2015년 신분당선이 개통되면서 용인은 황금라인이라 불리는 신분당선 역을 4개나 품게 됐다. 그것도 수지구에만 4개의 역이 신설됐다.

이러한 교통망의 변화는 수지에 고였던 물이 흘러나가게 하는 동시에 다른 물이 흘러들도록 만든 획기적인 변화였다. 오랫동안 보합을 지키던 관성과 예전 폭락의 기억으로 지역의 가치를 2년이란 세월 동안 재평가받지 못했던 것이지, 2017년 하반기부터 시작된 상승장은 단순히 투기꾼이 모여 이뤄낸 현상이 아니다. 강남으로 향하고 싶은 사람들의 욕구를 충족시키기 위한 시장에 의한 지역의 재평가며, 광교와 판교 사이에서 갭 메우기가 시작된 정당한 상승이라고 보는 것이 맞다.우리는 수지의 큰 변화 가운데 하나인 성복역의 롯데몰이 완공되면 신분당선을 이용해 찾아오는 유동인구가 늘어날 것으로 기대했다. 그만큼 수지의 위상이 그리고 주변 아파트들의 위치가 한 단계 업그레이드되지 않을까 예측했다. 그러나 2017년 상반기에는 용인 수지를 바라보는 시각이 냉소적이었다. 버블 세븐 시절 집값은 물론이고 그 밑으로 형성된 시세는 회복될 기미를 보이지 않았다. 성복역 주변으로 신규 분양된 아파트 역시 프리미엄이라기에는 부끄러운 2,000~3,000만 원 수준으로 형성돼 있었다. 타 지역에서 온 우리 부부의 관점에서는 이러한 현상이 잘 이해되지 않았다.

신분당선이라는 대형 호재가 이미 형성돼 있고, 거기에 추가 양념으로 롯데몰이라는 대형 쇼핑몰이 들어선다는데 시장의 반응은 너무 미미했다. 위로는 강남을 향하고, 중간으로는 판교를 연결하며, 뒤로는 광교를 잇는 용인 수지. 우리는 별로 반응이 없었던 호재를 다시 한 번 믿어보기로 했다.

강남이 주목받으면 받을수록 강남으로 향하는 지하철 노선이 더욱 관심받을 것이고, 그중에서 직통으로 연결하는 신분당선이 최우선이 될 것으로 생각했다. 또한 제2, 제3 테크노밸리가 계획되고 진행됨에 따라 판교를 대체할 주거지가 필요하게 되고 자연스럽게 판교 위쪽 서울보다는 아래쪽으로 시선이 돌려질 것으로 판단했다.

일단 수중에 가진 돈은 없었다. 프리미엄은커녕 계약금도 없었다. 하지만 우리는 포기하지 않고 비전보드에 아파트 단지 사진을 붙여놓고 매일 새벽 함께 바라보며 생생하게 꿈꿨다. 이 아파트는 우리의 것이라고. 그리고 함께 조깅하고 대화하며 돈을 어떻게 마련할 것인지 고민했다. 간절하면 이뤄진다고 했던가? 우리는 돈을 마련했다. 마술처럼 돈이 툭 하고 떨어진 것은 아니지만, 둘이 합심해서 간절함을 두 배로 키우니 돈을 마련할 방법이 나왔다. 우리는 불확실한 미래를 대비한다는 목적으로 많은 돈을 보험과 연금으로 묻어놓고 있었다. 하지만 불확실한 미래를 방어하면서 단지 기다리기보다 적극적으로 도전하고 대비해 보고 싶었다. 그렇게 묶어져 있던 보험금과 연금을 빼내어 우리의 미래에 한 발짝 다가갈 수 있게 해줄 아파트 분양권에 투자하기로 했다.

있는 돈 없는 돈을 여기저기서 끌어모았더니 계약금과 프리미엄을 치를 수 있었다. 하지만 공인중개소 사장님께 드릴 수수료까지는 마련하지 못해 다음 달 월급날에 드리면 안 되겠냐고 어렵게 부탁을 드렸다. 공인중개소 사장님께서는 "젊은 사람이 열심히 살려고 하는데 이 정도는 해줘야지"라고 웃으면서 흔쾌히 받아들여 주셨다. 부동산 중개수수료를 외상하는 것은 사장님과 우리도 처음이었다. 몇 날 며칠을 통화하고 사무실에 방문하며 쌓았던 신뢰가 있었기에 가능했다. 우리가 수지 지역 아파트를 사기로 마음먹고 딱 한 달 되는 시점에 우리는 하나의 분양권을 가질 수 있었다.

우리의 예상은 적중했다. 빠른 결정과 행동이 결실을 보기 시작했다. 2017년 하반기부터 용인 수지를 향한 사람들의 시선이 달라졌다. 8·2부동산대책 이후 시작된 강남발 상승세가 판교와 광교까지 몰아쳤고, 중간에 있던 용인 수지까지 사람들의 이목을 끌게 됐다. 정말 하루가 다르게 시세가 올랐다. 우스갯소리로 '오늘이 제일 싸다'라는 말을 몸소 체험할 수 있었다.

우리는 당시 아직 강풍이 풀어오기 전이라며 주변 지인들에게 수지에 대해 브리핑을 해줬다. 우리만 알고 있어도 되지만 이러한 기분을 함께하고 싶은 사람들이 있었다. 하지만 주변 지인들은 그렇게 하지 않았다. 앞서 이야기했던 버블 세븐의 편견으로 수지의 재평가를 믿지 않으려고 했다.

현재 용인 수지는 광교, 판교와 어깨를 나란히 한다고 말할 정도는 아니지만 자신만의 가치를 뒤늦게 인정받고 있다. 우리의 기준인 역세권 관점에서는 앞으로 상승에 대한 잠재력은 충분하다. 우리는 2020년에 용인 수지의 가치를 믿고 투자한 아파트에 입주해서 살고 있다. 더욱더 높은 가치를 인정받을 것을 알기에 그 과정을 살아보며 느끼고 싶어서 입주했다. 물론 살다 보면 상급지에 대한 욕망이 더 생길지도 모른다. 하지만 우리가 선택하고 결정한 이 집에서 살 수 있다는 것에 감사하며 하루하루 보내고 있다.

우리는 성복역 주변의 분양권을 매수한 뒤 주변의 분양권을 추가로 구매하려고 했다. 하지만 그때부터 분양권 보유에 대한 규제가 생기기 시작했고, 수지가 그렇게 핫하지 않은 상태였기에 1순위에서 제외됐다. 우리는 GTX 호재로 눈을 돌려 타 지역 아파트를 추가 매입했다. 결과적으로는 단 몇 개월 사이 눈여겨보기만 했던 수지의 분양권은 억 단위 프리미엄이 붙어서 날아다녔고 우리가 거둬들였던 타 지역의 구축 아파트들은 약 상승세만 유지할 뿐이었다. 한 번의 선택으로 몇십 배의 수익률 차이를 맛보고 나니 속이 쓰리다는 말을 몸소 느끼게 됐다.

그래도 우리만의 기준으로 선택한 것이기에 그 후회를 스스로 감내할 수 있었다. 이 말을 꼭 전하고 싶다. 부동산 강의를 들으러 가면 대부분 수강자들은 시종일관 "그래서 어디를 매수해야 할까요?"라고 질문한다. 큰돈을 들여 투자하는 것인데, 자신의 확신이 아닌 남의 확신에 따라 선택하는 것은 신중한 행동이 아니다. 물론 전문가들의 의견을 참고할 수는 있겠지만, 생각의 폭을 넓히는 정도로 활용해야지 생각을 굳히는 것으로 활용하면 절대 안 된다.

우리는 큰 그림을 그리고 있다. 우리만의 스케치북에 이것저것 그려 넣으면서 여러 가지 조합을 생각하고 있다. 부동산 투자로 유명한 사람들처럼 수십 채의 부동산을 구겨 넣어 보기도 하고, 똘똘한 놈 몇 채만 넣어 보기도 했다. 그러면서 위에서 언급한 용인 수지의 상승장 경험으로 다시 한 번 '역세권'에 대한 믿음은 더욱 확고해졌다.


## 2년만 기억하면 된다

분양권을 매수하려고 한 지역의 공인중개소에 방문했을 때였다. 사장님과 일상적인 대화를 나누다가 화제를 돌려 주변 분양권 시세를 묻자 사장님은 대뜸 "실제로 들어와서 살게? 아니면 투자로 보는겨?"라며 질문을 던지셨다. 투자로 분양권을 본다고 말씀드리니

"그럼 여기 주변 분양권은 사지 말고 저쪽 동네 분양권을 사는 게 나을겨~"라며 다른 지역으로 가보라고 하셨다. 보통 자신이 보유하는 분양권을 추천하며 매수하길 권하는데 다른 곳으로 가라고 하니 의외였다. 의아해하며 왜 그런지 이유를 물으니 사장님께서는 "여기는 이미 입주가 2년도 안 남았어. 세상일이 어떻게 될지 모르는데 입주할 때까지 분양권을 가져갈 수 있을지 어떻게 알아? 투자로 분양권에 접근하려면 입주가 2년이 남은 것을 골라야혀~. 2년, 알겠지?"

우리는 현장에서 또 하나의 투자 팁을 배웠다. 책으로, 인터넷으로 보유 기간별 세금에 대한 지식이 어느 정도 있었지만 이렇게 현장에서 직접 공인중개소 사장님께 들으니 머릿속에 쏙쏙 들어왔다. 어차피 분양권은 입주까지 보유하고 등기 후 임대사업을 등록할 계획이기에 매도할 것이라는 생각조차 하지 않았다. 하지만 나이가 지긋하신 사장님께서 아들에게 당부하듯이 말해주시는 조언에 한 번쯤 생각해봄 직했다.

그 후 분양권을 매수할 때는 반드시 입주 시점까지 보유할 수 있는 기간을 파악했다. 1순위로 2년이 되는 분양권을 우선했고, 혹 2년이 되지 않는 분양권은 등기하고 장기보유할 계획을 세울 때만 매수했다. 보통 공공분양은 전매제한 기간이 1년 이상이기에 분양권 매수 후 2년을 보유하기 어렵고, 민간 분양은 전매제한 기간이 6개월이기에 대부분 보유 기간을 2년 정도 확보할 수 있었다. 아파트 건축 기간이 2년은 족히 넘으니까 분양에 당첨되거나 미분양 아파트 분양권을 매수할 때는 크게 고려할 필요가 없다.

둘째를 임신하고 난 뒤 안산에 자가를 마련하고자 했다. 고잔 신도시라는 잘 갖춰진 지역이 있었지만 우리는 안산 중앙역 일대의 재건축 3총사가 눈에 들어왔다. 역세권에 이미 갖춘 상권 그리고 신축에 대한 수요를 두루 갖추고 있어서 많은 사람의 관심을 받고 있었다.

또한, 지하철이 코앞에 있어 대중교통으로 출퇴근이 용이한 것도 좋았다. 하지만 주변 시세 대비 높은 분양가로 2016년 1분기에는 미계약분의 물량이 남았던 적이 있었다. 우리는 이 재건축 3총사 가운데 하나의 아파트에 입주할 목표로 분양권을 알아봤다. 그러던 차에 미계약분 소식을 접했다. 우리는 앞으로 태어날 아들을 포함해서 두 아들을 키우기 위해 특수성을 가진 필로티 1층을 찾아 바로 매수했다. 그 후에도 미분양 이야기는 계속 있었지만 크게 신경 쓰지 않았다. 실거주 목적으로 매수한 아파트기에 집값의 등락은 별로 중요하지 않았다. 집이 예쁘게 잘 지어지기만을 기다릴 뿐이었다.

2018년 3월 우리는 이 분양권을 프리미엄 2,500만 원을 받고 매도했다. 분양가 3억 원에 계약금 3,000만 원을 투자해 2년 만에 2,500만 원의 수익을 냈으니 수익률로는 80% 조금 넘는 수준이다. 2년이란 기간 동안 많은 것이 변했다. 우리의 자산이 크게 늘었으며, 꿈꾸는 미래가 커졌고, 직장과의 관계도 재정립됐다. 직장 주변으로 자가를 알아보던 것을 끊었고 우리가 살고 싶은 곳으로 분양권을 다시 매수해놓았다. 새로운 곳에 투자하기 위한 자본이 필요해 매도를 결정했다.

또한, 2015년부터 시작한 안산 내 신규 분양 아파트들의 입주가 2018년 하반기부터 시작됨에 따라 전세 또는 매매 시세가 조정될 것으로 예상했다. 엎친 데 겹친 격으로 경기악화로 공단 내 회사들이 어려움을 겪고 있고 새 아파트들을 소화해낼 수요가 늘어날지 확신이 들지 않았기 때문이다.

부동산 투자를 하며 매수타이밍도 중요하지만 매도타이밍도 중요하다는 것을 느끼게 된다. 보통 부동산의 가치는 우상향 곡선을 그리니 장기보유해서 높은 수익을 보면 되는 것 아니냐고 생각한다. 우리 부부도 역시 'never sell it'이라는 큰 그림 안에서 똘똘한 부동산은 공공임대주택으로 등록해 장기보유 후 정부의 혜택을 최대한 받아 수익을 극대화하려고 했다.

하지만 별도 임대사업 등록을 하지 않아도 되는 분양권의 경우 등기하기 전 수익을 따져볼 필요가 있다. 2년 미만을 보유했지만 1억 5,000만 원 이상의 시세차익을 얻었다면 굳이 2년을 보유할 때까지 기다릴 필요가 없을 것이다. 빠른 투자금 회수와 수익 실현을 목표로 한다면 굳이 40~50%(2021년 6월부터는 50~70%)의 세율을 2년이 지난 후 일반세율이 되도록 기다릴 필요가 없다. 만약 분양권을 2년 보유했다면 수익 실현에 대해 고민해볼 필요가 있다. 다만, 분양권이 조정지역이 있다면 양도세 중과에 대해서 고려돼야 한다.

분양권의 경우 등기하게 되면 주택으로 전환되며 또다시 1년이 지나야 일반세율 구간을 적용받을 수 있다. 등기를 위한 비용인 취·등록세, 법무비용, 세입자를 구하기 위한 수수료 등을 추가로 부담해야 한다. 그런데 1년이란 기간 동안 그 이상의 시세가 올라 줄지는 미지수다. 무주택자라면 굳이 세금을 내며 매도하기보다는 1가구 1주택 혜택을 받아 2년을 보유 또는 거주해 양도세 비과세 혜택을 받는 것이 가장 좋은 방법이다. 추가로 주택을 보유하고 있어 세금의 중과부담이 있다면 고려해볼 필요가 있다.

이처럼 분양권을 매수할 때는 매도타이밍까지 고려해야 한다. 2년 미만으로 보유할 것인지, 2년 이상 보유할 수 있는지, 등기 후 입주할 것인지, 임대를 줄 것인지 등을 따져야 한다. 참고로 일명 '떴다방'이라고 불리는 부동산 중개업자들은 분양권의 경우 1,000~2,000만 원의 수익을 단기간에 뽑아내는 것을 목표로 한다. 예를 들면 전매제한이 풀린 시점에 프리미엄이 4,000만 원이 붙었다면 세금 수십 %를 아까워하지 않고 바로 손절매한다. 그래도 손에는 몇천만 원의 수입과 투자금이 회수되므로 투자 기간을 짧게 두는 것을 중시한다. 2년을 보유해서 일반세율 구간에 들어온다고 해도 2년이란 기회비용이 아깝다는 것이다.

다양한 편법과 요령이 있겠지만, 복잡하게 생각하기보다는 정부의 규제 강화로 이제는 분양권 중도금 대출 보증이 1가구에 1개밖에 나오지 않는다고 보면 된다. 기존 주택을 보유하면서 분양권을 하나 더 매수하기에 어려움이 있다. 물론 기존 주택 처분 계약서를 쓴다면 가능하겠지만, 예전처럼 보유 개수를 늘리면서 규모를 키우기에는 한계가 있다. 그래서 더 좋은 미래가치를 가진 분양권 또는 아파트를 발견해 똘똘한 한 채를 보유하고자 하는 사람들이 늘어나는 이유다. 이 책에서 우리 부부의 투자 이야기만 듣고 무작정 분양권을 매수하러 가면 큰일 날 수가 있다. 2021년 6월 이후부터 분양권의 양도세율은 기본세율 없이 보유 기간에 따른 중과세율로 적용

된다. 규제지역 여부와 관계없이 1년 미만 보유 시 70%, 1년 이상 보유 시 60% 세율이 적용된다는 것이다. 부동산 규제 및 정책은 언제든지 변할 수 있다는 것을 지난 몇 년간 경험으로 알 수 있을 것이다. 그렇기에 자신이 투자를 결심한 시점에 어떤 부동산 규제와 정책이 적용되는지 면밀한 분석을 한 후 행동하길 당부한다.

앞에서 언급했듯이 분양권은 아파트에 입주할 권리를 가지는 것으로 실물이 없는 권리증과 같다. 분양권을 소유하기 위해 별도 등기가 필요 없고 취·등록세 및 법무비용 또한 낼 필요가 없다. 이전까지만 해도 분양권은 등기하지 않아도 되니 보유 주택 수에 포함되지 않았다. 하지만 이제부터는 또 다른 룰이 적용되는 시장이 됐다. 분양권도 주택 수에 포함되며, 취·등록세 및 양도세 중과에 큰 변수가 됐다. 예전에는 수십 개의 분양권을 보유해도 다주택자가 되지 않았지만, 이제는 법적으로도 다주택자 취급을 받게 됐다.

다만, 분양권을 매수 시 취득세가 없기에 중과 개념도 없다. 아직 등기된 것이 아니기에 보유세도 없다. 만약 중도금을 대출이 아닌 자본으로 해결할 수 있다면 분양권을 제한 없이 보유하는 것은 가능하다. 물론 보유 주택 및 분양권 매도 시 양도세 중과와 추가 주택 매수 시 취득세 중과를 감당할 수 있다면 말이다.

주변의 지인들에게 부동산 투자를 권한 적이 있다. 관심은 있는데 실제로 움직이지 않는 사람들이 대부분이라 이제는 실행에 옮길 때가 됐다며 등을 떠밀어도 봤다. 하지만 그들은 정부의 규제로 집값이 내려갈 것 같아서 두렵다고 했다. 또한 다주택자로 향한 화살이 무서워 투자를 못 했다.

사람들은 두려움이 생기면 그것의 요인을 제거하거나 반대로 두려움을 받아들일 생각을 하지 못하고 그저 피하려고만 한다. 우리 부부도 역시 정부의 규제, 다주택자들에 대한 눈총이 즐겁지만은 않다. 하지만 우리가 가야 할 길이라 생각하기에 그 두려움을 제거할 방법을 모색하며 계속해서 전진해 나가고 있을 뿐이다.

우리는 두려움의 요인을 제거하기 위해 정부가 제안한 임대사업자 등록을 미리 활용해서 최대한 정부 정책에 맞춰 나갔다. 만약 다주택자가 되기 싫으면 일단 분양권에 투자해 최소한의 수익을 보거나 1가구 1주택 비과세 혜택을 활용해 최소한의 몸테크로 작은 성공 체험을 해나가면 된다. 앞으로도 한동안 정부의 규제가 늘어나면 늘었지 풀어지지는 않으리라고 예상한다.

새로운 규제가 나올 때마다 고수들은 새로운 투자 방법을 업데이트시킬 것이다. 하지만 변치 않을 진리는 정부의 정책에 반하지 않고 시대의 흐름에 맞게 따라 흘러가는 것이다. 우리는 분양권 규제가 없을 당시 여러 개의 분양권을 보유했고, 규제가 시작되고 4개로 줄였고, 다음에는 2개로, 최근에는 마지막 분양권을 등기 후 세입자를 맞췄다. 앞으로의 일은 아무도 모른다. 하지만 이것만은 확실하다. 정부의 규제를 벗어나기보다 그 안에서 수익을 보기 위해 노력해야 한다.

---

## 06

# 아파트 투자의 기본
# '갭 투자'

### 우리 부부에게 부동산 투자란?

우리는 오랫동안 부동산 투자를 해왔다. 투자한 시간 대비 얼마큼 벌었나를 따지기 전에 그 시간 동안 얼마나 성장했느냐는 관점에서는 만족스러운 시간이었던 것 같다. 지난 2017년 가을까지 집중 투자로 2018년 투자금이 회수되기 전까지 잠시 부동산 투자에 손을 놓고 있던 적이 있었다. 그러면서 자연스럽게 다른 일에 손을 대기 시작했다. 셰어하우스 개념인 에어비앤비, 단기 투자 목적의 주식 등 돈이 될 만한 것을 알아보고 도전했다. 그런데 생각보다 몸과 마음이 따라와 주지 않았다. 솔직히 말하면 떳떳하지 못한 부분도 있었고 일을 추진하면서 설렘을 느끼지 못했다는 것이 제일 큰 걸림돌이었다.

아내와 한해의 목표를 세우며 나눈 이야기가 있다. "우리는 부동산 투자 물건을 찾고 서로 의견을 나눌 때가 제일 설레는 것 같아. 돌이켜보면 그때만큼 신나고 재미난 투자는 없었던 것 같아. 마지막 잔금을 치를 때 그 희열은 언제나 즐거웠어" 우리는 경제적 자유를 찾는 방법으로 여러 가지를 알아보고 시도했다. 새로운 것에 도전해보고 새로운 곳에서 성공 체험도 해보고 싶었다. 하지만 그것에 큰 보람을 느끼지 못하다 보니 '이걸 꾸준히 할 수 있을까?'라는 질문에 대부분 답을 주지 못했다. 지금 우리는 각자의 위치에서 자신의 꿈을 위해서 노력하고 최선을 다하고 있다. 아내는 사람들에게 꿈과 희망을 선사하는 동기부여가가 되기 위해 끊임없이 도전하는 삶을 살아가고 있고, 나는 부동산으로 자산을 불리는 것 외에 매달 들어오는 수입을 늘리기 위한 온라인 사업을 준비하며 매일매일 머리를 싸매고 펜을 굴리고 있다.

이렇게 우리가 한눈 아닌 한눈을 팔며 꿈이라는 것에 도전할 수 있는 것은, 이때까지 꾸준히 그리고 설레며 투자해왔던 부동산들이 옆에서 든든히 지켜주고 있기 때문인 것을 알게 됐다. 그리고 이 부동산 투자라는 업무를 절대 손에서 놓지 않아야겠다고 다짐했다. 앞으로 여러 가지 일에 도전하는 만큼 다양한 일에서 일에서 미니 은퇴를 할 것이다. 하지만 부동산 투자만큼은 은퇴 없이 계속해서 가지고 가야 할 우리의 경제적 도구가 될 것이다.

우리 부부를 움직이게 하고, 심장을 뛰게 하며, 보람을 주는 것은 부동산 투자다. 부동산 투자는 우리 부부의 공동의 목표인 '임대주택 공급'에 딱 맞았다. 우리가 언젠가 이루고자 하는 경제적 자유를 얻기 위해 부동산 투자가 가장 빠른 길을 선사해줄 것임을 믿어 의심치 않는다.

## 부동산 투자에 임하는 우리 부부의 마음가짐

'이 많은 아파트에 누가 살고 있을까?', '집주인이 살고 있을까?', '세입자가 살고 있을까? 월세? 전세?' 한창 투자 물건을 찾기 위해 임장을 다니던 때 든 생각이었다. 어떻게든 이 많은 아파트에는 사람들이 살고 있다. 집주인이든 세입자든. 누군가 집을 매수해 전세를 놓았으니 세입자가 들어와 사는 것일 테고, 목돈이 없어 월세를 살고 싶어 하는 사람이 있으니 집주인이 대출을 끼든 자기 자본을 투입해서든 월세를 맞췄을 것이다.

만약 임대를 제공하는 투자자들이 없고 모든 사람이 1가구 1주택만 보유하고 있다고 하면 어떨까? 그때는 전·월세 거주 방식이 과연 존재하기나 할까? 주택을 구입할 능력이 없는 사람들은 어디에 가서 살아야 할까? 나라에서 모든 무주택자를 케어해줄 수 있는 능력이 되기나 하는 걸까?

정부가, 아니 세상이 부동산 투자자들을 바라보는 방식에 조금 답답함을 느낀다. 세상이 불안해서 집을 사지 않고 전세를 살겠다고 하는 사람도 분명 있다. 그런 세입자를 지원하기 위해 정부는 임대주택을 제공하는 것이고, 그 공급이 부족해서 집주인이나 다주택자와 같은 부동산 투자자들이 있는 게 아닌가 싶다.

그런데 쓴소리는 주택을 제공하는 다주택자들만 오지게 듣고 있는 것이 안타깝다. 물론 공부도 없이 자신의 능력을 초과해 미친 듯이 투자가 아닌 투기를 하는 사람들은 욕을 먹어야 마땅하다. 하지만 나라가 해줘야 할 임대주택을 자신의 돈을 투자해 제공하는 실질적 투자자들은 다르다. 그들에게 더 많은 혜택을 주지는 못할망정 피해는 주지 않아야 한다.

갭 투자를 너무 색안경을 끼고 보지 않았으면 좋겠다. 깡통전세니 말이 많지만, 그것은 갭 투자 방식의 문제가 아니다. 무자비하게 투자한 투기꾼의 문제일 뿐이다. 그러니 부동산 투자자가 욕을 먹을 것이 아닌, 그 특정한 투기꾼이 욕을 먹으면 되는 것이다.

주택임대사업을 하려면 갭 투자는 필연적으로 따라오게 된다. 임대주택을 공급하는 LH마저도 세입자에게 보증금을 받고 있지 않은가? 물론 시세 대비 저렴하게 공급한다지만 주택을 짓기 위해 투자한 돈을 보증금이라는 레버리지를 활용한다는 것은 마찬가지다. 다만 전세가가 급등하는 지역을 노려 올려 받은 전세보증금을 이용해 추가 투자로 아파트 개수만 늘리는 투기성 갭 투자를 하지 않을 뿐이다. 임대사업을 등록하거나 세입자가 계약갱신청구권을 사용하면 보증금을 2년에 5%밖에 올릴 수 없다. 이를 두고 따로 투자한다는 생각을 할 수도 없다. 임대사업을 한다고 해서 전부 월세로만 세팅하게 할 수 없는 노릇이다.

은행이자보다 높은 수익률을 얻기 위해 월세로 세입자를 구하기도 한다. 또는 세입자들에게 전세로 집을 제공하면서 장기보유 후 시세차익을 얻는 것을 목적으로 하기도 한다. 세입자들도 목돈을 마련하기 어렵다면 월세를, 매월 나가는 월세가 부담스럽다면 전세를 선택하고 싶을 것이다. 그러다 보니 자연스럽게 전·월세 시장이 형성되면서 집주인과 세입자가 서로 윈윈이 된다. 이처럼 합법적인 임대사업에도 매매시세와 세입자 보증금의 차이인 갭을 활용한 투자 방식이 적용되고 있다.

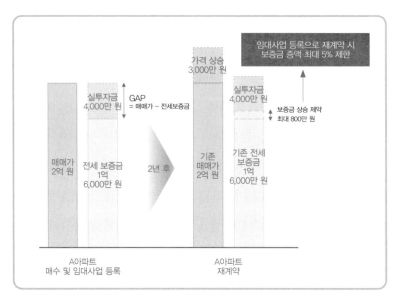

임대사업자의 갭 투자 의미

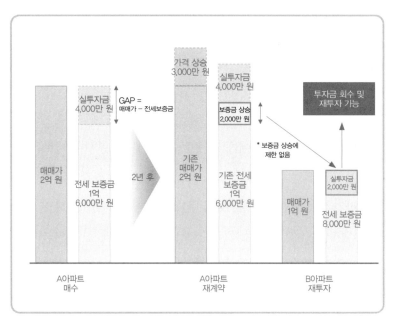

일반적인 갭 투자 의미

우리는 세입자를 들일 때 우리를 '임대사업자'라고 소개하고 꼭 홍보한다. 2년 후 5%밖에 갱신하지 못하기에 전세가 폭등은 없을 테니 걱정하지 말고 편하게 들어오라고 제안하기도 한다. 요즘은 세입자의 계약갱신청구권으로 전세 매물이 씨가 말라 있다. 주변의 전세 시세가 2억 원에서 4억 원으로 천정부지로 오를 때 우리는 1억 9,000만 원 수준으로 저렴하게 내놓아 예비 세입자들을 줄을 서게 만든다. 만약 정부가 임대차3법을 추가하지 않고 아파트 임대사업자를 폐지하지 않았다면 지금 있는 규제 안에서 투자자들은 적당한 시세차익을 얻었을 테고, 세입자들은 주거 안정을 유지할 수 있었을 것이다. 그렇게 두 마리 토끼를 잡을 수 있었을 텐데 아쉬움이 크다.

우리는 아파트 임대사업자 제도가 폐지되기 전 좋은 뜻에서의 갭 투자로 임대사업 물건 몇 개를 추가했다. 만약 정책 기조가 변경돼 계속해서 아파트 임대사업을 할 수 있게 된다면 좋은 위치의 좋은 아파트를 매수해 안정적인 주거를 세입자에게 제공하고 싶다. 우리는 부동산 투자자지만, 큰 의미에서는 임대주택 공급자로서 한 몫을 제대로 하고 싶다. 이런 마음가짐으로 투자하는 사람도 분명 많이 있을 것이다. 그러니 다주택자라고 너무 곱지 않은 시선으로만 보지 않았으면 한다.

우리에게는 매년 갱신하는 단기적 목표가 있다. 2021년에도 목표가 있고, 장기적으로는 2025년, 2030년까지 목표를 세워두기도 했다. 그 목표 안에는 우리가 이루고 싶은 꿈에 대한 목표도 있지만, 그 중심 줄기에는 부동산 투자라는 큰 라인이 자리를 차지하고 있다. 2017년 후반부터 이미 심어진 나무들이 우리에게 열매를 맺어 달콤함을 선사하고 있으며 앞으로도 더 커질 열매에 기대감과 설렘에 부풀어 있기도 하다. 또다시 달콤한 열매를 맞이하기 위해서 새로운 씨앗과 나무를 심어야 하기에 계속해서 공부하고 도전하고 있다. 이번에는 그것이 아파트만 되라는 법은 없다. 부동산은 아파트만 있는 것이 아니라 우리가 가보지 못한 길들이 너무나 많기 때문이다. 지금까지는 씨앗을 뿌리고 싹을 틔워서 열매를 맺는 나무로 성장시키기 위해 우리 부부의 시간을 투자해왔다. 씨앗이 나무로 성장하는 동안 씨 뿌리는 법을 배웠고 열매를 가꾸는 법도 배웠다. 환경 변화에 예민하게 반응도 해보고 급격한 환경 변화에 따라 가슴 졸이는 때도 많았다.

아무리 성장하는 시간이라고 해도 가만히 앉아서 외풍을 맞는 기분은 별로 좋지만은 않았다. 뭔가 수동적인 느낌이란 기분을 떨치기는 힘들었다. 그래서 우리는 앉아서 외풍을 기다리기보다 외풍의 중심으로 들어가기로 했다. 외풍에 맞서 이길 수 없다면 차라리 외풍 안에서 살아갈 방법을 터득하기 위해서다. 이런 성장 과정을 통해 우리 부부의 부동산 투자 비전이 더 명확하게 그려졌다. 우리의 목표는 '대한민국 주택임대사업 활성화 및 주거 안정에 기여하기', '친절한 임대사업자 되기'로 설정됐다.


## 시세는 혼자 만드는 것이 아니다

우리는 책을 많이 읽고, 서로 마음에 와 닿는 구절들을 자주 나누는 편이다. 우리처럼 발이 묶인 직장인들에게 풍부한 지식과 간접경험을 줄 수 있는 최고의 선물은 책이다. 그래서 더욱더 책이란 선물에 빠져드는 요즘이다. 하지만 책이란 좋은 도구에도 부작용은 있다. 특히 부동산 투자 관련 책들이 많이 나와 있는 예전이나 지금이나 조심할 부분이 많다. 무분별하게 뿌려져 있는 경매 관련 서적들. 너도나도 소액으로 성공했다는 부동산 투자 서적들이 우리들의 마음을 현혹한다. 책을 읽고 우수한 성공사례들을 간접적으로 체험하는 것은 좋지만, 그것이 곧 정석이라고 믿어버릴까 우려된다.

우리 부부도 책에 나온 것이 정석일 거라 믿어버린 경험이 있다. 한때 경매에 빠져들어 1주일에 2~3권의 책을 독파했다. 매일 인터넷으로 사례들을 분석하며 시간을 보냈다. 1주일에 한 번씩 물건을 찾아 임장하고 입찰하고 패찰하고 또 분석하고 임장하는 과정을 반복했다. 물론 이때도 입찰은 행동대장인 아내가 했다.

그러다 당시 우리가 읽었던 책 중에 우리에게 주어진 상황과 맞아떨어지는 사례가 있어 그대로 따라 해봤다. "시세는 자신이 만들어가는 것이다. 주변에서 더 이상 공급이 없고, 수요가 많으며, 전세 물건이 별로 없고 자신의 물건이 다른 것에 비해 우위를 선점했다고 생각했다면, 시세를 따라가지 말고 만들어 보는 것도 방법이다."

책에서 이 문구를 보는 순간 머리를 한 대 맞은 느낌이었다. 항상 시세는 공인중개소 사장님이 만들어 준다고 생각했는데 시세를 내가 만들 수도 있다니. 이건 신세계였다. 책의 내용은 좋았지만 안타깝게도 그걸 받아들이는 우리 부부의 자세가 썩 좋지 못했다. 주변 상황을 분석해 조건이 맞았을 경우라는 내용은 쏙 빼버리고 '시세를 자신이 만든다'라는 말만 머릿속에 넣은 것이다. 그러던 어느 날 공인중개소 사장님께 전화가 왔다.

"홍 사장님~ 그 물건 전세 나갔나요?"

"아니요. 아직 있습니다. 찾는 분이 계신가요?"

"네~ 옆에 계세요. 2억 6,000만 원을 원하시는데 괜찮으세요?"

"사장님, 2억 8,000만 원이 되려면 아직 멀었나 봐요."

"아… 네. 그런데 아직 2억 5,000만 원짜리 물건도 있어요. 오래 걸리실 걸요?"

"사장님, 아직 시간이 남았으니 조금 기다려 보시죠. 시세는 만들어간다고 하잖아요~ 하하!"

"그렇죠… 만들어가는 거죠. 호호호~."

참 뭣도 모르고, 배짱만 있고, 건방진 투자자였다. 그때 공인중개소 사장님은 속으로 우리를 얼마나 한심하고 웃긴다고 여겼을까? 결론적으로 그 물건은 몇 달이나 지나서야 2억 5,000만 원에 전세 계약이 진행됐다. 연말에 있을 신규 아파트 입주를 생각하지 못하고, 시세를 형성한다는 건방진 생각으로 버티다가 원하는 가격도 받지 못하고 무너져 버린 것이다.

이런 비슷한 경험을 두 번 정도 하고 나니, 지금은 시세를 만든다는 건방진 생각은 접었다. 하지만 시세 분석은 여전히 확실히 하고 있다. 만약 우리 물건이 다른 물건보다 우위를 선점했다면 협상의 기술에서 지지 않을 만큼의 실력과 자신감만 가지고 간다.

확실히 책을 통한 간접경험과 깨우침은 좋다. 하지만 부동산 투자란 앉아서 배우는 것은 아닌 것 같다. 솔직히 부동산 투자를 시작하는 데 많은 책을 읽을 필요는 없다. 우리는 경매를 시작하기 전에 관련 서적 20권을 넘게 나눠 읽으며 공부하고 준비했다. 하지만 실제 경매를 시작했을 때 현장에서 입찰하고 임장하며 배운 것들이 더 확실하고 더 빠른 속도로 우리에게 다가왔다. 기본 서적 딱 한 권만 읽고도 시작할 수 있는 것이 부동산 투자다. 책 말고도 현장에서 배울 수 있고, 배워야만 하는 것들이 무궁무진하게 널려 있기 때문이다.

혹시 부동산 투자에 관심은 많지만 아직 준비되지 않은 것 같아 망설이며 책만 읽고 계신 분들이 있다면, 읽던 책들은 일단 덮어 두자. 그리고 관심 지역에 당장 찾아가서 근처 공인중개소에 들어가자. 그리고 공인중개소 사장님께 브리핑을 들어보고 의견을 나눠보자. 물론 불친절한 사장님도 계실 것이다. 그렇다면 다시는 그 공인중개소에 안 가면 된다. 솔직히 공인중개소는 여기저기 널려 있다. 그중에서 잘 선별해 본인과 맞는 사장님을 찾아가면 된다. 공인중개소 사장님들의 브리핑을 들으며 정보를 나누는 것이 책 한 권에서 나오는 정보보다 더 정확하고 더 많은 것을 얻을 수 있을 것이다. 이것은 머릿속에서 나오는 말이 아닌, 경험에서 우러나오는 진심이다. 우리와 같이 머릿속 자신감으로 낭패를 겪지 말고 행동과 경험에서 나오는 자신감을 가질 수 있도록 현장으로 나가 직접 배워보길 강력히 권한다.

## 수요와 공급의 법칙

전세보증금과 아파트 매매가와의 갭을 이용해 투자할 때 가장 고려해야 하는 것이 수요와 공급이다. 투자하려고 하는 아파트의 전세가는 사람들이 주거하고자 하는 수요의 현주소를 말한다. 미래의 가치는 뛰어나지만 지금 당장은 아무 인프라가 없고 허허벌판일 경우 전세가는 매매가의 절반도 되지 않는 경우가 있다. 반대로 큰 호재가 없는 지역은 매매가가 보합을 이루지만 지역의 인프라가 성숙하면서 전세가가 오르는 경향이 있다. 또한 요즘에는 계약갱신청구권 등의 정부 정책으로 갑자기 전세가가 급등해 매매가와의 갭이 줄어드는 경우도 있다.

이러한 이유 때문에라도 투자금의 최소화를 위해서 지금 현재의 주거 수요가 높은 아파트를 찾는 것이 우선이다. 전세보증금이 높아야 그만큼 매매가가 밀려 올라가는 효과를 볼 수 있다. 보통 전세가가 매매가의 80% 이상이라면 갭 투자의 대상으로 선정되기도 한다. 그 뒤에 확인할 것이 향후 주변에 추가 공급될 아파트가 없는지, 앞으로도 대체할 주거지가 없어 계속해서 주거 수요가 높을지 파악해야 한다.

우리는 부동산 투자를 위한 아파트 검색을 위해서 항상 지하철 노선도를 확인한다. 서울 지역은 제외하고 경기 남부 지역의 지하철 노선도와 지도 화면을 동시에 띄어놓고 투자할 만한 위치에 어떤 아파트들이 있는지 찾아본다. 이렇게 지하철역을 중심으로 부동산을 투자하는 방식은 아직 실패해본 적이 없다.

역과 멀리 떨어져 있는 아파트에 무관심하다가 시세가 급등해 후회한 적은 있지만 역세권 불변의 법칙은 우리가 몸소 체험했기에 믿어 의심치 않는다. 지하철 1개 노선만 있어도 뛰어난 효과를 기대할 수 있지만, 만약 2개의 노선이 지나가는 위치에 아파트가 있다면 어떠할까? 거기에 광역지하철 노선이 추가된다면? 이러한 아파트를 우리는 찾아냈고 투자했으며 시세 상승의 맛을 봤다.

이 아파트는 금정역이 있는 호계동에 있었다. 금정역 먹자골목 상권과 근처 공장지대로 주변에 아파트가 있을지 처음에는 생각하지 못했다. 우연히 군포에 있는 공인중개소에 들러 다른 매물을 둘러보다가 한 사장님을 알게 됐는데, 그때 그분과 대화하면서 알게 된 아파트였다. 사장님은 입주한 지 2년이 다 돼 가는데 시세가 많이 올랐다며 우리에게 귀뜸했다. 그때 그분이 던져준 말이 우리에겐 투자의 기회가 된 것이다. 우리는 투자할 물건을 확인하기 위해 먼저 수요 측면에서 이 아파트에 대한 분석을 시작했다. 어떠한 조건들이 초과 수요를 일으키고 시장의 가격을 상향시킬 수 있을지 확인해본 것이다.

첫째, 금정역 주변으로는 역을 도보로 이용할 수 있는 몇 개 안 되는 아파트 가운데 하나였다. 따라서 지하철을 이용해서 서울로 출근하는 이들의 수요가 있었다. 오피스텔이나 빌라는 많지만 그 주변의 환경이 아이를 키우는 입장에서 좋은 편은 아니었다. 금정역의 경우 1호선과 4호선을 동시에 이용할 수 있는 환승역이며, 향후 GTX-C노선이 들어오는 개발 계획이 있었다.

금정역 1호선은 선로공사 후 급행열차를 이용해 서울 접근성이 크게 개선될 여력이 있는 지역이었다. 우리가 눈여겨본 아파트는 지역주택조합 아파트로, 사람들에게 많이 알려져 있지 않은 아파트였다. 특히 투자자들의 관심권역에 포함되지도 않아 입주한 이후에도 제대로 된 평가를 받지 못하고 있었다. 게다가 지상철 주변이라 소음이 단점이 될 수도 있었다. 우리는 추가로 지어진 지식산업센터 등의 건물들이 아파트로 향하는 지상철 소음을 어느 정도 잡아줄 수 있을 거라고 판단했다.

둘째, 기존 LS산전 본사와 연구소가 바로 앞에 있고, 향후 지식산업센터 및 코스닥 상장사 입주가 대기하는 상태였다. 이는 약 1만 명이 넘는 풍부한 직장인 배후 수요가 있다는 것을 의미하며, 이것은 앞으로의 시세를 든든하게 받쳐 줄 예정이었다. 하지만 직장을 배후에 두고 있다는 것이 곧 직접적인 주거로 이어진다는 것은 아니다. 입주하는 기업에 따라 득이 아닌 실이 될 수도 있기에 사전에 잘 알아봐야 한다.

특히 생산라인을 끼고 있는 공장들이 입주하는 주변은 실거주자들이 선호하지 않는다. 따라서 향후 시세에 영향을 크게 미치지 못한다. LS타워 주변으로 임장을 가보니 아이디카드를 목에 맨 화이트칼라 직장인들이 많이 보였다. 앞으로 입주할 기업 역시 코스닥 상장사들이고 사무직 위주라고 하니 선호도 측면에서도 크게 문제가 될 것이 없어 보였다.

셋째, 금정역을 중심으로 500m 반경에 있는 아파트 중 초등학교를 옆에 끼고 있는 유일한 신축 아파트였다. 금정역 주변으로 개발될 것이라 예상은 하지만 그 기간이 짧지만은 않을 것이기에 시간을 이겨낼 수 있는 신축을 찾아야만 했다. 금정역을 기준으로 군포 쪽으로는 몇 개의 아파트가 있었다. 그중 그나마 최근인 2010년도에 입주한 대단지 브랜드 아파트가 있었다. 하지만 그 아파트는 금정역을 도보로 이용하기에는 어려움이 있었고, 안양과 군포는 행정구역과 생활권이 달라서 고려항목에서 제외했다. 그리고 안양 쪽으로는 아파텔이 하나 있고, 향후 금정역 바로 앞에 주상복합 아파트가 지어질 예정이지만 여기는 당장 공급에는 영향을 미치질 않을 것이라 판단했다.

이렇게 금정역 주변의 아파트들을 하나씩 제거해 나가다 보니 금정역 주변의 신축 아파트 중 역을 도보로 이용 가능하며, 직장 배후 수요가 풍부한 아파트는 이곳뿐이었다. 그 당시 아직 입주하지 않은 평촌 더샵아이파크의 분양권이 매달 호가를 갱신하는 상황이었다. 물론 평촌 학원가를 끼고 있고 오래된 평촌 아파트에서 신축 아파트로 넘어가고 싶어 하는 수요 및 대단지의 이점이 반영된 것이긴 하지만 입지 대비해서 1억 원 이상의 차이가 날 것 같진 않았다. 아직 가격 경쟁력이 있어 보였다. 사실 입주 대비 1억 정도 올라 너무 늦게 알아본 것일지도 모른다는 생각을 했다. 하지만 지역주택조합 아파트라는 이유도 있고, 향후 미래가치를 생각한다면 아직 치고 올라갈 여력이 충분하다고 생각했다. 우리는 아파트에 대한 수요를 파악한 다음 시장 가격을 흔들어 놓을 만한 초과 공급은 없는지 다시 면밀하게 살펴봤다.

첫째, 신평촌을 형성한다는 재개발 계획이 있었다. 평촌 더샵아이파크를 시작으로 호원지구(어바인퍼스트)와 덕현지구가 개발되고 입주가 완료되면 신평촌을 형성할 것이라고 했다. 또한 예정된 인

덕원~동탄 복선전철이 착공되고 호계사거리역까지 준공이 되고 나면 평촌의 중심이 옮겨질 수 있다는 이야기들이 나오고 있었다. 호계사거리 주변으로 대략 8,000세대 정도 입주가 예상되는데 이것은 평촌의 구축 아파트에서 벗어나고 싶은 사람들의 수요가 다 해결해 줄 수 있으리라 판단했다. 어쩌면 호원지구가 개발이 시작되면 주변에 있는 이 아파트에도 관심이 옮겨지고 시세를 같이 끌고 가주지 않을까 내심 기대도 하게 됐다.

둘째, 금정역 바로 앞 보령제약이 있던 부지에 주상복합 아파트를 짓는다는 소식이 있었다. 지금은 어느 정도 개발이 진행된 금정역 힐스테이트에 대한 개발 소식이었다. 오피스텔 포함해 1,600세대 정도 분양한다고 하니 물량이 적은 것은 아니었다. 초역세권과 지상에 복합몰이 들어온다는 장점이 있지만, 주거환경에서 극명한 차이가 있어 아파트를 선택하는 기준이 다를 것으로 판단했다.

특히 초등학교가 지하철 반대편의 주택가 쪽에 있어 이동 편과 학군 상의 문제도 있었다. 또 초역세권으로 인한 지상철의 소음과 분진에 대한 해결책이 딱히 나와 있는 것이 없었다. 실제 개발이 진행되어 입주물량이 추가되더라도 군포와 안양이라는 지역적 차이가 있기에 우리가 주목한 아파트에 큰 영향을 주지 않으리라 판단했다.

이렇게 한 아파트를 매수하기 위해 우리는 수요 및 공급에 대한 분석을 철저히 진행한다. 우리는 이 정도가 최소한의 분석이라고 생각한다. 실제로 데이터 가공에 밝은 사람들은 더 많은 데이터를 더 정교한 툴로 가공하고 분석한다. 요즘은 빅데이터를 활용해 주택에 대한 수요와 공급에 대한 다양한 분석 결과를 보여주는 사이트와 어플이 많이 있다.

매번 우리가 눈여겨보는 관심 아파트마다 발품을 팔아 분석을 할 수 없는 노릇이므로 유료로 사용할 수 있는 프리미엄 서비스도 있으니 입맛에 맞게 찾아 사용하는 것도 괜찮을 듯하다. 하지만 이 모든 것은 데이터의 조합일 뿐이라고 생각한다. 정확한 수학적, 물리적 공식이 아닌 데이터 조합을 기반으로 나온 결과이기에 참조로만 활용해야 한다. 자신만의 기준으로 수요와 공급에 대해 분석하고 난 뒤 좀 더 상세하게 확인하는 용도로 활용해야지, 매수를 결정하기 위해 사용하는 것은 아주 위험한 행동이다. 자신만의 기준과 확신 없이 데이터를 활용하는 것은 군중심리에 휘말리기 딱 좋은 케이스다. 왜냐하면, 우리가 보는 데이터는 누구나 볼 수 있는 정보일 뿐이고, 가공돼 만들어진 결과는 개인적인 의견일 뿐이기 때문이다.

우리는 흩어져 있는 데이터 중 필요한 정보만 끄집어내고, 객관성을 판단해 이용한다. 그리고 우리만의 판단 기준에 따라 주관적인 결론을 내린다. 결론까지 객관적일 필요는 없다. 전문가가 내린 결론도 역시 객관적인 데이터만 활용했을 뿐, 자신의 경험과 노하우가 섞인 주관적인 결론이다. 그 누구도 부동산이 오르고 내릴지 장담할 순 없다. 다만 예측할 뿐이다. 특히 부동산 시세는 더욱 그러하다. 그러니 너무 많은 데이터에 치여 주관성을 잃지 말고, 조금씩이라도 스스로 결정할 수 있는 주관성을 키우는 것이 필요하다.

전문가들의 도움이 필요하다면 차라리 전문가들의 '촉'을 믿어

보는 것이 나을 수도 있다. 대부분의 전문가가 촉으로 먼저 미래를 언급하고, 그 촉이 맞으면 결과에 이미 나와있는 데이터를 끼워 맞춰보는 경우가 많기 때문이다. 우리 부부 역시 데이터를 활용하기는 하지만 우리만의 촉을 확인하는 용도로 데이터를 더 활용하는 편이다.

아파트 갭 투자를 하기 위해서 가장 중요한 것이 매매가 대비 전세가율이다. 아파트 매매가가 1억일 때 전세가율이 80%라면 세입자를 들이면서 보증금 8,000만 원을 받고 자본 2,000만 원을 투자해 아파트 한 채를 가질 수 있다. 이렇게 투자금을 최소화하기 위해서는 갭 투자 시에 매매가보다 전세가율을 더 중요시한다. 전세가율이 80% 이상으로 높으면 자연스럽게 매매가를 밀어 올려주고 다시 전세가는 매매가에 따라 올라가게 된다. 이때 오른 보증금으로 다시 다른 아파트에 갭 투자를 하는 방식이 일반적이다.

하지만 앞으로는 정부의 규제로 다주택자들은 세금 폭탄을 맞게 됐다. 아니면 임대사업자로 전향해 일정 기간 안정적인 전세가 정착에 기여해야 한다. 그것도 아니면 다주택 보유를 포기하고 똘똘한 한 채에 들어가 살아야 한다. 지금까지 전세보증금 상승분으로 줄줄이 아파트 개수를 늘려간 투자자들은 부동산 정책이 변할 때마다 전세가 하락과 금리 상승을 겪으며 매우 민감해진 상태다.

하지만 우리 부부의 경우 처음부터 전세보증금 상승분으로 투자하지 않았다. 게다가 임대사업 등록해놨기 때문에 전세가 하락이 오더라도 큰 문제는 되지 않는다. 이해하기 쉽게 한 가지 사례를 들면, 우리가 용인 지역에 보유한 아파트의 경우 2019년 전세가 하락으로 전세보증금 1억 8,000만 원에 들어온 세입자가 있다. 정부의 규제 정책과 시장의 변화로 2021년 현재 전세 시세가 4억 원 정도로 형성됐는데, 우리는 임대사업자 등록으로 앞전 보증금의 5%만 올릴 수 있다. 이러한 이유로 다른 집주인은 4억 원에 전세를 내놓을 때 우리는 1억 8,900만 원에 전세를 내놓을 수밖에 없다. 지금보다 공급이 급격하게 늘어난다고 해도 4억 원이었던 전세가가 2억 원으로 떨어질 염려도 없다. 만약 일어난다고 해도 우리는 워낙 낮은 보증금으로 임대를 놓았기 때문에 두려울 것이 없다.

물론 우리 부부의 분석과 전략이 모두 성공하는 것은 아니다. 우리가 보유한 물건 중에서 향후 공급에 대한 예측에 실패해 전세가 하락과 덩달아 매매가까지 하락한 것이 있다. 바로 군포의 산본역 역세권 아파트가 그것이다.

우리는 GTX-B와 C노선이 빠르게 추진될 수 있다는 소식에 가성비가 높은 수혜지역을 찾아봤다. 이미 GTX 정차역 주변의 아파트 시세는 고공행진해 투자로 접근하기 어려웠다. 게다가 정차역 주변으로 주거환경이 괜찮은 아파트가 없었다. 그러던 중 GTX-C 노선이 예정된 금정역을 한 코스만에 이동 가능한 산본역이 뒤늦게 눈에 들어왔다. 그 당시 군포에 거주하고 있어 더 빨리 찾을 수도 있었지만 등잔 밑이 어두웠던 모양이었다.

늦긴 했지만 우리 눈에 들어온 이상 미루지 않고 투자하기로 했다. 일단 산본역 주변의 경우 1기 신도시 아파트들로 구성된 20년이 넘은 구축이었다. 또한, 층수도 높아 재건축에 대한 희망은 거의 가질 수 없었다. 간혹 리모델링 이야기도 나왔지만, 우리가 판단했을 때는 적어도 20년은 더 기다려야 할 것 같았다.

그렇다면 향후 호재는 단 하나, 바로 옆 역에 GTX-C가 들어와 교통이 크게 개선되는 것밖에 없었다. 최소 5년, 길게는 10년은 버틸 수 있는 아파트를 골라야 했다. 수요 측면에서 역에서 가깝고, 초등학교 옆이며, 녹물이 나오지 않고, 보일러 배관 공사가 완료된 아파트 단지를 찾아 선택했다. 로열동에 로열층을 매수해 전체 리모델링도 진행했다. 우리가 투자한 아파트는 살기 좋은 곳 중에서도 가장 잘 나가는 집으로 만들고 싶었다. 2억 7,000만 원에 매수해 기존 세입자가 나가고 인테리어 공사하는 중에 2억 3,500만 원에 세입자를 맞췄다. 그렇게 산본 역세권 아파트의 임대사업은 순풍을 탈 줄만 알았다.

하지만 우리가 간과한 것이 있었다. 2017년 이후부터 밀려오는 경기 남서부의 입주물량이다. 군포 주변으로 시흥과 안산 그리고 수원 호매실 쪽에 새 아파트들의 입주가 대기하고 있었다. 군포 내부에서도 송정지구 아파트가 입주를 시작했다. 우리는 산본 역세권의 체력이 이렇게까지 약할 줄은 몰랐다.

송정지구의 1차 아파트가 입주하기 시작되면서 거의 동시에 정부의 부동산 규제정책이 발동했다. 부동산 시장에 심리 위축이 시작되면서 산본 전체의 전세가 조금씩 떨어지더니 급기야 매매가까지 떨어지기 시작했다. 급매가 하나둘 나오기 시작했고, 전세가는 2억 4,000만 원까지 가던 것이 한때는 1억 8,000만 원까지 떨어진 적이 있었다. 우리와 전세 계약을 한 지 얼마 되지 않은 세입자가 떨어진 전세가를 보면서 얼마나 안타까울까 내심 걱정됐다. 세입자는 전세가를 마련하기 위해 전세자금 대출까지 진행했는데 말이다.

하지만 갭을 이용해 투자한 우리도 안타깝고 속이 쓰리기는 마찬가지였다. 향후 재계약 시점에도 전세가가 회복되지 않는다면 떨어진 전세보증금의 갭을 채우기 위해 추가 투자금이 들어가게 될 것이다. 하지만 크게 신경 쓰이지 않았다. 5년 이상을 보고 들어간 투자에 이 정도 흔들림은 버텨내야 한다고 생각하기 때문이다.

아파트에 투자하기 전 수요에 대해서만 집중하고 공급에 대한 분석을 소홀히 한 결과이므로 누구의 탓을 할 수 없는 노릇이다. 이러한 경험을 통해 부동산에 대한 지역적 특성을 파악할 수 있었고, 수요와 공급에 대한 따끔한 교훈을 얻게 된 것으로 위안 삼을 수밖에 없었다.

# 07

# 빌라 vs 아파트? 투자하는
# 종목의 차이점을 알고 덤벼라

갭 투자는 아파트의 전세보증금을 활용해 매매가와 갭만큼만 자본을 투자하는 것이 일반적이다. '갭 투자는 왜 아파트에만 하는 걸까?' 나 역시 이 점이 궁금했던 적이 있었다. 그래서 한때 빌라에 월세 수익을 위한 투자를 진행하며 빌라 개수를 늘리고 싶어 전세를 받아볼까 생각했다. 아무래도 전세로 임대를 돌리게 되면 개별로 주택담보 대출을 일으키지 않아도 된다. 또 한 번 계약하면 2년간 신경 쓰지 않아도 된다. 매달 월세 받느라 전전긍긍하지 않아도 된다는 생각에 구미가 당겼다. 하지만 결국 빌라를 매입해서 전세를 놓는 행동은 하지 않았다. 왜냐하면 2,000~3,000만 원을 투자해서 2년이 지나 500만 원에서 1,000만 원 정도의 시세차익만 얻는다면 별로 남는 게 없어 보였다. 중개수수료와 취·등록세를 제하고 수중에 과연 얼마나 돈이 남을까.

빌라를 수익형 부동산으로 보는 이유는 아파트 대비 싸다는 것에 이유가 있다. 즉, 월세를 놓기에 가성비가 좋다. 주변 인프라 구축, 주변 환경 및 조경, 향후 관리, 쾌적성, 교육환경 등 여러 조건을 따져 봐도 빌라는 아파트보다 사람들의 선호도에서 훨씬 밀린다. 따라서 가격 면에서도 낮게 평가될 수밖에 없다. 사람들이 아파트에 들어갈 만큼의 경제적 여유가 없을 때 차선으로 선택하는 것이 빌라라고 볼 수 있다. 이처럼 빌라의 월세 수익률이 높은 이유가 매입 가격이 그만큼 싸기 때문이다. 월세는 보통 주변 인프라 및 환경에 의해 정해져 있기에 건물을 싸게 매입하면 그만큼 수익률이 올라간다.

여기서 생각해봐야 할 것이 하나 있다. 부동산 투자자가 월세를 받기 위해 빌라를 매수하려고 할 때 이미 정해진 임대수익률을 깨면서까지 높은 가격을 주고 매수하려고 할까? 실거주로 매수하려는 사람이라면 모를까 투자자의 입장은 매우 다르다. 싼 물건은 싸게 사고 싶고 임대수익률은 더 높이고 싶은 것이 투자자의 마음이다. 따라서 수익형 빌라는 시세차익을 기대하기 어렵다. 이것이 빌라를 시세차익형으로 접근하면 안 되는 이유 가운데 하나다.

그래도 만약 빌라의 위치가 너무 좋아 매수해서 장기간 보유하고 싶다면, 임대수익률부터 확인을 하고 추가로 투자자가 향후 받을 수 있는 보상, 즉 대지지분을 따져 봐야 한다. 바로 빌라를 산다는 것은 그 지역의 땅을 산다는 생각으로 접근해야 한다.

아파트와 달리 빌라는 같은 면적에 올릴 수 있는 층과 호수가 제한적이다. 그래서 세대당 땅에 대한 지분율이 높은 편이다. 이것은 지역별, 건물별, 연식별로 다를 수 있으니 빌라를 매수하기 전 반드시 확인해봐야 한다. 그리고 대지지분을 생각한다는 것은 향후 재개발까지 보고 투자한다는 것이기에 장기보유를 생각해야 한다.

| 구분 | A 빌라 | B 빌라 |
|---|---|---|
| 매매가 | 2억 원 | 2억 원 |
| 전용면적 | 39.6㎡(구 12평) | 39.6㎡(구 12평) |
| 대지지분 | 16.5㎡(구 5평) | 23.1㎡(구 7평) |

| 구분 | A 빌라 | B 빌라 |
|---|---|---|
| 전용면적 당 가격 | 약 1,600만 원 / 3.3㎡ | 약 1,600만 원 / 3.3㎡ |
| 대지지분* 당 가격 | 약 4,000만 원 / 3.3㎡ | 약 2,800만 원 / 3.3㎡ |

*대지지분: 공동주택 전체의 대지면적을 소유자 수로 나눠 등기부에 표시한 면적을 말한다.
즉, 공동주택의 전체 대지 중 가구 하나에 주어지는 지분이다.


　　이미 자산을 크게 불려놓았다면 빌라 등 수익형 부동산으로 눈을 돌려 임대수익률을 극대화하는 방법도 있고, 재개발 예정지역에 대지지분이 높은 빌라 등에 투자금을 묻어놓는 것도 좋은 방법이다. 굳이 단기간에 자산을 크게 불리는 필요가 없다면 말이다. 우리 부부도 최근 가격이 많이 내린 지역의 다가구주택 중에서 구조 변경 등으로 못난이 물건이 된 건물을 매입해 월세를 받으며 지역의 땅값이 회복될 때까지 버텨볼까 생각도 했었다. 땅을 산다는 개념으로 말이다. 하지만 아직 자산의 규모를 더 키우는 것이 우선이라 생각하고 매입하는 것을 포기했다.

　　빌라와 아파트는 같은 공동주택이지만 태생부터가 다르기에 동일 선상에서 비교할 수는 없다. 사람들이 아파트를 선호한다는 것은 그 누구도 반박할 수 없을 것이다. 아파트는 빌라보다 주차와 주변 환경 관리에서 우위에 있어 주거 수요가 월등히 높다. 또한 아파트는 무엇보다 시세 파악이 편하고 대부분 투명하다. 많은 정보를 비교적 쉽게 얻을 수 있으며 매물 또한 빌라보다 상대적으로 많은 편이라 자신의 원하는 동, 호수와 가격까지 선택해서 매수할 수 있다. 이러한 장점으로 초보 투자자들의 진입장벽도 낮다. 실거주자 역시도 자금만 있다면 빌라보다는 아파트를 선호할 것이다. 이처럼 아파트는 주거 수요가 높은 곳에서 전세보증금을 최대한 높게 받아 투자금을 최소화해야 한다. 빌라는 최대한 싸고 대지지분이 높은 것을 선택해 월세 수익율을 최대화하는 것이 좋은 투자 방법이다.

# 08

# 타이밍이 중요한
# '입주권 투자'

우리는 재개발, 재건축에도 관심을 뒀다. 그러나 오랫동안 묻어둘 투자금의 여유가 없어 멀리 떨어져 생각만 할 뿐이었다. 재개발, 재건축에 대한 진행 절차와 투자 방법만으로도 책 한 권이 족히 나올 정도니 상세한 투자 방법을 알고 싶다면 시중에 나와 있는 투자 강의나 책을 참고해보길 권한다. 다만 부부가 합심해서 투자해보려고 한다면 처음부터 재개발. 재건축을 노리는 투자는 피했으면 한다. 부동산 투자의 처음은 무조건 쉬워야 하며, 빠르게 수익이 날 확률이 높은 것으로 시작하는 것이 좋다.

## 타이밍을 놓치다

우리가 안양이란 지역을 처음 관심 있게 본 것은 평촌역 바로 앞에 새로 분양한 아파트의 분양권 프리미엄이 5,000만 원 정도였을 때다. 한창 평촌에 임장을 다니고 있을 때 공인중개소 사장님이 딱 한 개 나와 있는 분양권을 추천하시며 평촌 지역 사람들의 새 아파트에 대한 수요를 설명해주셨다. 그때만 해도 우리는 그런 수요가 있는지도 몰랐다.

당시만 해도 그 아파트는 "평촌이 아니네", "학군이 안 좋네" 같은 비판의 목소리가 더 컸다. 눈앞에 보이는 수익을 찾던 우리는 월세가 나오는 빌라를 매입했다. 하지만 그 후 계속해서 치고 올라가는 새 아파트 시세를 보고 평촌에서의 새 아파트에 대한 열망이 엄청나다는 것을 알았다.

그래서 주의 깊게 살펴본 것은 안양 호계동의 조합원 입주권이었다. 우리가 접근했을 때는 이미 건물이 철거된 후였고 조합원 입주권, 일명 '딱지'만 살 수 있었다. 각종 비용을 다 합쳐서 딱지를 살 수 있는 투자금은 1억 원 초반이었고, 일반분양을 눈앞에 둔 터라 조합원들이 물건이 거둬들여 매물이 없었다. 그런데도 아내가 매일 공인중개소 사장님 찾아뵙기 작업으로 몇 개의 물건을 간신히 확보할 순 있었다.

하지만 자금 조달에 문제가 발생했다. 보유하던 빌라가 매매돼야 투자금을 확보할 수 있는데 매매를 내놓은 빌라는 한 달 동안 감감무소식이었다. 우리가 조합원 입주권을 찾는 수요를 파악해 보니 분명 일반분양 공지가 뜨고 나면 엄청난 수요가 몰릴 것으로 보였고, 일반분양이 끝나면 바로 프리미엄이 치고 올라갈 것이 눈에 선했다.

하지만 끝내 빌라는 팔리지 않아 투자금을 마련하지 못했고 재건축의 일반분양이 공지됐다. 일반분양권은 조합입주권에 대비해 초기 투자금이 매우 낮기에 덤벼들 만했다. 하지만 우리는 이미 중도금 대출 보증 한도를 넘었기에 매수가 어려웠다. 게다가 6개월 동안 전매기간이 있어 초기 프리미엄이 올라가는 것을 넋 놓고 지켜봐야 했다. 덩달아 조합입주권의 프리미엄도 분양권을 따라 올라갔다. 뒤늦게 우리 빌라가 매도되고 투자금을 마련한 시기에는 이미 프리미엄을 포함해서 조합입주권의 총비용은 2억 원을 넘었고 매수 가능한 물량 자체가 없기도 했다.

그렇게 재건축의 투자 타이밍을 놓치고 호계동의 다른 재개발 지역을 검토했다. 그 당시 90% 이상 이주가 완료된 지역도 있었고, 이주 확정만 되어 이주를 준비 중인 곳도 있었다. 두 재개발 지구는 아직 이주가 완료되지 않았고 건물도 부수지 않았으며 펜스조차도 안 친 상태였다. 투자로 들어가는 비용은 1억 원 후반이었다. 투자금은 다른 부동산 매도 및 추가 대출로 마련할 수 있었지만, 확정이 아닌 불확실성이 남은 물건에 투자하기에는 리스크가 있었다. 재개발의 경우 정책 및 조합원들의 대립 등으로 순간 삐끗할 수 있기에 자칫 장기적으로 투자금이 묶일 수 있다. 우리는 적은 투자금으로 길게 가거나, 큰 투자금으로 짧게 가는 것을 선호한다. 아쉽지만 호계동의 재개발, 재건축에는 시세가 상승할 것을 알면서도 들어가지 않는 것으로 결정했다.


## 놓치고 난 뒤 경험을 얻다

빌라와 아파트 그리고 분양권에만 투자하던 우리가 처음으로 조합원 입주권에 투자하려다가 결국 매수까지 이어지지 못해 큰 아쉬움으로 남았다. 하지만 이 과정을 통해 깨달은 것이 하나 있었다. 재개발과 재건축에 투자하려면 필연적으로 따라오는 것이 인고의 시간이다. 이것은 처음부터 상대적으로 적은 투자금으로 길게 가져가 최대의 수익을 내는 방법이다.

그렇다면 반대로 투자금의 부담은 크지만 짧은 기간 내 수익을 보는 방법은 무엇일까에 대한 의문이 있었다. 우리는 이번 경험으로 그 답을 얻게 됐다. 바로 재개발 또는 재건축의 일반분양 고시가 나기 몇 달 전에 조합원 입주권을 매입해서 인고의 시간 없이 짧은 시간 내에 가치 상승이란 기쁨을 누리는 방법 말이다.

지하철역 주변으로 투자할만한 아파트를 찾던 중 우리에게 다시 한 번 조합입주권에 투자할 기회가 찾아 왔다. 안양에 있는 1호선 라인 중 기존 상권과 교통을 그대로 이용할 수 있고, 초등학교를 옆에 끼고 있는 새 아파트라는 이점이 있는 자리에 재건축이 진행되는 곳을 찾게 됐다.

이미 기존 아파트는 철거돼 사업지만 있는 상태였고 펜스까지 올라가 있었다. 이번에는 잡아야겠다는 마음으로 정보를 수집했다. 그러나 소규모 재건축 단지라 온라인에 올라온 정보에는 한계가 있었다. 급한 마음에 사전 정보 수집은 차치하고 일단 주변 공인중개소부터 전화를 돌렸다. 하지만 그곳은 워낙 소규모였기에 대부분의 공인중개소에서 입주권을 다루지 않았다. 혹 다룬다고 하더라도 보유한 물건은 없고 다른 공인중개소에 알아보겠다는 대답뿐이었다. 그래도 이리저리 수소문해 얻은 정보는 일반분양이 3개월 뒤에 계획됐다는 것이었다. 우리는 어차피 청약통장도 없고, 중도금 대출에 어려움이 있기에 이번에는 반드시 입주권을 잡기로 했다.

눈으로 확인한 결과, 지하철역을 도보로 이용할 수 있는 거리 내에 새 아파트는 전혀 없는 상태였다. 기존 아파트에 사는 주민들의 만족도도 높다는 것까지 공인중개소를 돌아다니며 알게 됐다. 입주권을 구입하기 위한 총비용은 프리미엄 5,000만 원 정도를 포함해서 1억 원을 웃돌았다. 이미 기존 아파트를 허문 상태라서 주택이 아닌 토지로 거래되므로 취·등록세를 토지 기준으로 4.6%, 약 1,000만 원 정도 부담해야 했다. 투자금은 이미 준비돼 있었지만, 문제는 매물이 없는 것이었다. 며칠 동안 공인중개소에 전화를 돌려 매물을 파악했지만 일반분양을 앞둔 시기라 주인들이 매물을 계속 거둬들인다는 소식뿐이었다. 우리는 또 그렇게 조합입주권을 매수하지 못하는가 아쉬워하며 두 달여를 기다렸다.

그러다 잊힐 때쯤 모르는 번호로 전화가 왔다. 공인중개소에서 그토록 찾던 조합원 입주권의 매도자가 빠른 거래 가능한 사람을 찾는다며, 잔금을 최대한 빨리 마련해줄 수 있는지 연락이 온 것이다. 나는 직장 동료들과 회식 중이었고, 아내는 아이들과 저녁 식사를 하는 중이었다. 조건은 로열동에 로열층. 그리고 원하던 평수였기에 고민할 이유가 없었다. 조합입주권은 초기 투자금이 많아 매수자를 원하는 때에 빨리 구하기 어렵다. 구하더라도 잔금일정을 최대한 길게 잡는 게 보통이다. 하지만 우리는 투자금을 이미 준비해놓은 상태라서 언제든 잔금을 치를 수 있었고, 매도자도 마침 다른 부동산 물건을 매수하기 위해 잔금이 필요하다고 했다.

그때 나는 회식 중이라 술이 얼큰하게 오른 상태였다. 아내와 연락이 되지 않아 구두로 먼저 공인중개소 사장님과 계약을 진행했다. 지난 두 달 동안 한 번도 나오지 않았던 매물이 이제야 나타났는데 놓쳐서는 안 될 일이었다. 술기운으로 정신은 없었지만, 매도자의 신분 확인과 입주권의 확인까지 마치고서 가계약금을 입금해줬다.

음주운전 빼고는 웬만한 음주 행동은 다 해봤다고 생각했지만, 음주 계약은 난생처음이었다. 가계약금을 보내는데 계좌번호와 송금액을 몇 번 확인했는지 모른다. 그래도 그날 알코올 기운으로 공인중개소 사장님과 프리미엄 협상을 조금 더 부드럽게 풀어갈 수 있었다. 조금 딱딱해졌을지 모르는 분위기를 내가 먼저 웃으며 살갑게 다가가니 6,000만 원이었던 프리미엄을 5,500만 원까지 협상할 수 있었다.

가계약을 치른 그 주에 아내가 매도자와 만나 정식 계약서를 작성했다. 그날이 일반분양 공지 딱 보름 전이었다. 우리의 투자금은 프리미엄과 각종 세금 및 수수료를 포함해 1억 1,000만 원이었고, 조합원 입주권 총 가치로는 거의 3억 2,000만 원에 사들였다. 잔금은 한 달 뒤에 치르기로 하고 매도자와 기분 좋게 웃으면서 헤어졌다.

보름 뒤 일반분양가가 공개됐고, 우리가 사들인 조합원 입주권에 상응하는 금액으로 나왔다. 우리는 속으로 일반분양 전 우리가 제일 마지막 거래였겠구나 생각했다. 아마 우리 거래가액 기준으로 일반분양가가 정해지지 않았을까 생각도 했다. 그래도 주변 시세보다 저렴하게 분양가가 측정된 덕에 많은 사람이 몰리게 됐고, 특히 우리가 매수한 평수는 일반분양 수가 너무 적어서 초과 수요가 발생하게 됐다. 우리는 속으로 쾌재를 부르며 잔금 날짜를 기다렸고 마침내 잔금 날짜가 다가왔다. 매도자를 만나기 전에 공인중개소 사장님을 먼저 뵙고 요즘 분위기를 물어봤다. 그랬더니 일반분양 후 입주권 시세가 거의 5,000만 원이 더 올랐다고 했다. 그런데 매도자가 이 사실을 알고 엄청 예민해져 있으니 아무 소리 말고 입조심 해달라고 신신당부하셨다. 우리는 기분이 좋았지만 매도자를 만났을 때 표정을 보니 더 웃을 수가 없었다. 보통 부동산 매매할 때 분위기를 부드럽게 하고 서로 덕담을 나누는 편인데 그날은 아무 소리 하지 않았다. 오히려 내가 잔금을 치르려고 수표를 뽑아왔다가 매도자의 심기를 불편하게 해서 한소리 듣기도 했다. 황당했지만 매도자의 안타까운 기분을 알았기에 그냥 그러려니 넘기고 잔금을 무사히 치르고 계약도 마무리 지었다.

이처럼 우리가 조합원 입주권에 투자한 방법은 이미 올라있는 프리미엄을 다 주고 사는 것인지도 모른다. 총액 기준으로 일반분양가에 거의 육박하게 사게 될지도 모르기 때문이다. 하지만 시간의 불확실성을 제거하고 싶었다. 아직 건물이 남아있는 상태에서 세입자까지 들여놓고 재개발, 재건축을 기다리는 것이 투자 금액 대비 수익이 훨씬 더 높을 것이다. 하지만 이러한 투자에서는 스스로 조정할 것이 별로 없다. 시간이 지나 프리미엄을 조금 더 받고 팔거나 아니면 재개발, 재건축이 시행될 때까지 기다릴 수밖에 없다. 시간에 묶여있는 투자보다 초기 투자금의 부담이 있지만 확실한 곳에 투자하고 싶었다. 물론 일반분양 후에도 시세가 상승하지 않을 리스크가 있다. 하지만, 구도심 중심에 역과 가깝고 기존 인프라가 구축된 재개발, 재건축이 주목받지 못할 일은 없을 것이다. 이것은 재개발. 재건축에 투자한다면 기본적으로 가져야 할 확신이 아닌가 싶다.

일반분양을 앞둔 재개발, 재건축 지역이 있는가? 그렇다면 우리가 시도했듯이 조합원 입주권으로 접근해보길 권한다. 청약 당첨은 운에 맡겨야 하고, 전매제한이 풀린 뒤 매수하게 된다면 전매기한 동안 오른 프리미엄을 다 내야 한다. 자금만 확보할 수 있다면 조합원 입주권을 노려보자. 분명 수익이 눈에 보이는 투자를 경험하게 될 것이다. 다만, 앞에서 언급했듯이 재개발, 재건축만 다룬 책들이 많으니 관심을 가지고 법률과 정책, 규제 등을 꼼꼼히 살펴보고 실천에 옮기길 바란다.

---

## 09

# 부동산 투자에 임하는
# 홍 사장, 김 여사의 기준

### 가용금액만으로 투자 물건을 찾지 않는다

일반적으로 사람들은 자신이 감당할 수 있을 만큼의 선을 그어 도전한다. 대부분 자신의 한계를 확인했을 때의 좌절감을 맛보기 싫어서일 것이다. 하지만 처음부터 자신의 한계를 설정해놓으면 그 한계까지 도달하기도 전에 그만두고 만다. 100%를 달성하고 싶으면 130%를 목표로 삼으라는 말이 있듯이 자신의 한계를 정해놓는 것은 할 수 있는 기회를 그만큼 줄이는 것과 같다.

우리는 부동산에 투자할 때 가용금액은 후순위로 파악한다. 무모할 수도 있지만, 가용금액에 한계를 지어놓으면 투자할 영역에 한계를 짓게 되어 생각의 확장에 방해된다. 우리는 모든 가능성을 열어두고 좋은 부동산이 무엇인지 찾아보고 분석한다. 좋은 부동산을 찾는 것을 모든 조건에서 최우선으로 둔다.

단기적 상승이 있는 곳인지, 장기적인 호재가 있을 곳인지 확인하고 투자 가치를 판단한다. 일단 물건을 찾으면 필요한 투자금이 얼마인지 파악하고 그때부터 우리의 가용금액을 파악한다. 우리가 융통할 수 있는 가용금액이 필요한 투자 금액보다 부족할 경우가 더 많았지만 그렇다고 투자의 기회를 놓친 적은 거의 없다. 부동산의 투자 가치를 알고 나면 투자해야겠다는 의지가 더욱더 솟아오르고 가용금액의 범위가 더 넓어지게 된다.

보험금, 대출, 비상금도 가용금액이 될 수 있다. 모든 것을 끌어모으면 어느새 투자 금액이 맞춰지게 된다. 만약 투자 금액을 맞추지 못해 물건을 거두지 못했다고 해도 실패로 남지 않는다. 우리의 명의로 가져온 것은 아니지만 가투자 목록에 올려두고 가치 상승을 경험하며 우리에게 간접 성공 체험을 안겨주기 때문이다.

이처럼 우리는 원한다면 반드시 가질 수 있다는 생각으로 부동산 투자에 임한다. 지금 당장 가질 수 없다면 때가 아직 오지 않았을 뿐이라고 여긴다. 혹시 가용금액이 5,000만 원밖에 없다고 생각하는가? 그렇다면 먼저 1억 원 이상의 투자금이 필요한 물건부터 찾도록 하자. 자신이 생각한 가용금액이 정말 5,000만 원인지는 원하는 물건을 찾았을 때 재평가될 것이다.


## 서로의 강점을 믿어주고 언제나 함께한다

아내가 직장에 다닐 때는 평일 저녁이나 주말에 아이들과의 시간을 희생해가며 물건을 보러 다녔다. 아내가 휴직한 이후로는 그렇게 하지 않아서 좋다. 주로 나는 새벽에 일어나 저평가 지역이 어딘지, 어디 아파트 갭이 최소화돼 있는지 각종 재테크 카페나 부동산 어플을 통해 정보를 수집한다. 물론 아내도 함께 정보 수집을 하지만 주로 밖에서 한다. 아내는 공인중개소 사장님들께 '젊은 언니'라는 별명을 얻을 만큼 현장에 강하다. 물건이 있는 지역의 현장조사는 대부분 아내가 도맡아 한다. 공인중개소에 직접 찾아가 실제 매물이 있는지 확인하고 현장의 목소리를 듣는 것은 부동산 투자에서 아주 중요한 덕목이다. 배우자가 그런 일을 하는 행동대장이라면 천군만마를 얻은 것과 같다.

전체적인 큰 그림과 지역분석은 나를 중심으로, 현장의 분위기와 정보 그리고 직감은 아내가 담당한다. 이는 수년간 함께 부동산 투자를 해오면서 각자의 강점을 알기에 가능하다. 그 강점을 서로가 인정해주고 믿었기에 분업이 가능했다. 우리는 함께했을 때 최고의 효과를 내는 서로의 조력자들이다. 내가 너무 앞서갈 때 남들은 그만 가라고 잡아끌겠지만, 아내는 더 앞질러가라며 다독여준다. 나 역시 아내가 새로운 도전을 할 때 더 많은 것을 할 수 있게 지원한다.

부부가 함께한 시간의 힘은 대단하다. 처음에는 의견이 맞지 않아 삐걱거리기도 하고 심지어 부부싸움으로 발전될 수도 있다. 하지만 그것은 서로가 맞춰지는 단계며 해결방법은 시간의 힘을 빌리는 수밖에 없다. 남이라면 그 시간을 기다리지 못하고 지치고 포기할 수 있다. 하지만 평생을 함께해야 하는 배우자라면 말이 달라질 수 있다. 처음에는 힘들지라도 조금씩 단계적으로 생각을 일치시켜야 한다. 경제적인 활동까지 함께하는 것이 얼마나 좋은지 직접 경험해봐야 한다.

가족이라는 공동체 안에 경제적으로도 내 편이 생긴다는 든든함과 그것을 함께할 수 있다는 안정감을 느낄 수 있을 것이다. 각자가 직장이라는 전쟁터로 나가 1:1 각개로 싸우는 것보다 둘이 합심해 2:1로 재테크를, 그중에서도 부동산 시장을 공략하자는 선택을 했기에 얻은 행복이다.

## 떠다니는 정보의 무게를 잰다

세상에는 자칭 전문가라면서 "이런저런 호재가 많으니 이런저런 곳을 눈여겨보십시오"라고 말하는 사람들이 참 많다. 본업으로 부동산 투자할 수도 있고, 종일 데이터 분석하면서 얻을 수 있는 정보가 많을 터이니 일반인들보다 아는 것이 많을 수는 있다. 하지만 전문가들을 통해서 나오는 정보를 마냥 받아들이는 것은 좋지 않다. 우리는 지도만 봐도 어디가 투자하기 좋은 지역인지는 대충 안다. 임장을 가보고 시세를 파악하면 더 자세히 알 수 있다. 이렇듯 많은 정보 중에서 옥석을 가릴 줄 아는 자신만의 기준이 있어야 한다.

우리도 투자자들의 말, 칼럼니스트들의 기사, 재테크 카페의 글들을 자주 읽으며 경제의 흐름이나 부동산 시장의 분위기를 꾸준히 파악하고 있다. 하지만 아무 생각과 기준 없이 글을 읽어 내려가며 정보를 받아들이다 보면 어느새 그 사람의 의견이 내 생각이 된 것처럼 뒤죽박죽 섞일 수 있다. 우리는 이때 정신줄을 놓지 않으려고 부단히 노력한다.

한때 경제 칼럼니스트가 쓴 글을 읽은 적이 있다. 경제 관련 지표들을 분석해보니 앞으로 부동산 시장은 어려워지고 아파트값은 더욱 떨어질 것이므로 자신은 이때를 놓치지 않고 아파트를 한 채 마련하겠다는 내용이었다. 나는 이 글을 읽기 위해 투자한 시간이 너무 아까웠다. 장황한 데이터와 화려한 그래프로 설명하기에 무슨 이야기를 하려나 싶었더니 결론은 집값이 떨어질 예정이니 그때 내 집을 마련하라는 소리였다. 도대체 부동산 투자를 해보지도 않은 사람이 부동산 시장의 분위기와 시세를 논하는 것 자체가 이해가 되지 않았다.

한 분야의 전문가라고 해서 다른 분야에 경험도 없으면서 전문가처럼 행동하는 것은 아니라고 생각한다. 그 지역의 물건을 하나 사봐야 그 지역의 상황을 진심으로 알 수 있다. 그래야 또 그 지역의 호재를 진심으로 믿을 수 있다. 비슷한 사례로 주식 투자할 때도 관심 있는 종목은 1~2주는 사놓아야지 조금 더 주의 깊게 보인다. 적은 돈이라도 내 돈이 들어가야 적극적인 관심을 쏟게 되는 것이다. 그 지역에 하나의 물건이라도 투자한 사람들의 말을 들어라. 그렇지 않은 말은 단순히 손품만 팔아도 다 알아낼 수 있는 정보들이니 스스로 노력하면 구별해낼 수 있다.

단 그 지역에 사는 사람의 말은 가려서 들어야 할 필요가 있다. 왜냐하면 투자자의 관점과 실거주하는 사람들의 관점은 확연하게 다르기 때문이다. 내 집값을 띄우기 위해 각종 포장된 언어와 과장된 정보를 가져다 붙이는 홍보성 글에 현혹되지 말자. 그 지역과 아파트에 투자하기로 선택한 이유를 자신만의 기준으로 분석해낼 줄 알아야 한다.

정보에도 각기 다른 무게가 있다. 가볍게 떠돌아다니는 소문을 조합해서 만들어낸 정보들이 있고, 자기 생각을 글로 표현한 것도 있으며, 타인에게 영향을 줄 묵직한 진실과 같은 정보들도 있다. 그렇기에 우리는 정보라는 것을 쉽게 믿거나 받아들이지 않는다. 경험이라는 무게가 실리지 않은 껍데기에 가까운 정보와 조언은 그냥 흘러가도록 내버려둔다. 오히려 이러한 정보들은 우리들의 결정에 혼란을 줄 뿐이며, 받아들여도 금방 없어져 아무런 도움을 주지 못하기 때문이다. 우리의 생각에 영향을 줄 수 있는 것은 오랜 경험을 통해 우러나온 숙성된 정보들이다.

《가장 빨리 부자 되는 법》의 저자 알렉스 베커가 '성공하지 못한 사람들의 말을 듣지 마라. 그들 중 99%는 무엇 하나 제대로 아는 게 없다'라고 했듯이 우리는 부동산 투자의 맛을 경험한 선구자들의 정보를 얻어내야 한다. 그들의 지식이 알고 싶은 게 아니라 그들이 성공하기 위해 고생하고 겪은 경험을 얻어내고 싶은 것이다. 그들이 그곳까지 가기 위해 겪었던 고행들을 우리가 겪지 않도록 알려주는 것은 너무도 고마운 일이다. 말은 누구나 하기 쉽다. 널린 정보들을 가공해서 답을 내리기도 쉽다. 그것을 만든 수고에 고마움을 표하면 된다. 단지 그것은 그들의 입에서 나온 것이지 그들의 것이 아니란 것을 알아야 한다. 하지만 경험이 실린 묵직한 정보들을 찾아내기란 쉽지 않다.

세상에 너무나 많은 전문가가 있지만, 무게감 있는 정보는 그리 많지 않다. 같은 정보를 1차 가공하고 2차 가공해서 보기 좋게 만드는 것뿐이지 정보의 질이 좋아지는 것은 아니다. 그래서 우리는 매번 책을 읽고 기사를 챙겨보며 우리의 생각을 묵직하게 해줄 정보들을 찾는 노력을 게을리하지 않는다. 부동산 투자는 정보의 무게 싸움이기도 하다.

## 어장 안의 물고기에 집중한다

우리가 부산에 있을 때는 부산의 물건에 집중했다. 우리가 살았던 곳이고 위치나 분위기에 대해서는 누구보다 잘 알기 때문이다. 그리고 경기도에 올라와서는 경기도 물건에만 집중했다. 그리고 5년 정도의 시간이 지나고 나니 경기 남부 일대가 내 눈 안에 들어왔다. 남들이 지방 물건에 투자할 때 우리는 수도권에 더 집중했다. 지방 투자가 필요하다 느꼈을 때는 그나마 우리가 살아왔던 부산에 투자했다. 며칠 공부했다고 몇 번 사람들과 이야기해봤다고 지방에 있는 물건을 덜컥 사는 것은 위험한 발상이다. 물론 좋은 정보, 즉 경험이 실린 조언과 좋은 타이밍으로 많은 수익을 낼 수는 있을 것이다. 하지만 우리는 그렇게 하지 않기로 했다. 스스로 자신 없는 곳, 직감이 오지 않는 곳, 우리의 시야에 들어오지 않는 곳은 상황에 대해 주도적으로 판단할 수 없기에 이러한 투자는 하지 않았다. 또한 바운더리 내에 없는 물건은 변화에 대한 움직임을 바로바로 포착할 수가 없다. 이것은 우리가 강조하는 주도권이 없는 투자며 한 발 앞선 매수와 매도를 하기에 제약이 너무 많다.

몸이 멀어지면 마음도 멀어진다는 말이 있다. 부동산도 너무 멀리 떨어져 있으면 그것이 받는 외부 환경의 변화를 제대로 알아챌

수가 없다. 손이 큰 사람들은 지역 사람들과 합심해 공동 투자를 한다면 리스크를 줄일 수 있다고 한다. 하지만 이 또한 주도권을 가질 수 없으며 우리가 생각하는 투자 방향과 맞지 않는다. 그리고 더욱 중요한 것은 이미 내게는 공동투자자인 아내가 있기에 고려할 필요가 없다.

## 보유 개수보다 보유 기간을 중요시한다 – Never sell it!

나는 하고 싶은 것이 참 많은 사람이다. 그중에 가장 재미있고 설레는 일을 선택하라면 최우선은 부동산 투자다. 연애 시절 지금의 아내와 공동명의로 아파트를 매수했던 것을 시작으로 지금까지 수십 건의 매매 계약을 해왔다. 그 시절부터 우리에겐 부동산 투자의 한 가지 원칙이 있다.

Never sell it!

어느 멕시코 부호에게 부자가 될 수 있었던 이유를 물었을 때 답으로 들려줬던 말이라고 한다. 우리도 부동산은 된장과 같이 묵혀 두고 숙성될수록 그 가치가 더 높아질 것을 알기에 그 말에 크게 공감했다. 이 말을 우리 부부의 투자 원칙으로 가져와 부동산은 최대한 오래 보유하기로 정했다. 얼마 전까지만 해도 자신의 보유 부동산 개수가 자랑이 되고 시장을 보는 능력으로 평가되기도 했다. 갭 투자를 활용하면 수십 채의 아파트를 가질 수도 있었다. 특히 지방 부동산을 활용하면 더욱 쉽게 접근할 수 있기에 우리는 그것을 실력이라기보다 투자 기술이고 방향일 뿐이라고 생각했다.

다이아몬드를 조금씩 사모아서 시세가 올랐을 때 파는 것과 사파이어를 대량으로 사들여서 시세가 오를 때 파는 것 가운데 어떤 게 더 뛰어난 실력이라고 할 수는 없다. 그런데 최근 정부의 부동산 정책으로 자신의 보유 부동산 개수를 내세우기보다는 똘똘한 부동산을 보유했다는 것을 강조하는 추세인 듯하다. 아무래도 갭 투자로 재미를 봤던 사람들이 어려움을 겪으면서 부동산 보유 개수를 이야기하는 분위기가 쏙 들어가지 않았나 싶다.

부동산 투자하려면 지역을 조사하고 물건을 분석하고 임장도 가고 공인중개소도 방문하는 등 생각보다 많은 일을 하게 된다. 회사에서 업무로 미래 먹거리를 위해 시장조사나 분석을 할 때는 힘들지만, 부동산 조사 분석을 할 때는 얼마나 재미있는지 모른다. 그래서 자신이 하고 싶은 것을 직업으로 가지는 것을 천직이라고 하나 보다. 나도 천직을 가져보고 싶었다. 의무적으로 직장에 다니는 것이 아닌, 내가 하고 싶은 일을 위해 즐기면서 일하고 돈도 벌고 싶었다. 나만 이렇게 생각하는가? 아마 많은 사람이 이것을 이루기 위해서 언제가 될지 모르지만 계속해서 돌파구를 찾고 있는지 모른다. 뉴스에서나 사람들 사이에서 요즘 부동산 시장이 좋지 않다고 한다. 정부의 부동산 정책과 규제로 거래 절벽이 생긴 지역도 있기에 그것이 정답인 것처럼 느껴지는 것일지도 모른다. 우리가 보유한 부동산 가운데 전세값이 호가 대비 하락한 곳도 있고 심지어 매매가도 떨어진 곳도 있다. 하지만 그것은 누구의 기준에서 시장 상황이 좋지 않다는 것일까? 그렇다면 지금 이 순간에도 적절한 곳에 적절한 투자로 수익을 올리는 투자자들은 무엇으로 설명할 수 있을까? 나는 그들이 지금의 상황을 두려워하는 이유는 '준비되어 있지 않기 때문'이라고 생각한다. 자신만의 기준이 없기에 외부에서 들려오는 수만 가지 정보들에 휘둘릴 수밖에 없다. 우리는 정부의 정책이든 금리 인상이든 외부적 요인에 크게 신경 쓰지 않는다. 이제껏 우리만의 기준으로 해왔기에 지금의 이 상황은 과거에도 다 있었던 하나의 사건일 뿐이다. 지금 금리가 오른다고 다들 걱정하지만 금리가 상당히 높을 때도 부동산 투자는 계속 이어졌었다. 우리는 'Never sell it'이라는 원칙으로 계속해서 좋은 물건을 들이면 된다. 만약 어려운 상황이 닥치면 이겨낼 수 있을지 없을지를 판단해서 버티거나 매도하면 된다. 우리는 늘 이렇게 해왔으며 앞으로도 우리의 부동산 투자의 원칙은 바뀌지 않을 것이다.

## 대출은 선택이 아닌 필수다

대부분의 집안이 그렇지만 나는 어렸을 때부터 대출과 보증은 절대 하지 말라고 귀에 못이 박이도록 교육받았다. 그래서인지 지금도 돈이 필요한 지인이나 가족이 있다면 그냥 주면 줬지 보증 같은 건 서주지 않는다. 하지만 대출에 대해서는 조금 입장이 다르다. 나는 어렸을 때부터 갖고 싶은 게 있다면 어떻게든 돈을 끌어모아 남들보다 빠르게 사들였다. 부모님께 용돈을 가불하고 모아둔 저금통도 털어봤다. 그것도 모자라면 형, 누나, 친구에게 빌려도 보고,

안 쓰는 물건을 팔아서 돈을 마련하기도 했다. 그렇게 만든 돈으로 내가 원하는 것을 사고 나면 그렇게 행복하고 좋을 수가 없었다. 갚아야 할 돈은 걱정되지 않았다. 어떻게든 마련할 수 있다는 자신감이 있었기 때문이다.

이러한 어릴 적 경험이 지금의 대출에 대한 마인드에 많은 영향을 끼쳤다. 우리는 현재 나이에 비해 많은 자산을 보유하고 있다. 우리가 생각해도 참 대단한 것 같다. 또 다른 한편으로는 놀라울 만큼 많은 대출을 가지고도 있다. 어찌 보면 이것이 더 대단한 것일 수도 있다.

사업하시는 지인 중에 소형 유조선을 3척이나 가지고 계신 분이 있었다. 첫 유조선의 건조비용이 200억 원이었다고 한다. 그는 이 돈을 전부 현금으로 지불하고 선박 건조를 했을까? 선박 건조 기간 동안 그 많은 돈을 벌 수 있었을까? 아니다. 대부분의 비용을 기관 대출로 지불했다고 한다. 그렇다면 기관은 무엇을 보고 그 많은 돈을 빌려줬을까? 단지 완성될 선박의 매매가를 보고 판단했을까? 아니다. 기관은 지인이 소유한 회사의 신용도, 현금 보유 수준, 영업이익 등을 보고 종합적으로 판단했을 것이다.

나는 자산도 그렇지만 대출 또한 자신의 능력이라 생각한다. 그만큼 나를 믿을 수 있기에 기관에서 돈을 빌려준 것(물론 사채는 사용하지 않는다)이라 믿는다. 기관에서 평가했을 때 원금과 이자를 갚을 능력이 된다고 판단했을 것이며, 그렇기에 당당히 이자를 내며 그 돈을 활용해 레버리지 효과를 보고 있다. 우리는 기관에서 돈을 빌려주는 것을 매우 고맙게 생각해야 한다. 기관 또한 그 돈을 빌려 쓰는 우리에게 고마워해야 마땅하다. 예금한 고객에게는 1% 이자를 지급하면서, 대출한 고객에게는 2~3%에서 많게는 6~7%의 이자를 받아가고 있으니 말이다. 서로 상부상조하는 거래라고 생각한다.

요즘 언론에서 대출에 관한 이야기가 많다. 대부분 대한민국은 빚더미에 쌓여있다는 부정적인 썰만 풀고 있다. 젊은이들이 무리한 대출, 속된 말로 영끌해서 부동산과 주식에 투자한다고 경고하고 있다. 시국이 어려워지고 경제가 나빠지면 이자에 대한 부담이 늘어날 수 있기에 리스크에 대한 대비는 필요하다. 그렇다고 대출을 너무 꺼리나 무서워한다면 많은 것을 놓칠 수 있다.

무작정 대출이 좋다는 것이 아니고, 대출을 조장하고 옹호하는 것도 아니다. 소득에 맞지 않는 자동차 또는 사치품을 사려고 대출을 활용하는 것은 우리가 말하는 레버리지가 아니다. 자신이 원하는 투자 물건을, 자신이 원하는 시기에, 자신이 가진 돈으로만 투자할 수 없을 때 대출을 활용하자는 것이다.

나라에서 대출 규제를 더욱 강화하는 지금, 투자자들의 걱정이 많아지고 있다. 하지만 합법적인 방법으로 자신감 있게 밀고 나가면 안 될 것 없다. 아무리 규제가 강력해지고, 대출 금리가 올라가고, 대출 규모가 줄어든다고 해도 어떻게든 부동산 투자에 관한 대출은 선택이 아닌 필수로 남게 된다.

부동산 투자도 엄연한 사업이다. 규모가 작을 뿐이지 기업이 물건을 사고파는 것과 다를 바 없다. 잘나가는 기업들의 재무제표를 살펴봤을 때 빚이 없는 경우는 없다. 다만 현명하게 활용하고 있을 뿐이다. 혹시 대상이 주택이라 문제가 된다면 상업용 건물을 사고

팔고 임대하면 된다. 대출을 빚이라고 생각하며 너무 무겁게 생각하는 사람들이 있다면, 대출이 자신의 미래 자산을 끌어다 쓴다고 생각하면서 조금은 편안하게 활용했으면 좋겠다.


## 무조건 서울과 가까워야 한다

우리는 그 핫하다는 동탄 신도시에 뒤늦게 임장을 가봤다. 나는 지인이 그곳에 거주하고 있어서 여러 번 방문하고 지인 도움으로 몇 번의 브리핑을 듣기도 했다. 아내는 도시 인프라가 갖춰진 뒤 지인의 집들이 겸 임장을 위해 방문했다. 나는 엄청난 개발 규모와 계속 이어질 호재에 오래전부터 관심을 가졌었기에 발을 담그지 못한 것에 아쉬움이 있었다. 그래서 아내를 끊임없이 설득하고 투자 물건을 선정해서 브리핑해보고 싶었다. 그러나 아내는 직접 임장하고 난 뒤에도 전혀 흔들림이 없었다.

"와~ 살기 좋은 동네다!" 이 짧은 한마디로 아내의 소감은 끝이었다. 아내는 부산에서 경기도로 올라오면서 세운 '서울과 먼 곳에는 투자하지 않는다'라는 부동산 투자에 관한 철칙이 하나 있었다. 아무리 서울로 가기 편한 교통수단이 생겨도 물리적 거리가 멀다면 투자하지 않는다는 지론이다. 동탄, 평택, 천안이 아무리 핫해도 우리가 투자에 뛰어들지 않았던 이유다. 동탄 2신도시에서만 몸테크 신공을 활용해 벌써 5억 원 이상의 시세차익을 창출한 지인도 있다. 또 평택과 천안에 투자하고 시기적절하게 빠져나와 많은 수익을 본 사람들도 있다. 그럴 때마다 나는 변하지 않는 아내의 기준을 존중하고 인정하며 쓰라린 속을 스스로 삭이며 명상한다.

우리는 아직 서울에 보유한 부동산이 없다. 매번 서울의 아파트가 치솟는다는 소식을 들을 때마다 조급하고 답답하기도 하다. 다행히 그에 상응하는 파급 효과가 서울과 가까운 경기도 일부 지역으로 번지기도 하기에 위안이 된다. 그럴 때일수록 서울과 가까운 곳 위주로 투자한 것이 너무나 잘한 일이라 생각한다. 정말 가지고 싶은 서울이지만, 인서울하기 위한 올인보다 투자금을 분산시켜 다방면의 수익을 창출하는 것도 중요했다. 이러한 투자법은 우리 스스로 결정한 것이라 후회는 없다. 오히려 이 경험을 통해 배우고 느낀 것이 더 많은 요즘이다.

---
## 10

# 경험치가 늘면
# 직감의 초능력이 세진다

결과만 놓고 본다면 2017년 8·2대책 이후 전국적으로 아파트 가격이 많이 올랐다. 돌이켜보면 우리가 부동산 물건 검색하고 투자에 한창 물이 올랐던 해도 2017년도였다. 시간이 흐른 2021년 지금 생각해 보면 그때 우리가 행동하지 않았으면 어떻게 됐을까 등골에 식은땀이 흐르면서 가슴이 먹먹해진다. 그 당시 우리는 경제적 독립이라는 미래를 꿈꾸고 있었다. 묵직하게 다가오는 미래를 걱정하면서 조금 안절부절못하기도 했다. 하지만 이러한 긴장감이 우리를 더 나아가게 하고 발전시키는 좋은 기회를 끌어당겼다.

한창 투자처를 찾던 그 당시 눈에 계속 들어오는 지역이 있었다. 소사~원시선 신규 철도 노선 위에 있으며 아직 저평가된 지역이었다. 2018년 철도 개통을 앞두고 있고 신안산선의 지선으로 인한 더블역세권이 될 지역이었다. 다만 눈앞의 현실만 봤을 때는 그다지 살고 싶지 않은 곳이기도 했다. 우리가 만약 실거주용으로 접근했다면 우리의 레이더망에 들어올 만한 물건이 아니었다. 하지만 투자의 관점에선 조금 달랐다. 내가 살고자 하는 곳이 아닌, 이곳에는 어떤 사람이 살고 싶어 하는지, 이 동네는 무슨 일을 하는 사람이 살고, 수준이 어떠하며, 어떤 생각을 하는지 먼저 파악해야 한다.

나는 지도를 펼쳐놓고 1단계 지역분석을 끝마쳐 놓은 상태였다. 다음은 아내와 대화한 뒤 임장을 가야 한다. 아내에게 먼저 새로운 철도의 파급 효과를 간단히 브리핑하고, 나의 관심물건이 무엇인지, 위치가 어디인지, 향후 호재는 무엇인지 설명했다. 하지만 돌아오는 답변은 "너무 고립된 곳 아니야? 초등학교랑 거리가 있는데?", "소사~원시선이 과연 효과가 있을까?"라며 썩 반응이 좋지 않았다. 하지만 나는 굴복하지 않았다. 우리는 직감을 우선한다는 것을 알고 있었기 때문이다. 일단 현장에 가서 보고 느끼고 들어보면 분명 생각이 달라질 것으로 판단했다.

지역 임장에 나서며 동네에 도착했을 때의 분위기는 이미 내 머릿속에 그려진 그림과 비슷했다. 하지만 처음 접하는 아내는 궁금한 게 많은 것 같았다. 역사 위치, 초등학교 위치, 주변 환경, 도로 접근성 등을 미리 공부하고 온 나와는 다른 느낌이 들었나 보다. 무방비 상태로 지역을 느끼는 아내의 직감은 또 차원이 달랐을 것이다.

주변 임장을 마치고 마지막 단계인 공인중개소에 방문했다. 둘이 같이 들어가서 브리핑을 들으면 좋겠지만 껌딱지 같은 아들들이 때마침 깨어나 상황은 녹록지 않았다. 하는 수 없이 나는 아이들과 함께 차에서 기다리기로 하고 아내만 혼자 공인중개소에 보냈다. 시간이 흐른 후 차로 돌아온 아내는 "이거 잡아야겠는데?"라며 상기된 얼굴을 하고 있었다. 그냥 내 말만 들었을 때는 몰랐는데 실제 현장에 와서 보고 들으니 감이 왔다고 했다. 아내가 말한 이 '감'이란 말에는 많은 것이 포함돼 있을 것이다. 쉽게 말해서 감이지, 어느 것 하나 빠지지 않게 정보를 매칭하고 자신의 경험을 빗대어 판단하는 아내의 능력인 것이다. 여전히 우리는 이러한 감을 키우려고 지역을 방문하고 서로의 경험과 지식을 나누는 여행길에 오른다.

데이터를 철저히 분석하고 수많은 정보를 조합해서 투자의 방향을 결정하는 것이 나쁘다는 것은 아니다. 주식의 경우 부동산과 비교할 수 없는 데이터의 조합 시장이다. 하지만 주식에서 데이터 분석을 잘한다고 무조건 성공하지는 않는다. 왜냐하면 주식 또한 사람이 하는 것이고, 심리가 포함되기 때문이다. 심지어 비교할 수 있는 데이터 군이 많은 것도 아닌 부동산 시장에서 숫자와 그래프만으로 답을 내리기에는 모수가 너무 작고 오차범위가 너무 커진다. 부동산 시장의 경우 내가 살 집 하나 마련해야겠다는 심리가 지배적으로 크기 때문에 데이터보다 개별적인 변수가 더 클 수밖에 없다.

이렇게 사람들의 개별적인 심리적 변수가 클 때는 자신만의 기준이 필요하다. 외부의 평가가 어떠하든 누군가가 아니라고 해도 꿋꿋이 치고 나갈 수 있는 기준 말이다. 우리는 그 기준 중 하나가 직감이다. 아무리 좋은 곳이라도 우리에게 직감이 오지 않으면 투자하지 않는다. 아무리 전문가들이 아닌 곳이라고 해도 우리가 직감이 좋으면 그대로 밀고 나간다. 부부가 함께 10년 넘도록 부동산 투자하며 쌓아온 지식과 경험에서 나오는 감이다. "지금껏 우리가 직감을 따르지 않았다면 지금의 자산을 축적할 수 있었을까?"라는 질문에 자신 있게 대답할 수 있다. 절대 그렇지 못했을 거라고 말이다.

지난 몇 년을 되돌아보면 돈 벌기에 가장 좋은 때가 아니었나 싶다. 부동산 가격도 많이 올랐고, 주식도 많이 올랐고, 가장 큰 이슈인 암호화폐 또한 많이 올랐다. 만약 우리가 부동산이 아닌 주식이나 암호화폐에도 돈 냄새를 맡을 직감이 있었다면 인생을 또 한 번 바꿀 계기가 됐을지도 모른다.

우리는 부동산 투자를 꾸준히 해오면서 시기를 놓치지 않길 참 잘했다는 생각이 들었다. 강남을 제외하고 이슈되는 지역의 30평대 아파트의 가격은 10억 원이 기본인 것처럼 올라있다. 우리가 결혼할 당시만 해도 10년에 10억 원을 모으는 '텐인텐(10 in 10)'이 맞벌이 부부의 목표이자 꿈이었는데 막상 10년쯤 지나니 텐인텐으로는 집 한 채밖에 살 수 없는 현실이 돼버렸다. 우리가 투자하지 않았다면 돈이 모이지 않는 쓸쓸한 통장을 보면서 멀어져가는 내 집 마련의 꿈을 붙잡지 못해 한탄만 하고 있었을 것이다.

요즘 화폐의 가치가 뚝 뚝 떨어지고 있음을 피부로 느낀다. 아내의 직감 덕분에 극적으로 매수한 한 아파트 분양권은 요즘 갑자기 불이 붙어 몇 달 사이에 2억 원 가까운 피로 거래가 되고 있다. 마치 몇 달 사이에 2억 원 가까운 현금 가치가 떨어진 것 같은 느낌을 받았다. 만약 투자금을 그냥 현금으로 들고 있었다면 단돈 몇만 원의 이자만 받았을 것이다. 항상 인플레이션을 대비하지 않으면 안 되겠구나 생각했다. 때를 놓치지 않는 것은 정말 중요한 일이다. 학창 시절의 공부가 그럴 수도 있고, 젊은 시절부터의 치아 관리가 그 예가 될 수 있다. 돈 관리도 때를 알아차리고 기회를 놓치지 않는 것이 중요하다는 것을 이번 경험으로 뼈저리게 느꼈다. 돈 냄새를 맡는다는 것은 그만큼 돈의 흐름에 예민하게 반응한다는 것이다. 우리 부부의 경우 작게는 부동산 투자 시장 안에서의 감을 잃지 않으려고 한다. 돈을 벌 수 있는 돈의 흐름을 놓치지 않기 위해 돈을 향해 귀를 쫑긋 세우고 있다. 어떻게 해야 돈을 벌 수 있을지 끊임없이 고민하고 도전하는 것이 우리가 할 수 있는 유일한 방법이다.

# 4장

# 부의 가속도를 올려라

부부가 함께할수록 돈은 빨리 붙는다

# 01

# 내조가 아닌
# 조력 재테크

요즘 우리 세대의 젊은 부부들은 남자 역할, 여자 역할이 따로 정해져 있지 않다. 남자나 여자나 결혼 전부터 대부분 경제활동을 한다. 육아로 여성이 경제활동을 잠깐 쉴 수도 있지만 이젠 남성도 쉴 수 있다. 실제로 남성의 육아휴직이 점차 늘어나는 추세다. 꼭 육아휴직을 하지 않더라도 남성의 육아 참여와 가사 참여 비율도 높아지고 있다.

### 재테크에서 내조는 무엇일까

역사적으로 성공한 사람들 뒤에는 훌륭한 배우자가 있다. 나폴레옹, 카네기, 에디슨 등 세상에 이름을 남긴 사람들이 성공을 이루기 위해 혼자만 노력한 것이 아니다. 그들에게는 힘들 때 함께하고 의견을 같이 나누고 조력해줬던 배우자가 있었다. 다만 그들의 이름은 여성이라는 이유로 그늘에 가려졌을 뿐이다. 그래서 많은 사람은 그들의 이름을 기억하지 못한다.

하지만 지금은 그때와 사회문화적인 분위기가 많이 달라졌다. 사회생활에서 남성과 여성의 역할에 대한 차별이 없어진 만큼 가정에서도 남편과 아내가 해야 하는 일이 구분돼 있으면 안 된다. 물론 집안일이나 육아를 더 잘하는 사람이 집중하는 것은 좋다. 그러나 가정의 경제활동은 성별의 구분 없이 남편과 아내, 둘 다 참여해야 한다.

아직도 돈은 남자가 벌어오고 여자는 집에서 자식만 잘 키우면 된다고 생각한다면 당장 그 생각을 바꾸길 바란다. 선진 유럽사회에서는 여성이 일하지 않으면 오히려 이상한 시선으로 바라본다고 한다. 우리나라도 여성에 대한 교육수준이 높아지면서 그러한 분위기가 조금씩 확산되고 있다. 이 흐름에 따라 남성 육아휴직이 더욱 활성화되고 있으며, 내조를 잘하는 남편이 관심받는 사회로 변화하고 있다.

경제활동을 같이한다는 것은 아내도 남편과 같이 사회에 나가서 돈을 벌어와야 한다는 뜻이 아니다. 아직 우리 사회는 남녀가 만나 가정을 꾸리게 되면 남편은 사회에 나가 일하고, 아내는 육아라는 이유로 집에 머문다. 돈 관리는 남편이 하고, 아내는 생활비를 타서 쓰게 된다. 반대로 남편이 월급을 받아오면 그 돈을 모두 아내가 관리하면서 남편은 재테크에 무지한 경우도 많다. 자연스레 가정이란 경제공동체 안에서 돈을 바라보는 시선이 달라질 수밖에 없다. 우리는 이러한 점이 너무 안타깝게 느껴진다.

나도 보통의 남편들처럼 아내에게 돈 걱정 없이 살게 해주고 싶었다. 결혼하면서 아내의 손에 물 한 방울 묻히지 않게 해주리라 다짐도 했었다. 하지만 첫째가 태어나고 육아로 둘 중 한 명이 집안에 머물러야 하는 상황이 생겼다. 우리는 월급이 조금이라도 많은 사람이 일을 더 하는 게 맞다고 판단했다. 결국 내가 직장을 계속 다녔고 아내가 집안일을 전담하게 됐다. 내가 좀 더 돈이 많았다면, 우리가 좀 더 많은 자산을 가지고 경제적인 여유가 있었다면 어떤 선택을 했을까? 나는 젊었을 때 마음껏 돈을 써대며 낭비했던 것을 후회했다. 내가 아내에게 해줄 수 있는 일이란 고작 손에 물이 묻지 않게 고무장갑을 사주는 것뿐이었다.

세상에 전해져 내려오는 성공스토리 대부분은 주인공이 한 사람이다. 남편이 퇴사하고 몇 년간 부동산에 매달려 투자해서 드디어 성공했다는 이야기, 아내가 아이들을 둘러업고 부동산 투자하면서 성공한 이야기들. 하지만 정말 우리가 들은 것처럼 단 한 사람의 노력만으로 그 성공을 이룬 것일까? 주인공이 목표를 이루기 위해 열심히 달려가고 있을 때 그 사람의 배우자는 과연 무엇을 하고 있었을까? 말 그대로 정말 열심히 '내조'만 했을까? 주인공이 목표를 이루는 일에 집중할 수 있도록 대신 독박육아를 하고, 주인공이 목표를 이루는 시간이 필요할 때 배우자는 열심히 회사에서 월급을 벌어오는 게 과연 다였을까? 그렇게 하는 것이 정말 맞는 것일까?

성공스토리에는 주인공이 열심히 공부하는 새벽에 배우자는 코를 골며 잠을 자고 있었는지, 아니면 같이 깨어있었는지에 대한 언급은 거의 없다. 과연 그들의 배우자가 내조했다면 어떻게 내조했을까? '내조의 기술'을 배우고 싶어도 도무지 배울 수가 없다. 너무 궁금하지만 알아낼 수가 없다. 배우자가 성공을 위해 주말마다 5주동안 강남으로 강의를 들으러 간다면 육아를 독박으로 책임져주는 일만이 '내조의 기술' 같지는 않기 때문이다.

우리는 재테크에 관련된 것은 모두 함께했다. 돈을 버는 것, 돈을 쓰는 것, 돈을 모으는 것, 돈을 지키는 것 모두 말이다. 가끔 전문적인 지식을 심도 있게 공부하기 위해 주말을 활용해 혼자서 강의를 듣기도 했다. 부부가 함께 강의를 들으려고 어린아이들만 집에 내버려 둘 수는 없었다. 내가 강의를 들으러 강남으로 가는 날이면 아내는 온전히 두 아들의 육아를 혼자 감당해야 했다. 반대로 아내가 강의를 들으러 나가는 주말이면 그 날의 육아는 온전히 내가 맡았다. 서로가 흔쾌히 독박육아를 할 수 있었던 것은 그녀의 성장이 곧 나의 성장이라 생각했기 때문이다. 우리는 가정 안에서 재테크라는 같은 배를 타고 움직이고 있기에 그렇게 행동할 수 있었다.

'아내가 재테크를 도맡아서 하니깐 나는 더 잘할 수 있게 내조를 해야지'라고 마음먹은 적은 한 번도 없었다. 우리의 돈을 이야기하는데 그 누구 한 명이 주체가 될 수는 없다. '네 돈이 내 돈이고 내 돈도 내 돈이다'라고 생각하는 순간 균형이 깨져 버린다. 우리의 돈이라는 시선으로 함께 사랑하고 관리해야지 더욱더 많은 것은 함께 얻을 수 있다. 경제적인 풍요와 함께 성장하는 서로의 모습을 확인하며 또 다른 행복을 만끽할 수 있게 된다.

부부는 재테크 수단으로서 맞벌이의 의미를 계속해서 상기해야 한다. 더 빨리 우리가 원하는 목표를 달성하기 위해 더 많은 돈을 벌고, 더 빨리 자산을 불리는 데 집중해야 한다. 그것도 1인 플레이가 아닌, 2인 플레이로 말이다.

## 한쪽이 하는 내조보다 둘이 하는 조력

우리는 '내조'라는 단어보다 '조력'이라는 표현을 주로 쓴다. 둘 중 어느 누가 가정의 경제를 책임지고 이끄는 주체도 아니다. 한쪽이 가정의 경제를 책임지는 대신 다른 한쪽이 육아를 책임지지도 않는다. 내가 바깥에서 일하는 시간이 많고, 아내가 집안에서 일하는 시간이 많다고 해서 아내가 집안일을 온전히 떠맡지도 않는다.

결혼했을 때부터 우리는 무엇이든 함께 움직였다. 맞벌이하고 있었기에 누구 하나 혼자 쉬지 않았다. 우리는 일할 때는 같이 일하고 쉴 때는 같이 쉬는 것을 지향했다. 같이 쉬기 위해 내가 설거지를 하면 아내는 청소하고, 내가 청소하면 아내는 빨래를 돌렸다. 누가 부탁하는 말을 할 새도 없이 알아서 집안일을 했고, 빨리 일을 끝낸 다음에는 같이 여유를 즐겼다.

아이 둘이 태어나고 결혼 10년 차 정도 되다 보니 자연스럽게 집안일에 대한 분업도 이뤄졌다. 딱히 나와 아내가 회의한 것은 아니었지만 자연스럽게 각자 맡을 영역과 구역이 정해졌다. 우리는 밀린 일을 함께 끝내고 아이와 놀 때도 함께 논다. 여유로운 주말 낮잠을 잘 때도 누구 하나 먼저 잠드는 법이 없다. 이러한 습관들이 더 빨리 돈을 벌고 더 많은 자산을 불리기 위해서 함께 해야 한다는 마인드를 만들어 줬다.

우리 부부의 역할 분담은 부동산 투자를 하는 데도 적극적으로 활용됐다. 처음에는 아내 혼자 이런저런 고민을 하고 투자 물건을 찾는 정도로 끝났었다. 그러다 내가 투자에 관심이 생기면서 우리 부부의 투자 목표와 성향이 확실히 정해졌고, 투자할 때도 자연스럽게 각자의 역할이 정해졌다.

이공계 출신으로 '전자두뇌'를 가진 나는 자금의 흐름과 투자 자금 계산, 절세를 위한 세금 분야에 더 많은 관심을 두고 공부하고 있다. 반대로 아내는 일명 고등학교 '수포자(수학을 포기한 사람)' 출신이다. 아내는 사회학 계열의 대학에 입학한 이후 수학과는 거의 담을 쌓고 살았다. 아내의 부족한 계산능력은 다행히 전자두뇌를 가진 내가 보완했다. 아내가 "그럼 얼마지?"라고 물어보면 내가 계산해서 답해준다. 아내는 계산기보다 더 빨리 답을 내놓는 내 실력을 아주 만족스럽게 여기고 있다.

내가 계산능력이 특화된 장점이라면, 아내에게도 뛰어난 능력이 있다. 아내는 어린아이부터 어르신들까지 많은 사람을 대상으로 상담을 해왔던 사람이다. 그때 갈고닦은 능력은 공인중개소 사장님을 직접 상대할 때 아주 요긴하다. 아내는 인터넷으로 찾은 정보가 맞는지 공인중개소 사장님께 확인하고 그 지역 정보와 조언을 끌어내는 역할을 한다.

이런 간단한 역할 분담에서도 알 수 있듯이 투자에서 하나부터 열까지 한 사람이 모든 과정을 챙기기보다 각자 잘하는 분야에서 역할을 분담한다면 그 효율은 엄청나다. 각자 자기 능력을 보일 수 있는 분야에서 실력을 보이면 상대의 부담을 덜어줄 수 있다. 우리는 서로 보완하며 덜어진 부담으로 더 적극적으로 투자에 임할 수 있었다.

만약 아내처럼 수에 약한 사람이 처음부터 끝까지 혼자 감당해야 했다면 시작도 하기 전에 머리가 지끈거렸을 것이다. 혹시나 계산이 틀리지 않았을까 신경이 곤두서고 그에 따른 막중한 책임감 때문에 쉽사리 도전하기 어려웠을 것이다. 취약한 부분은 시간을 들여 따로 공부하거나 세무사나 컨설턴트라는 전문가에게 의뢰할 수도 있지만, 또 그만큼의 시간과 비용이 발생하게 된다. 그러면 부부가 함께 통제할 수 있는 영역이 줄어들고 이는 좋은 기회를 놓칠 수 있는 결과를 낳을 수 있다. 하지만 우리는 서로의 감과 능력을 믿었고 한팀이 되어 움직이기에 각자 맡은 바 최선을 다하기만 하면 됐다.

만약 투자 물건을 매입하거나 매도를 해야겠다는 판단이 내려지면, 내가 매입가와 매도가에 따른 각종 경비와 세금을 적용해 그에 따른 득과 실을 계산한다. 그리고 아내와 의논해 최종적으로 투자 결정이 내려지면 이번에는 아내가 매수나 매도를 위해 현장으로 움직여 해야 할 일을 마무리 짓는다.

부부가 함께 노력해서 얻은 결과이기 때문에 그 성취감 또한 함께 나눌 수 있었다. 같은 성취감을 느끼면 서로 긍정적인 영향을 주고받을 수 있고 이는 앞으로 함께 움직일 원동력이 된다. 우리는 절대 '그때 내가 잘해서 지금 이렇게 될 수 있었지'라고 생각하지 않는다. '그때 우리가 그렇게 했었지'라는 생각으로 더 단단하게 뭉친다.


## 나의 보상이 아닌 우리 부부를 위한 보상

회사에서 승진했다. '회사에서의 승진'은 열심히 일하고 노력한 나를 위한 보상이었다. 그래서 아내에게 돌아오는 의미는 사실 크게 없었다. 아내가 직장에서 열심히 일해 그것에 대한 보상으로 승진하더라도 그것은 아내에 대한 보상이기에 내게는 큰 의미가 없다. 함께 축하할 수는 있겠지만, 단지 받아오는 월급이 조금 오를 뿐이다. 하지만 같은 목표를 정하고 마침내 이뤄냈을 때 주어지는 보상은 우리 부부 모두를 위한 것이었다. 같은 성공 경험을 공유하고, 같은 노력에 대한 보상을 경험하면서 우리는 또 다른 동기를 유발하기도 했다. 같은 경험이 쌓일수록 더 많이 서로를 이해하게 됐다. 서로의 역할이 중요하다는 것을 매번 느끼면서 더욱 서로를 존중하게 됐다.

작은 성공의 경험은 아이를 키우고 사람을 키운다. 그런 이유로 많은 육아서나 자기계발서에서 작은 성공을 많이 경험하고 축적하라고 강조한다. 성공의 경험은 더 많은 자신감을 가져오게 한다. 자신감은 두려움이 눈앞에 닥칠 때 뚫고 나갈 용기를 준다. 부부가 같은 성공 경험을 나누면 부부 모두를 성장시킬 수 있다. 누구 하나 그 성공에서 제외되지 않아 상대적인 열등감이나 소외감도 느끼지 않는다. 부부가 함께 노력해서 이룬 성공의 경험은 다음 도전의 밑거름이 된다.

배우자의 성공은 100% 나의 성공이 될 수는 없다. 배우자의 성공이 곧 나의 성공이란 공식은 있을 수 없다. 그의 일부만 함께 나눌 수 있을 뿐이다. 하지만 함께 노력해서 이룬 목표의 달성은 100% 우리의 성공이 될 수 있다.

---
## 02

# 함께해서 가능했던
# 첫 투자

결혼을 약속하고 신혼집을 구하기 위해 열심히 돈을 모았지만, 우리가 가진 돈으로는 원하는 전셋집을 얻을 수 없었다. 그때 아내는 크게 상심했다. 하지만 희망을 잃지 않고, 살고 싶은 집들을 열심히 찾기 시작했다. 그런데 어찌 된 일인지 아내는 전셋집을 찾는 것을 포기하고 매매물건을 찾는 게 아닌가. 2011년 당시에는 갭 투자라는 의미가 시장에 없었지만 아내는 전세를 끼고 아예 집을 사놓을 생각을 했다.

부산 부전동에 연식이 많지 않은 초역세권 아파트가 있었는데 당시 매매가가 2억 6,000만 원에 전세가 1억 8,000만 원이었다. 지금으로 말하면 매매가와 전세가의 갭이 8,000만 원에다 부대비용까지 합치면 약 8,500만 원 정도의 자금이 필요한 상황이었다. 아내는 마음에 드는 물건을 찾았다. 이제 매수 결정만 하면 되는 순간에 미래의 남편이 될 나를 설득했다.

## 결혼 전부터 공동 투자를 시작하다

"우리가 가진 돈으로는 웬만한 20평대 아파트 전세도 얻기 힘들 것 같아. 차라리 우리 집을 하나 사놓고 열심히 돈 모아서 나중에 그 집에 들어가서 살자" 당시 내게는 3,000만 원 정도의 현금이 있었고 아내는 2,800만 원 정도 모아둔 돈이 있었다. 나는 결혼하기 전이라 한 사람의 명의로 집을 사기에는 각자가 가진 돈이 너무 부족하다고 생각했다. 당시 주택을 담보로 빚을 내는 것은 잘못된 것이라 알고 있었고, 부산의 부동산 경기는 잠시 정체기였다. 게다가 돈을 합쳐 공동으로 투자했다가 혹시나 결혼 전에 둘이 헤어지기라도 하면 처분할 때 곤란한 상황이 생길 수도 있었다.

이러한 이유로 투자하는 것을 잠시 망설였지만, 우리 둘은 결혼에 대한 확신을 세우고 결국 공동명의로 집을 사기로 했다. 8,500만 원의 절반인 4,250만 원씩 서로 부담하기로 했고 모자란 돈은 각자 신용대출을 받아 해결하기로 했다. 즉, 나는 1,300만 원의 신용대출을 받았고 아내는 1,500만 원의 신용대출을 받아 결혼 전에 아파트를 매수할 수 있었다. 처음으로 신용대출을 활용하고 혼자가 아닌 다른 사람(곧 부부가 됐지만)과 함께 투자한 첫 아파트였다.

이렇게 돈을 합쳐 집을 매매한 뒤 우리는 보증금 2,000만 원에 월세 20만 원짜리 오피스텔에서 신혼살림을 시작했다. 오피스텔 보증금은 마이너스 통장 대출을 받아 마련했었는데, 아끼던 내 자동차와 오토바이를 결혼과 동시에 처분해서 마련한 돈과 결혼식 축의금을 합해 바로 갚을 수 있었다.

## 맞벌이 부부의 가정 경제 규모

부부가 각자의 수입과 자산을 따로 관리하는 것을 프라이버시의 개념으로 생각하는 사람도 많다. 하지만 그렇게 각자 따로 돈을 관리하다 보면 '규모의 경제'를 이용하기가 어려워진다. 투자에서 종잣돈 여부는 중요하다. 내 돈을 한 푼도 들이지 않고 투자할 방법은 있지만, 초보자가 도전하기에는 부담스럽다. 투자에 관한 공부도 많이 해야 하고 경험도 어느 정도 있어야 한다. 그리고 그런 물건은 초보자의 눈에는 잘 띄지 않는다. 결국 초보자는 접근이 쉬운 방법으로 먼저 투자를 시도해야 한다. 어느 정도 규모가 있는 투자금은 꼭 필요하다. 그뿐만 아니라 '돈이 돈을 번다'라는 말처럼 투자금도 그 액수가 커질수록 투자할 수 있는 선택의 범위와 규모가 달라진다. 투자금이 많이 들어가면 그만큼 리스크가 커질 수 있지만, 수익은 더 많아지는 경우도 많다.

요즘처럼 양극화가 심할 때는 오르는 아파트만 계속 오른다. 이때는 매매가 상승으로 전세값과 매매가의 갭이 커질 때 그 갭만큼의 투자금이 있어야 한다. 하지만 모아놓은 돈이 모자라 상승하는 아파트의 동아줄을 놓치는 경우가 허다하다. 이럴 때 부부가 함께 돈을 관리하면 좋다. 한곳에 제법 많은 종잣돈이 모여있고 그 규모를 한눈에 쉽게 파악할 수 있다면 투자금이 부족해 기회를 놓치는 후회스러운 일은 생기지 않을 것이다. 같은 돈이라도 둘이 나눠서 관리한다면 그것도 일종의 분산효과라 큰 눈덩이를 굴리는 것보다 불어나는 속도가 빠르지 않다.

'규모의 경제' 원리는 기업에서 대량의 상품을 만들 때 생산단

가를 낮추는 데만 적용되는 원리가 아니다. 부동산 투자에도 얼마든지 적용할 수 있다. 만약 500만 원을 투자해 100%의 수익이 나면 500만 원의 수익금을 얻는다. 5,000만 원의 100%라면 수익금은 5,000만 원이 된다. 1%의 수익률도 무시할 상황은 아니지만, 얼마의 1%의 수익률인지 먼저 따질 필요가 있다. 같은 수익률이라 하더라도 원금이 얼마인가에 따라 수익금은 천차만별로 달라질 수 있다.

그런 의미에서 부부가 함께한다면 원금의 규모를 더 키울 수 있다. 단 1%의 수익률이라도 원금이 1,000만 원일 때, 5,000만 원일 때 얻어낼 수 있는 수익금은 완전히 다르다. 부부라면 종잣돈을 함께 모아 좋은 투자처를 찾아내서 함께 결정하고 투자해야 한다. 그렇게 하면 원하는 자산을 더 빨리 이뤄낼 수 있다.

우리는 지금까지 투자하면서 빌라로 월세 투자할 때 말고는 수익률을 계산하지는 않았다. 수익률은 우리 부부에게 큰 의미가 없었다. 우리 부부에게는 결과적으로 얼마의 수익이 나느냐가 더 중요했다. 100%의 수익률을 얻었다 하더라도 그 투자금이 100만 원이었다면 수익금은 100만 원일 뿐이다. 100만 원이라는 수익금을 무시하는 것이 아니라 부부가 함께 자산을 관리하며 투자 원금을 더 키워 100만 원이 아니라 200만 원의 수익을 올릴 기회를 놓치지 않아야 한다는 말이다.


### 내 돈도 사랑하고 우리 돈도 사랑하자

부부가 각자 돈을 관리하면 상대의 사생활과 경제적 상황을 존중할 수 있을지는 몰라도 상대가 가진 돈에 관심이 떨어지면서 오히려 돈을 불리는 데는 역효과가 날 수 있다. 돈이라는 것은 항상 관심을 가지고 사랑해줘야 따르는 법이다. 상대적으로 무관심하다면 돈이 따르지 않는다. 정부도 사법부, 행정부, 입법부로 나눠 서로의 기능을 보완하고 견제하는 역할을 하며 균형을 맞춘다. 가정 경제 또한 마찬가지다. 남편과 부인이 서로의 소득과 지출에 관심을 가져야 가정 경제가 균형을 이루며 올바르고 긍정적인 방향으로 나아갈 수 있다.

우리 부부의 첫 투자 사례만 보더라도 둘의 자금을 합치지 않았다면 시도도 해보지 못했을 경험이었다. 둘의 투자금을 합쳤기에 각자 대출을 조금씩 더 받아 아파트를 매수할 수 있었다. 만약 서로가 가진 돈에 솔직하지 못하고, 네가 집 해오고 너는 집안 살림을 채우라는 식의 고정관념에 빠져 있었다면 좋은 투자 기회와 소중한 경험을 놓쳤을 것이다. 우리는 함께 투자한 그 첫 아파트로 인해 오피스텔 월세살이를 하더라도 서럽지 않았다. 열심히 벌어 모으면 우리 명의의 집에 들어가서 살 수 있을 것이란 희망이 있었기 때문이었다.

요즘 부동산 시장이 어수선해지면서 젊은 세대들의 아파트 패닉 바잉이 문제가 되고 있다. 하지만 이것은 문제로만 볼 게 아니다. 과거의 우리 부부도 당장 집에 들어가 살 수 없는 형편이었지만 내 명의로 된 집 한 채를 가지고 싶었다. 내 집이 하나 있다는 것만으로도 행복한 미래를 꿈꿀 수 있었고 자존감을 유지할 수 있었다. 지금 젊은 세대의 마음도 그때의 우리 마음과 별반 다르지 않을 것이다.

지금 당장은 힘들더라도 혼자가 아닌 둘이라면 해낼 수 있다. 적은 월급이라도 둘이서 모으고 관리하며 종잣돈을 만들어가자. 부부가 함께 돈 감각을 유지하면 어느새 기회는 성큼 다가온다. 그 기회를 붙들어 매는 것은 부부가 함께 모아둔 종잣돈의 크기가 될 것이다.

# 자산을 매달 기록하며
# 성장을 확인하라

우리는 가계부를 쓰지 않는다고 앞에서 언급했다. 재테크 초기에는 정해진 월급에서 더 많은 돈을 모으려고 가계부 작성을 하며 소비를 통제하려고 애쓰기도 했다. 하지만 꾸준히 쓰기도 어려웠고, 가계부를 쓴다고 해서 소비가 통제되거나 지출이 줄어드는 드라마틱한 경험을 하지 못했다. 오히려 가계부를 쓰면서 지출에 대한 스트레스만 커졌다. 이후 가계부를 썼다가 말다가 하는 일을 몇 번이고 반복했다. 카드 사용 내역이 자동으로 입력되는 간편한 앱 가계부라 하더라도 우리에게는 귀찮은 일이었다. 가계부를 쓰는 여러 가지 방법에 대해 따로 공부하지 않아서 잘 활용하지 못한 것일 수도 있다. 그렇다고 가계부에 대한 공부를 결심할 만큼 매력적인 것도 아니었다.

우리가 쪼들리지 않고 살 방법은 크게 두 가지였다. 물욕을 없애거나 소득을 늘리거나. 그 당시 물욕을 없애는 것은 몇 번의 실패를 맛봤던 방법이었다. 결국 우리는 나머지 방법을 선택할 수밖에 없었다. '지출을 줄이기가 힘들다면 소득을 더 늘려서 돈을 불려보자!'

아내는 어린 두 아들을 키우면서 가계부를 쓰면 괜히 아이들 먹이는 소고기값이 신경 쓰이고, 아이들 먹이는 분윳값이 부담으로 느껴진다고 했다. 간식으로 먹이는 과일값이 고깃값보다 비싼 지출 내역을 보면서 '줄여야 하는데'와 '그래도 애들 먹는 건데'라는 갈등을 겪게 되는 것도 싫다고 했다. 왠지 가계부를 쓸 때마다 옹졸해지고 인색해지는 부정적인 감정이 계속 쌓이는 것을 느낀다고 했다. 그렇다고 살림이 더 나아지는 것도 아닌데 말이다.

우리는 매달 나가는 지출을 기록하는 것을 그만두기로 했다. 특별히 과소비하지 않는 이상 매달 나가는 지출의 차이는 10만 원에서 20만 원 사이였다. 아내는 더 이상 예산을 짜지도 않았다. 수년간의 경험으로 한 달에 사용하는 지출의 정도는 파악됐기 때문이었다. 정해진 예산을 벗어나면 예비비라는 명목으로 끌어다 쓰는 돈도 의미 없다고 판단했다. 생활비는 때에 따라 얼마든지 유동적일 유동적일 수 있지만 과소비로 이어지지 않았다. 그 유동성이 과소비로 이어지지는 않는다.

우리는 가계부 쓰는 데 매일 신경 쓰는 에너지를 차라리 수입을 늘리는 데 쓰는 에너지로 바꾸기로 했다. 그리고는 결혼 전 월세를 받았던 경험을 되살려 다시 빌라에 투자했다. 결혼 전에 이미 경험한 아내의 월세 첫 투자 수익(부산 가야 빌라)은 당시 치아 교정비로 다 들어갔다. 통장에 돈이 차곡차곡 쌓이지는 못했지만 가지런한 이가 아내의 얼굴에 남았으니 평생 남는 투자가 된 셈이다. 나를 만나기 전 탄력 받아서 더 많은 투자를 했으면 좋았겠지만, 만약 그렇게 성공했다면 나 같은 남자는 만나주지 않았을지도 모른다. 그리 생각하니 오히려 그걸로 다행이다 싶었다.

잘 쓰지도 않고 꾸준하지도 않았던 가계부를 아내는 2년 전을 마지막으로 완전히 끊었다. 매일 지출을 기록하는 것 대신, 한 달에 한 번 자산을 기록한다. 소비를 줄여가는 과정에서 희열을 느끼기보다 매달 늘어나는 자산이라는 결과에서 동기부여를 받기로 했다. 가계부 쓰기는 들쭉날쭉했지만, 매달의 자산 기록은 2014년도부터 엑셀로 꾸준히 기록해왔다. 아내는 엑셀 칸에 숫자만 입력할 줄 아는 '엑셀 맹'이라 대단한 수식을 적용하지도 않았다. 단순하게 소득, 금융재산, 부동산 재산, 보험 해약환급금, 부채의 기준으로 자산을 기록했으며 각 항목의 합 정도만 수식을 세워서 기록하고 있다.

우리는 지금도 꾸준히 매달 말일에 함께 책상에 마주 앉아 자산을 기록한다. 그러면 지난달보다 얼마나 많은 자산이 늘었는지 한눈에 비교할 수 있다. 가끔 이전 달보다 자산이 줄어드는 때도 있다. 이런 경우 경조사가 많았다거나, 세금을 냈다거나, 명절을 보냈다거나, 여행을 다녀왔을 때 등 특별한 이유가 있었던 적이 대부분이라 크게 신경 쓰지 않는다. 반대로 이전 달과 다르게 자산이 크게 느는 예도 있다. 이때는 투자한 부동산 가액이 올랐거나 (부동산 실거래가 기준으로 잡는다) 투자한 분양권이 입주를 시작하면서 프리미엄이 형성된 경우 등이다.

가계부를 쓰는 이유는 지출을 줄여 결국에는 자산을 늘리기 위함이다. 우리는 이미 지나가 버린 소비를 반성하기보다는 자산이 늘어나는 결과를 바라보면서 미래에 대한 청사진을 그리는 데 집중한다. 지난 수년 동안 기록한 자산을 보면 들쭉날쭉하면서도 꾸준히 상승하고 있다. 상승하는 표를 부부가 함께 바라보면서 그래도 열심히 살았다는 뿌듯함과 전우애를 나눈다. 덧붙여 함께 해냈다는 성취감과 보람도 느낀다. 그러면서 또 다른 투자계획을 세우기도 하고 미래를 계획하며 목표를 설정하기도 한다.

지나간 지출에 대한 기록은 과거일 뿐이다. 작년에 삼겹살값이 어땠고, 외식을 몇 번을 했고, 가스비가 얼마나 나갔는지는 현재 중요하지 않다. 다만 자산이 꾸준히 원하는 수준으로 늘고 있느냐가 중요하다. 지금 당장 연 1억 원씩의 자산 상승은 힘들더라도 그것이 조금씩 쌓이고 늘어가는 과정을 지켜보는 것이 우리 부부에게는 훨씬 더 도움이 됐다. 지출이 줄어들지 않는 가계부를 보는 것보다 늘어가는 자산표를 보는 것이 자산을 모으기 위한 훨씬 긍정적인 자극을 받을 수 있다. 자산이 지금 당장 늘어가지 않더라도 실망할 필요가 없다. 그럴 때는 어떻게 하면 자산을 더 늘릴 수 있을지 고민하고 행동하면 된다. 그렇게 하면서 우리는 더 적극적이고 현명한 투자할 수 있게 됐다.

경험상 가계부만 쓸 때 지난달보다 늘어나는 자산은 10~20만 원 정도였지만, 매달 자산을 기록하면서 늘어나는 자산은 단위가 달랐다. 어떤 때는 자산이 몇억 원씩 폭발적으로 늘어나는 경험을 하기도 했는데 그때는 정말 뿌듯했다. 물론 그동안 축적해온 투자와 시간의 힘이었겠지만 그 경험들이 있었기에 더 자신감 넘치는 우리를 발견할 수도 있었다.

자산을 꾸준히 기록하면 좋은 점은 자산의 흐름과 현금의 흐름을 좀 더 넓은 시야로 보고 계획을 할 수 있다는 점이다. 매달 하는 기록이라 1년이면 12개의 표가 생긴다. 돈이 어떻게 불어나는지 한 눈에 파악하기가 쉽다.

우리의 자산은 대부분 부동산에 집중돼있기에 부동산의 가격에 따라 자산이 늘어나는 폭이 다르다. 그중에서 유달리 자산의 상승을 이끄는 부동산 몇 개가 눈에 보일 때는 그 부동산의 가격이 왜 상승했는지 분석해볼 수 있다. 다들 가치가 있고 호재가 있다고 판단해서 매수한 부동산들이지만 그 상승폭은 다 다르다. 상승폭이 높은 이유를 분석해 다음번 투자에 참고한다.

상승폭이 작거나 주춤한 부동산들도 마찬가지다. 투자한 이후에도 매달 가격변동 추이를 살피고 기록하면서 내가 했던 투자에 관한 반성과 경험을 쌓을 수 있다. 특히 요즘처럼 오르는 부동산만 계속 오르고 떨어지는 부동산은 떨어지는 부동산의 양극화 시대에서 그 분석은 특히나 중요하다. 왜 계속 오르는 부동산은 오르는지, 왜 호재가 있고 가치가 있다 판단해서 매수했는데 가격이 주춤했는지 알아볼 필요가 있다. 그렇게 알아낸 분석 결과로 가격이 잘 오르는 부동산에 대한 공통점을 찾아 다음번 투자에 참고하거나, 잘 오르지 않는 부동산을 더 가지고 갈지, 매도할지 판단하기도 한다.

자산을 기록하고 상승폭을 늘리는 데 집중하는 것은 우리가 애초에 생각했던 맞벌이의 원칙 '더 빨리 수익을 올리고 더 빨리 자산을 늘리는 데 집중'하는 목적과 맞았다. 혹시 지출이 늘어나더라도 항상 지출보다 많은 수입을 유지하거나 지출보다 많은 자산이 쌓인다면 별문제가 되지 않는다고 판단했다.

우리 부부의 지출이란, 아이들을 키우기 위한 약간의 교육비, 좋은 것을 먹이고 싶은 마음, 여름에 시원하게 살기 위한 전기세, 겨울에 따뜻하게 살기 위한 난방비, 주말에 나가는 나들이비용 정도다. 이런 지출을 줄인다면 삶의 질을 포기해야 하는 문제가 발생했었다. 행복하기 위한 수단으로 돈을 이용하는 것인데 돈을 모으기 위해 우리가 생각했던 삶의 질까지 포기할 수는 없었다.

흔히 주변에서 아이들이 어릴 때 돈을 모아야 하니 수익의 50%를 저축하라고 한다. 우리는 수입의 50%가 아닌 70%까지도 모아봤다. 3개월에 1,000만 원 이상을 저축하기도 했다. 하지만 수익의 얼마를 저축하는 데 집중하는 것이 아니라 아이들이 어릴 때 얼마의 자산이 쌓이고 있는지에 더 집중해야 할 필요가 있다. 우리의 목적은 수익의 50%를 저축하는 데서 그치는 것이 아니라 지난달보다 더 많은 자산을 쌓고, 자산이 쌓이는 폭을 늘리는 데 있기 때문이다. 자산이 쌓이는 단위는 무한한 가능성이 있지만, 수입의 50% 저축은 한정된 금액임을 잊지 말아야 한다.

---

## 04

# 인플레이션에
# 항상 대비하라

---

### 사례1)

어느 날 집 앞에 있는 김밥집의 김밥 가격이 2,000원에서 2,500원으로 올랐다. 각종 재료비와 인건비, 공과금 등의 상승으로 김밥값 역시 오른 것이다. 그런데 500원이 올랐다고 해서 김밥 속 재료가 더 많아졌다거나 종류가 늘어난 것은 아니다. 그 전과 같은 김밥인데 500원이 올랐을 뿐이다. 한 줄에 500원이 오르면서 예전에는 1만 원으로 5줄을 사 먹을 수 있었지만, 이제는 4줄만 사 먹을 수 있다.

---

### 사례2)

몇 년을 노력해서 1년 전 내 집 마련을 했다. 이제는 내 집 마련 때문에 스트레스받지 않아도 된다. 부동산 가격이 오른다는 뉴스를 보고 우리 집 가격이 어떤지 알아봤다. 내가 구입했던 금액보다 1억 원이 올라있었다. '와우!' 돈 번 기분이다. 1억 원이 오른 김에 더 좋은 집으로 이사할까 싶어 평소 눈여겨보던 다른 아파트 가격을 알아봤다. '잉?' 그 집은 1억 5,000만 원이 올랐다. 내 집이 1억 원이 올라도 이사하고 싶은 집은 1억 5,000만 원이 올라서 집을 옮길 수가 없다.

---

이것이 인플레이션이다. 시중에 풀리는 돈이 늘어날수록 상품의 가격은 상승한다. 쉽게 말하면, 같은 상품을 사려면 이전보다 더 많은 돈을 지불해야 하는데 그것은 돈의 가치가 그만큼 하락했다는 이야기다. 2,000원이었던 김밥이 500원이 올랐으니 25%가량의 물가 상승이 생겼다는 의미다. 2,000원은 이전의 2,000원의 가치가 더 이상 아닌 셈이다. 이 김밥값의 상승률은 뉴스에서 봤던 한해 물가 상승률 3~4%보다 훨씬 높은 수치다.

내 집 가격이 올랐다고 좋아했는데 주변 다른 집 가격도 오르거나 더 올랐다. 내가 이사 가고 싶었던 집은 1억 5,000만 원이 올랐다. 결국 내가 살고 있는 집과 살고 싶은 집의 액면가만 올랐지 내 집의 가격이 올랐다고 해서 더 나아진 것은 없다. 결국은 현상 유지일 뿐이다.

시간이 흐를수록 자연스러운 인플레이션으로 물가는 상승한다. 이때 집값만큼 사람들에게 크게 와 닿는 게 있을까. 집값의 돈 단위는 100원, 1,000원의 단위가 아니라 적어도 1,000만 원, 1억 원의 단위로 오른다. 김밥 가격이 2,000원에서 2,500원으로 오르는 것은 원 가격의 25%인 500원을 더 지불하면 되지만 1억 원이었던 집이 25%가 오른다면 1억 2,500만 원으로 2,500만 원을 더 지불해야 같은 물건을 소유할 수 있다.


## 절약보다 투자가 쉽게 만들어 주는 인플레이션

우리가 절약에 노력을 기울이지 않고 투자로 수입을 더 늘리는 데 더 집중하기로 한 결정적인 이유가 바로 인플레이션이다. 같은 비율로 인플레이션이 계속 나타난다고 가정했을 때 김밥값에서 500원을 아끼기보다는 가치가 있는 물건에 투자한다면 2,500만 원을 벌 수 있다. 이때 한 채의 집에 투자하지 않고 가격이 상승할 만한 집에 투자한다면 2,500만 원, 5,000만 원, 1억 원의 수익을 낼 것이 훤히 보였다. 부동산 투자로 1,000만 원의 수익을 낸다면 오늘 저녁 김밥을 4줄 사 먹을 것인가 예전처럼 5줄을 사 먹을 것인가 계산대 앞에서 망설이는 일은 하지 않아도 된다.

최근 몇 년간 수도권 부동산과 일부 지방 부동산 가격이 엄청나게 올랐다. 서울의 한 아파트 분양권은 분양가보다 더 높은 프리미엄이 형성된 곳도 있다. 몇 년 사이 아파트 가격이 두 배가 넘는 가격상승이 이뤄진 곳도 허다하다.

시간이 갈수록 임금과 건축자재비용, 토지비용 등이 올라가니 주택가격이 상승하는 것은 김밥의 가격이 올라가듯이 당연한 이치인지도 모른다. 하지만 사람들은 김밥값이 오르는 것은 담담하게 받아들이면서도 주택가격이 올라가면 좌절하는 상황을 반복한다. 열심히 아껴서 돈을 모았는데 내가 마련하려던 아파트의 가격은 '억'이 상승하는 일이 빈번하게 발생한다. 그렇게 내 집 마련의 꿈이 늘 멀어져만 간다.

강남 재건축 아파트 가격이 하루가 다르게 오를 때 인터넷상에서 떠돌던 이야기가 있다. '강남 아파트는 오늘이 제일 싸다' 시간이 지날수록 가격이 오르기에 아무리 비싼 가격으로 느껴져도 오늘이 가장 싸게 살 수 있다는 이야기다. 가만히 있어도 인플레이션 때문에 액면가가 올라가는데 수요와 공급의 원리가 추가되면 그 가격의 상승은 가끔 머리로 이해할 수 없는 수준으로 오르기도 한다. 이 원리를 잘만 활용한다면 절약하는 것보다 더 쉽게 수익을 낼 수 있다. 이것이 바로 부동산 투자의 매력이다.

## 인플레이션은 자산을 늘릴 기회

투자하려면 인플레이션이 이뤄질 수밖에 없는 자연스러운 경제구조를 이해하고 그것을 이용해야 한다. 돈의 가치는 시간이 갈수록 점점 떨어지게 돼 있다. 정부는 엄청난 부채를 가지고 있고, 그 부채를 해결하기 위해 적절한 인플레이션을 이용해 부채의 액수 가치를 떨어뜨린다. 그렇게 해서 부채를 갚아 나가야 국가를 운영할 수 있다. 국가라는 거대한 조직에 맞서 개인이 싸워 이기기에는 그 힘이 너무도 약하다. 그래서 우리는 국가의 정책을 따르되 그것을 잘 활용하기로 했다. 인플레이션도 그 가운데 하나다. 물가가 상승할 수밖에 없는 사회구조라면 그것을 받아들이고 잘 활용해야 한다.

누군가에게는 고통이 될 수도 있는 인플레이션은 잘만 활용한다면 오히려 자산을 늘릴 기회가 되기도 한다. 가만히 있어도 인플레이션이 알아서 자산을 늘려준다. 때로는 투자로 더 많은 자산을 축적할 수도 있다. 어제와 다른 김밥값에 한숨짓지 말고 그것을 기회로 활용할 방법을 찾아야 한다.

다양한 방법 중에서 우리는 부동산 투자를 선택했고, 인플레이션 덕분에 부자가 되는 길에 발을 내디딜 수 있었다. 지금 이 순간에도 당신이 가진 화폐는 조금씩 가치를 잃어가고 있을지도 모른다. 당신이 가진 화폐는 더 이상 안정적인 자산이 될 수 없으며 오히려 나의 피와 땀을 의미 없게 만들 수도 있다.

# 05

# 검은 머리
# 파뿌리 될 때까지

예전 결혼식에서 들을 수 있는 흔한 주례사가 있다. "검은 머리가 파 뿌리가 될 때까지 눈이 오나 비가 오나 행복할 때나 슬플 때나 건강할 때나 아플 때나 언제나 늘 함께한다고 맹세합니까?" 우리 세대는 이러한 주례사를 들은 적이 없어서 나는 이 물음에 직접 대답하진 않았다. 만약 우리 부부의 결혼식의 주례사에 이러한 물음이 있었다면 난 당연히 "네!"라고 대답했을 것이다. 잘 생각해보자. '늘 함께하기'로 맹세를 해놓고 과연 '늘 함께'하고 있을까? 무엇을 함께해야 늘 함께한다고 자신 있게 대답할 수 있을까? 부부가 되어 늘 함께해야 하는 것은 여러 가지가 있겠지만 '자산의 관리'야말로 검은 머리가 파 뿌리가 될 때까지 늘 함께해야 하는 과업 중 하나가 아닐까?

숨만 쉬고 살아도 돈이 들어가는 세상에서 그것에 대한 책임을 서로에게 미루면 안 된다. 배우자 한쪽이 월급쟁이로 살면서 가정 경제를 모두 책임진다면 너무 숨 막히는 상황일 것이다. 그 짐을 서로 나누지 않는다면 고스란히 자녀들에게 넘어갈 수도 있다. 아무

것도 모르는 아이들에게 왜 짐을 넘겨줘야 하나. 우리는 짐을 아이들에게 넘겨주지 않기 위해서 기꺼이 둘이 나눠 맡기로 했다. 짐을 나눠 맡는다는 이유로 근로시간을 더 늘려 아이들에게 소홀히 하지 않기로 했다. 대신 더 빨리 더 집중적으로 자산을 불리는 방법을 선택한 것이다.

## 당신의 집에서 돈 관리는 누가 하는가?

결혼 후 각자의 자산과 수입을 합쳐서 관리하더라도 대부분 한 사람이 도맡아 수입과 지출을 관리하는 경우가 많다. 지출의 관리 여부는 그것이 특별히 과소비하지 않는다면 누가 하든지 상관없다. 하지만 자산의 관리, 즉 자산이 꾸준히 그리고 빠르게 늘어나게 하기 위해서는 부부가 함께해야 한다. 재테크의 시작은 현재의 수입과 지출, 그리고 자산을 정확히 파악하는 것에서부터 시작한다.

대부분의 직장인이 자신의 월급도 정확히 얼마인지 모른다. 아내도 직장생활하며 월급이 200만 원쯤으로만 알고 있었지 그 뒤에 붙는 단위와 숫자가 얼마인지 정확히 몰랐다. 우리 가족의 한 달 지출이 얼마인지는 아예 몰랐으며 우리의 자산도 정확히 파악하지 못하고 있었다. 수입과 자산이 하루가 다르게 늘어나거나 줄어드는 재벌이 아님에도 몇백만 원 단위의 수입과 1억 원이 겨우 넘는 우리의 자산을 모르고 있었다.

재테크를 시작하려면 우선 아이들을 재운 뒤나 새벽시간을 활용해 부부가 가진 모든 통장을 꺼내고 카드 내역을 분석하고 자산을 다 털어서 현재의 수입과 자산을 정확히 알 필요가 있다. 자산 관리는 부부 중 어느 한 사람이 하는 것이 아니라 부부가 함께해야 한다.

아내의 친구 가운데 야무지게 지출 관리를 잘하는 친구가 있다. 소득을 늘리는 재테크의 방법을 선택하기 전 우리 부부도 절약해보려고 이 친구에게 조언을 많이 얻었을 정도다. 그녀는 계획적이고 야무지게 소비계획을 세우고 생활한다. 하지만 결혼 후 그 친구의 남편이 한 번씩 계획에 없는 아이 장난감을 사거나 아이를 위한다고 예산을 초과하는 유모차를 사는 등의 행동으로 친구를 당황하게 했다. 그 소비에 대한 부담은 고스란히 친구가 떠맡아야 했다. 나는 아내의 친구에게 과감히 남편에게 돈 관리를 맡기라고 했다. 실제로 돈 관리해봐야 정해진 생활비에서 이 정도의 생활을 꾸리기가 얼마나 힘든지 알게 되고 그것에 대한 경각심을 가질 수 있다는 생각이었다. 실제 우리가 했던 방법이기도 했다.

아내가 둘째 출산으로 육아휴직하고 두 아이를 키우느라 정신이 없을 무렵, 내가 나서서 돈 관리를 맡아서 해본 적이 있다. 힘든 점도 있었지만 오히려 경각심을 갖고 불필요한 지출을 줄일 수 있었다. 이전에 내게 관대하게 사용했던 유흥비나 자기관리비용을 대폭 줄이는 식으로 절약을 실천했다. 배우자가 하는 백 번의 잔소리보다 직접 한 번 해보는 것이 훨씬 효과적이라는 것을 또 한 번 증명해 보이는 사례였다.

자신의 가정과 부부의 라이프스타일, 서로의 장단점을 파악하고 함께 돈을 관리할 방법을 다양하게 모색해보자. 이후 우리 가족은 부동산 투자를 하면서 수입과 자산을 늘리는 곳에 상대적으로 더 집중하게 됐고(미니멀리즘 실천으로 지출에 일일이 신경을 쓰지 않아도 예상한 지출 범위 안에서 소비생활을 하는 라이프스타일을 이미 갖췄기에 가능했다) 지금도 수입과 자산을 꾸준히 공유하며 관리한다.


### 무엇을 어떻게 함께하나

현재의 수입과 지출, 자산을 정확히 파악했다면 부부 모두가 원하는 목표를 설정해야 한다. 경기도로 이사를 온 뒤 첫 아이 낳기 전에 아내는 처음으로 휴직하고 석 달간 집에서 쉬었다. 그때 아내는 《꿈꾸는 다락방》이라는 책을 읽었고, 책의 내용에 따라 원하는 꿈을 이미 일어난 일처럼 생생하게 꾸기 위해 행동에 옮겼다. 아내는 나를 조용히 부르더니 계좌개설만 해놓고 실제로 한 번도 사용한 적이 없는 통장을 내놓았다. 그리고는 아내는 진한 검정 네임펜으로 숫자를 적기 시작했다.

'2021년 12월 잔액 1,000,000,000원'


나는 의아했지만 눈 앞에 펼쳐진 숫자를 셌다. '0'의 개수는 9개. 10억 원이었다. 아내는 통장을 눈에 잘 띄는 현관문에 붙였다. 그때부터 우리는 매일 집을 나서면서 10억 원이 적힌 통장을 보며 생생히 꿈꾸고 그것을 현실로 만들기 위한 다짐을 했다. 아내는 2021년에 순자산 10억 원이라는 목표를 이루고야 말겠다는 목표를 10억 원이 적힌 통장을 현관문에 붙이는 방법으로 배우자인 나와 공유했다. 나와 아내는 자주 그 꿈에 대해 이야기했고 그 덕분에 나 또한 아내와 같은 꿈을 서서히 꾸게 됐다. 목표로 하는 숫자를 비밀번호로 설정했다. 결혼생활 10년 만에 10억 원을 모은 사람들의 이야기를 하면서 우리 부부도 할 수 있다고 계속 이야기했다.

돈을 벌고 자산을 늘리는 데 우리가 도움을 받을 수 있는 사람은 아무도 없었다. 단지 우리 부부만이 서로에게 그 꿈을 이뤄줄 수 있는 존재였다. 아내는 내게 이러쿵저러쿵 강요하지 않았다. 그 전에 자기가 먼저 잘해보려 노력했다. 책을 읽는다고 다음 달에 월급이 더블로 꽂히는 것은 아니었지만 책을 꾸준히 읽었다. 책에서 읽은 인상 깊은 내용을 내게 전달해주기도 했다.

또 아내는 주변의 지인들이 하던 이런저런 투자 사례를 이야기해주고 먼저 나서서 시도했다. 배우자인 나와 당장 손을 잡고 '준비 시작!'이라는 신호와 함께 같이 움직인 것은 아니었지만, 목표 설정부터 그것을 행동하게 하는 동기부여까지 나를 곁에 두고 계속 끌어올리고 있었다. 그때는 몰랐는데 지금 생각해보면 아내는 나를 끝없이 기다려준 거 같다. 답답하고 외롭고 지쳤을 텐데도 잔소리하지 않고 행동으로 보여줬다. 그런 아내를 보면서 나도 모르게 변화하고 있었다. 어느 순간 우리는 닮은 부부가 되어 같은 곳을 바라보기 시작했다.

인생을 살아가면서 세 번의 기회가 찾아온다고 한다. 나머지 2번의 기회는 무엇인지, 이미 지나갔는지 모르겠지만 1번의 기회는 무엇인지 정확하게 알게 됐다. 아내를 만나 결혼하고 가정을 꾸리며 같은 경제공동체에서 살아가고 있는 지금이다. 결혼할 당시 어떠한 마음으로 지금의 배우자와 삶을 꾸려나가려고 했었는지 기억을 더듬어 보자. 그때 우리 부부에게는 장밋빛 미래만 있었다. 물론 가끔 시련이 올 수도 있겠지만, 당신과 함께라면 얼마든지 이겨낼 수 있다고 생각했었다. 만약 그런 생각을 그때 하지 않았다면 지금이라도 다짐해보길 바란다. 지금 하는 그 다짐만으로 장밋빛 미래만 펼쳐질 것이다. 그 장밋빛 미래는 둘이 함께 그릴수록 더욱 생생하고 빠르게 다가올 것이다.

# 06

# 곱절로 커지는
# 성공 실행력

많은 사람이 월급만으로는 부자가 될 수 없다는 것을 많은 매체를 통해서, 직접적인 경험을 통해서 이미 알고 있다. 하지만 부자가 되고 싶어 하는 욕망은 사람이라면 누구에게나 있다. "나는 부자가 아니라도 괜찮아. 그냥 평범하게 사는 게 내 꿈이야" 이렇게 말하는 사람들도 그들이 생각하는 평범한 삶을 살기 위해서는 생각보다 많은 돈이 필요할 것이다.

### 잃을지도 모른다는 두려움을 극복하라

월급만으로 부자가 될 수 없다는 사실을 잘 알고 있고, 부자가 되고 싶어 하는 욕망이 다들 있는데도 모두가 부자가 되지 못하는 이유 중 하나는 '두려움' 때문이다. 지금 내가 가진 것마저 잃어버릴 수도 있다는 두려움, 지금 얻는 수입마저 끊길지도 모른다는 두려움 때문에 지금까지 해왔던 방식으로의 삶을 계속 이어서 산다. 대부분의 사람은 안정된 삶을 원한다. 공무원과 공기업 입사에 대한 선호도가 높은 것도 임금이 많지 않아도 상대적으로 정년이 보장된다는 이유가 크다. 많은 재테크 서적이나 투자서에서도 자산을 분산하거나 안정적으로 투자하라는 이유는 '두려움' 때문이다. 그러나 안정적으로 살기 위해 위험성을 피하면서 살다 보면 빠르게 부자가 되기는 힘들다. 아마 60세가 돼서야 겨우 빚 없는 내 집 한 채 마련하는 데 그칠지 모른다.

'두려움'을 이겨내지 못하면 눈앞에 기회가 왔을 때 잡을 수 없다. 분명히 기회가 찾아와도 두려움을 가진 눈에는 그동안 힘들게 모아놓은 자산을 잃을 수도 있는 가능성이 동시에 보이기 때문이다. 대부분의 사람이 기회를 바라볼 때 두려움을 이기지 못해 그 기회를 놓치고 만다. 그리고 두려움을 이겨내고 그 기회를 잡은 사람들을 바라보며 뒤늦은 후회를 한다.

우리 부부도 좋은 기회였던 몇 번의 기회를 놓친 적이 있다. 부산에서 30년을 살다가 나의 직장 이직으로 아내도 수도권으로 이직했다. 그때 아내의 옆자리에서 업무 인수인계를 해주던 선배가 있었는데 이직한 지 1주일이 된 어느 날 아침 조용히 탕비실로 아내를 불렀다. 아내는 무슨 일인가 싶어 잔뜩 긴장해서 탕비실로 따라나섰다.

"너 어디 사니? 이제 이직도 했으니 이쪽으로 이사 와야지. 애 키우면서 여기 어떻게 출퇴근할래? (그 지역 지도를 펼치며) 이것 봐. 내가 요즘 보고 있는 곳인데 여기나 여기가 괜찮은 것 같아. 지금 당장 이사 못 하더라도 여기 전세 끼고 사놨다가 전세 만기 되면 이쪽으로 이사 와. 아니면 여기 지금 분양권 거래하는데 분양권 사놨다가 입주 때 이쪽으로 이사와도 좋아. 신랑하고 얘기해봐."

수도권으로 이사 온 지 1년 차. 부동산 경기가 바닥이니 반등이되고 있느니, 더 떨어지니 하며 전문가들의 의견이 엇갈리고 있던시기였다. 만난 지 1주일 된 선배는 출근하자마자 다짜고짜 집을 사라고 지도를 펼치며 아내에게 말해줬고 아내는 오지랖이 넓은 선배를 만났다며 웃어 넘겨버렸다. 선배가 추천했던 그 분양권은 입주때 1억 원가량의 상승이 있었다.

수도권 생활 1년 4개월이 됐을 무렵, 그때가 2014년도 4월경이었다. 부부 모두 이직도 했으니 내 집 마련을 해야겠다고 생각했다. 우리는 직장 근처에서 가까운 곳을 찾다가 평촌의 한 아파트를 발견했다. 그때는 전매제한으로 거래가 안 되던 시기였는데(당시 전매제한이 뭔지도 잘 몰랐다) 공인중개소에 전화해보니 6월이나 7월경에전매가 풀린다고 했다. 전매가 풀리기 전이지만 이미 프리미엄이형성돼 있었다. 공인중개소를 통해 전매가 풀릴 시기에는 5,000만원 정도의 프리미엄이 예상된다는 대답을 들었다. 일단 전매가 풀리면 바로 연락을 달라고 하고 연락처를 남겨놓았다.

이후 평촌 아파트는 까맣게 잊어버린 채 안산에 월세를 받기 위한 빌라를 계약해서 막 월세를 받기 시작했던 시점이었다. 공인중개소에서 평촌 아파트 물건이 나왔는데 프리미엄이 6,000만 원이라고 했다. 몇 달 사이에 프리미엄이 1,000만 원이나 올랐다. 그 전에안산 빌라에 투자금이 들어간 터라 프리미엄 6,000만 원과 계약금을 마련하기에는 자본이 부족해서 기회를 놓쳐버렸다.

당시에는 부동산 경기가 막 불붙기 시작한 초입이라 프리미엄을

6,000만 원이나 주고 살 만한 가치가 있는지 제대로 된 판단을 하지 못했다. 무엇보다 지역에 대한 가치와 인식이 많이 부족했다. 그 아파트는 지금 현재 안양의 아파트 가격을 이끄는 대장 아파트가 됐고, 3억 5,500만 원 정도의 분양가였던 25평형의 아파트는 이후 가파른 상승세를 타고 현재 10억 원을 향해 달려가고 있다. 그때 우리가 잘 알지 못하는 지역에 대해 정보를 더 찾으려 했으면 찾을 수 있었다. 부족한 자금에 대해서도 대안을 찾으려고 했으면 얼마든지 찾을 수 있는 상황이었다.

하지만 정보의 부족으로 인한 두려움, 가격이 떨어질지도 모른다는 두려움, 대출을 더 늘릴 때 일어날 수 있는 두려움을 극복하지 못했다, 여느 때처럼 안정적이고 위험을 감수하기 싫은 마음에 일생의 기회를 또 놓치고 말았다. 이 아파트로 우리는 새 아파트에 대한 수요가 아파트의 가격을 어떻게 상승시킬 수 있는지 배웠고, 다시는 두려움으로 기회를 놓치지 않기로 다짐했다.

하지만 우리는 두려움으로 세 번째 기회를 또 놓쳤다. 안양에서 새 아파트 열기는 불이 붙어 있었고, 하루가 다르게 올라가는 프리미엄을 따라잡을 수 없었다. 하지만 이때도 마찬가지로 우리는 방법을 찾으면 얼마든지 자금을 마련할 수 있었다. 전세자금 대출도 있었고, 신용대출도 있었고, 이미 소유한 물건을 팔아도 됐지만, 너무 높아진 프리미엄에 또 기가 죽어 행동하지 못했다.

우리는 세 번의 좋은 기회를 놓치고 네 번째 기회를 잡았다. 두려움으로 잡지 못했던 세 번의 좋은 기회를 같은 경험으로 느꼈고, 새로운 기회를 알아차리자마자 우리는 그대로 행동했다. 그날 점심

시간을 활용해 아내에게 전화했다. "내가 물건을 하나 찾았어. 이번에는 놓치지 말자. 일반분양이 9월인데 조합원 물건을 프리미엄을 주고 사면 될 것 같아. 공인중개소에 전화해서 물건이 있는지 알아보자."

아내는 내 전화를 끊자마자 바로 인근 공인중개소에 전화를 걸었다. 그런데 물건이 없다는 이야기만 돌아왔었다. 하지만 좋은 물건일수록 수면 위로 떠오르지 않는 법. 끊임없이 공인중개소 사장님께 캐묻고 캐물어 물건이 있는 공인중개소를 찾게 됐고, 기존에 형성돼 있던 프리미엄보다 500만 원이 더 붙은 가격으로 계약했다.

지난 경험에 비춰 이 아파트는 일반분양 이후 또 한 번의 프리미엄 상승이 예상되는 지역이고 일반분양 물건을 사기 위해서는 6개월의 전매제한 기간을 또 기다려야 하는 상황이었다. 그때는 가격이 이미 더 상승하리라 예상해 기꺼이 500만 원의 프리미엄을 더 주고 계약하는 것으로 결정했다.

하지만 우리에게는 계약금을 치를 자금이 부족했다. 이미 다른 투자들로 돈이 묶일 대로 묶인 상태였고, 기존 물건의 만기가 돌아오기까지 시점이 남아있던 터였다. 그렇다고 포기할 수는 없었다. 추가로 신용대출을 받고, 마이너스 대출을 활용해서 계약했다. 프리미엄을 주고 구입한 조합원 입주권은 일반분양 후 1억 원 정도의 프리미엄이 더 붙어서 거래가 됐고, 지금은 입주한 후 일반분양가의 두 배가 넘는 시세를 형성하고 있다.

이 사례뿐 아니라 우리는 투자 가치가 있는 물건을 찾으면 일단 그곳으로 출발하고 본다. 예전에는 투자 자금이 얼마나 있는지, 대출을 더 내면 이자가 얼마나 더 발생하는지 모든 것을 계산해보고 투자하기에 적당한지 적당하지 않은지 판단하다가 두려움에 휩싸여 좋은 물건인데도 기회를 놓친 적이 많았다. 하지만 이제는 좋은 물건이 있다는 정보를 접하면 일단 그곳으로 출발하고 본다.

우리가 30여 년간 살았던 부산은 그 지역을 가보지 않아도 그동안 오가면서 눈으로 봤던 터라 지역의 특성을 머릿속으로 떠올릴 수 있었다. 하지만 수도권은 이사한 지 10년 정도밖에 되지 않은 미지의 세계였다. 직접 가서 내 눈으로 확인하기 전에는 그곳의 분위기나 특성을 잘 모르기 때문에 올바른 판단을 할 수 없었다.

지금은 일단 차를 몰고 그곳에 도착하면 대충 감이 잡힐 정도가 됐다. 눈으로 위치와 분위기를 직접 확인하고 공인중개소 사장님을 통해 이런저런 배경설명을 듣다 보면 모든 것을 설명해주지 않아도 다른 부분까지 유추해서 판단할 수 있는 능력까지 갖췄다. 이렇게 '투자 가치가 있는 곳'이라는 판단이 서면 그때부터 자금조달계획을 세웠다. 무조건 사야 한다는 판단이 서면 추가 대출을 받거나 기존의 가진 물건을 팔아서 자금을 조달하기도 했다. 든든한 파트너가 내 옆에 있고 대출로 늘어나는 이자보다 더 많은 수익을 확신할 수 있다면 더 이상 대출을 두려워하지 않는다.


## 부부가 함께 두려움을 이겨내기

우리는 새로운 물건을 찾고, 투자할 때까지의 시간이 길어봤자 1주일이 채 걸리지 않는다. 실제 1주일 사이에 물건이 모두 사라져 거래가 되지 않고 가격이 상승하는 경험도 수차례 했다. 그때마다 우리의 빠른 판단과 행동이 자랑스러웠다. 상승기에 투자할 때는 로열층이고 로열동이냐, 급매냐 아니냐가 중요하지 않다. 누가 먼저 선점하느냐가 더 중요하다. 내 거래를 마지막으로 거래물건이 없어서 가격이 상승할 수도 있고, 더 높은 프리미엄으로 거래될 수도 있기 때문이다.

이처럼 부부가 함께 투자하는 경우 서로가 같은 경험을 겪기 때문에 문제해결방법을 거의 동시에 깨달을 수 있다. 매일 아침, 저녁으로 마주하는 얼굴이기에 대화할 수 있는 시간이 더 많아 짧은 기간에 더 많은 의사결정을 위한 대화를 나눌 수 있다. 늘 생각이 이어져 있었기에 서로에 대한 설득의 시간이 많이 필요하지 않았고 더 빠른 결정을 내릴 수 있었다. 실제로 우리는 아침에 물건을 검색하고 그날 점심에 계약하는 등의 빠른 결정을 내린 적이 많았다, 빨랐던 결정 덕분에 더 많은 수익이 생길 있었다.

우리는 부동산 투자에 관한 같은 경험을 공유하면서 기존에 가졌던 투자에 관한 두려움을 함께 이겨낼 수 있었다. 오랜 시간을 두고 공통된 실패 경험과 성공 경험을 쌓아왔기에 공인중개소 사장님을 앞에 두고도 대화 한마디 없이 눈빛으로 의사결정을 하기도 한다. 혹시 투자에 관한 두려움으로 많은 기회를 놓쳤다면 놓친 경험마저 배우자와 공유할 필요가 있다.

실패와 성공에 대한 공통된 경험은 앞으로 어떻게 해야 하는지에 대한 교훈을 배울 수가 있고, 그 경험과 지식을 통해서 두려움을 부부가 동시에 이겨낼 힘을 얻을 수 있다. 둘 중에 누구 하나라도 두려움을 이기지 못한다면 올바르고 빠른 판단을 할 수 없다. 부부 둘이 그 두려움을 동시에 이겨낼 때 실행력은 곱절로 커지고 머릿속으로 그렸던 원하는 결과를 얻을 수 있다.

한창 부동산 상승기가 지난 요즘 재테크 카페에는 이런 글들이 많이 올라온다. 부부 가운데 한 사람이 화가 가득 찬 말투로 글을 올려놓는다. 내용은 대충 이렇다. "남편한테 내가 반드시 오른다고 그때 아파트를 사자고 했는데 남편은 뭘 안다고 꼭지니 뭐니 해서 못 사게 해서 기회를 놓쳐버렸어요. 지금 속이 타서 밤잠을 설치네요"라며 배우자 탓만 한다. 하지만 잘 생각해보자. 이것은 누구의 잘못을 탓할 수 없다. 배우자가 두려움을 표현했더라도 결국에는 나도 그 두려움을 이기지 못하고 결정을 올바르게 하지 못한 것이다. 내 남편이고 내 아내인 걸 어떻게 하나. 지금부터라도 배우자와 함께 부에 대한 생각과 꿈을 꾸는 건 어떨까?

07

# '마스터 마인드'의 놀라운 힘

성공철학자 나폴레온 힐이 그의 저서들에서 언급한 성공철학 중의 하나로 '마스터 마인드'가 있다. '둘 또는 둘 이상의 마음이 연합하면 명확한 목표의 달성을 향해 완벽한 조화의 정신을 발휘하고 각 개인의 마음에 강력한 자극을 줌으로써 그 마음 상태를 신념으로까지 끌어올린다'라고 그의 저서《생각하라 그러면 부자가 되리라》에서 언급했다. 그뿐만 아니라《놓치고 싶지 않은 나의 꿈 나의 인생》,《성공의 법칙》등의 저서에서도 마스터 마인드는 반복해서 언급된다. 나폴레온 힐도 이 마스터 마인드 관계 중 가장 유익하고 중요한 관계가 결혼생활임을 강조한다. 마스터 마인드로 아내와 남편의 마음이 서로 조화를 이루게 할 뿐만 아니라 이러한 연합의 이익은 아내와 남편에게 기쁨과 행복을 가져다주는 것은 물론 자녀들에게 건전한 성격을 심어주며 성공적인 인생의 기초를 다져주기 때문이라고 설명한다.

즉, 마스터 마인드는 사람들과의 관계 속에서 성장하는 것을 말하며 공통된 목표가 있는 관계라면 그것을 활용해 더 많이 성장할 수 있다는 것이다. 어떤 주제를 놓고 대화하다 보면 생각을 말로 표현함으로써 듣는 사람에게 정보를 전달하거나 사고를 전환할 수 있다. 때로는 마음을 움직이는 강력한 자극으로 행동의 변화를 이끌 수도 있다.

이미 우리는 실상에서 의식하지 못했지만 마스터 마인드 원리를 많이 활용하고 있다. 회사에서 업무를 할 때 하는 회의, 종교적으로 가지는 모임, 취미활동을 위한 동호회 모임 등에서도 마스터 마인드의 원칙으로 사람들과의 관계를 유지하며 공통된 목표를 달성하기 위한 활동을 하고 있다.

가정 안에서 돈에 대해 정기적으로 모여 공통된 관심사를 이야기 나눌 사람이 과연 누굴까? 친한 친구? 같이 일하는 선배? 재무설계사? 내 수입과 연봉, 자산 현황, 지출형태를 과연 시시콜콜 10원 단위까지 주기적으로 꾸준히 말할 수 있는 사람이 몇 명이나 될까? 부모님조차 아들 월급이 얼마나 되는지, 딸의 월급이 얼마나 되는지 자세히 모르는 경우가 대부분이다. 지난달에 돈을 어떻게 썼고, 얼마의 자산을 모으기 원하는지 일일이 대화를 나누는 가정은 매우 드물다. 물론 개인의 집안 분위기에 따라 돈에 대한 세세한 이야기를 나누는 집도 있겠지만, 누구보다 가장 잘 알고 있는 부부 당사자 둘이 해결하는 것이 제일 낫다.

나는 돈에 대한 내 생각을 표현하고 주변 사람들에게 여러 조언을 보다 적극적으로 얻고 싶었다. 하지만 돈에 대해 언급하기를 싫어하는 사람도 많았다. 자신의 경제적 상황을 남에게 말하는 것을 망설이고 꺼리는 모습도 흔히 봤다. 그중 몇 명은 자신의 수입이 얼마나 되는지, 지출은 얼마나 되는지, 자산은 얼마나 되는지조차 제대로 알지 못하는 사람도 많았다. 돈 버는 것을 포기한 건지 단순히 무심한 건지 구별이 도통 안 되는 사람들도 제법 있었다.

## 마스터 마인드 최고의 파트너

재테크 모임이나 동호회에 가입해서 공통의 관심사를 가진 사람들과 같이 이야기를 나누고 정보를 교환하고 싶어도 어린아이를 키우다 보면 모임에 정기적으로 참가하기가 부담스러워진다. 가끔 비슷한 관심사를 가진 사람을 만나서 이야기를 나누더라도 역시나 서로 수입과 자산을 대충 얼버무리며 이야기를 나누는 것이 다였다. "월급 받아서, 대출이자 나가고, 애들 학원비 나가고, 식비 나가면 남는 거 없어"라고 말하는 정도가 대부분이다. 도대체 월급은 얼마고, 대출이자는 얼마며, 애들 교육비와 한 달에 들어가는 식비는 정확히 얼마인지 주변 사람들과 허심탄회하게 대화를 나눈 적이 있는가? 지극히 사적인 부분이기 때문에 꼬치꼬치 캐물을 수도 없을 뿐만 아니라 대답하는 입장에서도 세세한 부분까지 알려주고 싶지는 않다.

하지만 부부끼리는 꼬치꼬치 캐물을 수도 있고 세세한 부분까지 알려줘도 상관없다. 어차피 부부는 경제공동체로서 내 돈이 아닌 우리 돈의 개념으로 운영되는 곳이기 때문이다. 부부에게는 공통의 목표가 많다는 것도 마스터 마인드 관계를 효과적으로 가질 수 있는 좋은 이유가 된다. 내 집 마련, 아이 양육, 경조사, 여가생활, 여행

등에 대한 공통된 목표가 있어 그것에 대해 효과적인 대화가 가능하고 한 가지 목표를 위해 함께 노력할 수 있다.

돈처럼 예민한 문제로 다른 사람들과 마스터 마인드 관계를 이루기는 힘들다. 물론 기업의 이익이나 동업자와의 협력을 통해 수익을 극대화하는 문제는 지금 내가 여기서 말하는 것과 다르다. 가정에서 이뤄지는 돈에 흐름에 대해서는 지극히 사적인 문제라 사업체를 운영해서 수익이 났더라도 그것이 가정 내에서 어떻게 사용되고 굴려지는지 별개의 사항이기 때문이다. 하지만 배우자라면 다르다. 가정을 이끄는 경제공동체이기 때문에 지극히 사적인 문제가 아니다. 누구보다도 솔직하게 자기의 생각과 계획을 나눌 수 있다. 서로 이런저런 대화를 나누던 중에 직감적으로 새로운 아이디어나 투자계획이 떠오르기도 한다.

내 집 마련이든, 10년에 10억 원 모으기든 공통된 명확한 목표의 달성을 향해 부부는 협력의 정신으로 달릴 수 있다. 똘똘 뭉친 마음의 연합과 조화를 통해서 각자 내재해 있던, 그러나 스스로 알지 못했던 에너지를 끌어낼 수 있다. 실제로 우리는 아내가 혼자 부동산투자에 관심 갖고 공부를 시작했을 때보다 부부가 함께 투자에 관심 갖고 시작하면서 투자 물건을 늘려가는 속도도 빨라졌고 더 많은 수익이 생겼다. 투자 지역을 결정할 때도 더 넓은 범위로 확장할 수 있었으며 아내 혼자 해봤던 빌라 월세 투자뿐 아니라 분양권, 갭투자, 입주권, 경매 등 다양한 방면으로 투자방향을 확장할 수 있었다. 투자 물건이 늘어나고 수익이 늘어나면서 절세에 대한 방법까지 모색했으며 절세를 공부하다 자녀를 위한 증여의 방법까지 여러 가지로 계획하고 있다.

앞에서 잠깐 언급한 우리 부부만의 미니멀리즘 라이프스타일도 함께 마스터 마인드를 갖추기 시작한 시점부터 급격히 변하기 시작했다. 처음에는 단순히 아내 혼자 집안에 쓸모없는 물건을 비우기 시작한 정도였으나 내가 같은 라이프스타일을 추구하기 시작하면서 집안의 큰 가구들이 비워지기 시작했다. 소비에 대한 생각조차 일치하면서 단순히 짠내 나는 미니멀리즘이 아닌, 정말 원하는 물건과 가치를 선택하기 위한 소비생활을 하기 시작했다. 그러면서 우리 부부의 삶에 대한 만족도는 더 높아졌다.

우리도 처음부터 완벽한 공통점을 가진 사람은 아니었다. 연애시절 서로 잘 맞는다고 생각해서 결혼했지만, 막상 결혼하니 서로의 생활습관이 너무 달라 다툼도 많았다. 신혼 초기에는 친구들을 만나면 서로 맞지 않는 소비습관과 생각에 대해 불평도 했었다. 시간이 지나면서 서로를 조금씩 이해하게 됐지만, 그것은 배우자니까 이해해줘야지 누가 해주겠냐는 식의 표면적인 이해였을 뿐이다.

하지만 목표를 공유하고, 라이프스타일을 공유하기 시작하면서 서로를 더 많이 이해할 수 있게 됐다. 공통의 목표를 달성하는 과정에서 서로가 느끼는 힘든 상황, 감정, 좌절, 기쁨 등의 감정을 더 깊이 이해할 수 있을 뿐 아니라 깊이 공감할 수 있었다. 목표를 달성하는 과정에는 꾸준한 노력이 필요하다. 즉각적인 보상이 없을 때 느끼는 좌절감이나 계획대로 일이 잘 풀리지 않을 때 나도 어떤 기분인지 어떤 마음인지 잘 알기에 아내의 마음을 더 잘 알 수 있다.

부부가 각자 일의 성과를 위해 노력하는 과정에서 느끼는 기쁨이나 좌절감 같은 감정을 이해하는 것과는 또 다르다. 부부 공통의 목표였기 때문에 같은 시기에 같은 감정을 느끼고 그 감정을 완전히 이해하고 공감할 수 있다는 것이 우리 관계에 큰 도움을 줬다.

간혹 둘 다 좌절감을 느꼈더라도 나 혼자가 아니기에 금방 일어설 수 있었다. 똑같은 실수를 반복하지 않기 위해 목표나 계획을 수정하면서 빠르게 회복할 수 있었다. 우리는 돈에 대한 대화뿐만 아니라 서로의 대화를 통해서 끊임없이 영감과 자극을 받는다. 아무 생각 없이 그냥 한번 던져본 아내의 말에 영감을 얻어 나는 미라클 펀드를 시도했고, 책을 쓰겠다는 결심도 하게 됐다.

마스터 마인드는 여러 가지 인간관계에서 활용할 수 있다. 하지만 누구보다도 배우자를 마스터 마인드를 위한 파트너로 삼아야 한다. 오랜 시간을 함께해온 사람이고, 앞으로도 많은 시간을 함께 보내야 할 사람이다. 배우자와 함께 공통된 인생의 목표를 공유하면서 그것을 이루기 위해 끊임없이 노력해야 한다.

근로시간을 단축하려는 목적 가운데 하나는 근로시간을 단축해서 가족과의 시간을 더 많이 늘리는 목표도 포함된다. 어떠한 인간관계보다 가족을 중시하는 요즘 우리 세대에게는 배우자가 최고의 파트너임이 분명하다. 친구나, 종교단체, 회사, 동호회 등에서 만난 사람들보다 배우자는 중간에 파트너가 바뀔 가능성이 매우 낮으니 이보다 더 좋은 파트너가 어디에 있을까?

함께 잘살아보고자 만난 배우자. 그냥 무조건 편하게 살기만 바라는 것보다 서로의 성장을 지켜보면서 나이가 드는 삶 또한 매우 행복한 삶일 것이다. 그 모습을 자연스럽게 보고 자라는 자녀들에게도 긍정적인 영향을 줄 수 있어 목표를 세우고 달성하기 위한 힘을 터득하게 될 것이다.

매일 "네가 옳니 내가 옳니" 하고 싸우는 모습보다는 갈등이 생겨도 조화롭게 해결해나가는 모습을 보여주자. 그런 모습을 아이들도 분명 보고 배울 것이다. 아이들이 사회에 나가 관계상의 문제가 발생했을 때 원만히 해결할 수 있는 능력을 키워줄 것이라 믿는다.

## 08

# 상대에게 어울리는 사람이
# 되기 위한 노력도 투자다

맞벌이하면서 느끼는 장점 가운데 하나는 서로의 상황을 잘 이해할 수 있다는 것이다. 나는 아내와의 소개팅 전 거의 동시에 다른 사람을 소개받았는데 그 사람은 그 지역에서 가장 큰 찜질방을 운영하는 사장의 딸이었다. 하지만 직업이 없었고, 직업이 없는 사람보다 직업이 있는 이성과 말이 더 잘 통할 것 같아서 아내와 먼저 소개팅을 했다. 마침 우리는 한방에 서로 눈이 맞았다. 결혼 후 힘든 맞벌이 생활을 하면서 아내는 내게 농담으로 물었다.

"나랑 소개팅 한 거 후회하지 않아? 그때 찜질방 집 딸이랑 소개팅했으면 혹시 알아? 결혼했을지. 그럼 이렇게 같이 돈 번다고 고생 안 했을 수도 있잖아?"

"그러게 말이야. 그랬다면 이렇게 고생 안 했을 수도 있지."

"하지만 그 사람이 자기 맘에 안 들어서 결혼 못 했을 거야."

"맞아. 그래도 같이 일해서 그런지 잘 이해해주고, 내가 회사에서 있었던 일을 이야기하면 자기가 척척 알아들어서 좋아."

비슷한 경험과 배경지식이 있을 때 더 오랜 시간 동안 깊은 대화를 나눌 수 있다. "저 사람과는 말이 안 통해" 이런 경험들이 다들 있을 것이다. 그 사람과 대화가 잘 안 되는 이유 중 하나는 자라온 배경환경, 알고 있는 지식의 깊이와 넓이, 경험의 정도가 서로 너무 다르기 때문이다.

평소 책을 즐겨보는 아내는 누군가와 책에 대한 생각이나 경험을 나누고 싶어 했다. 하지만 나 이외에 다른 사람들과는 나눌 기회가 없었다. 무엇보다 지방에서 이사 온 아내는 주변에 친한 친구가 없었다. 직장을 휴직한 이후로는 그동안 잘 알고 지내던 동료들마저 만날 기회가 별로 없었다. 그러다 인터넷으로 알게 된 독서모임에 참여할 기회가 생겼다. 그동안 읽었던 책을 독서모임에 참여한 대부분의 사람도 읽었다는 사실에 아내는 기뻐했다. 이 책이 어떻고, 저 책이 어떻다고 설명하지 않아도 책에 대한 느낌과 생각을 바로 마음껏 나눌 수 있어서 좋다고 했다.

부부간에도 이처럼 상대의 경험이나 생각을 공유해야 대화가 잘 이어지고 깊이 있는 대화를 나눌 수 있다. 우리는 서로 조심하는 화제가 있다. 나는 엔지니어지만 각종 기계 부품에 대한 이야기를 아내에게 하지 않는다. 반면, 아내는 복지에 관련된 일을 하지만 사회보장법이 어떻게 변했는지 내게 이야기하지 않는다. 하나부터 차근히 설명하면 알아듣겠지만 어떤 하나를 이야기하기 위해 기초와 배경까지 끌어와 대화한다는 것은 너무 귀찮기 때문이다. 차라리 그런 이야기는 같은 일을 하는 회사 동료들이랑 이야기를 나눈다. 각자의 일터에서 일어나는 일은 각자의 동료를 찾아 이야기를 나누며 해결하면 된다.

우리는 부산에서 경기도 남부 지역으로 이사 온 뒤 아내가 먼저 부동산 투자에 다시 관심을 가졌다. 그때의 나는 부동산 투자에 전혀 관심이 없었다. 아내가 이 지역이 이렇고 저렇고 말해봤자 알지 못했던 나는 아내에게 한마디를 던졌다. "난 잘 모르니까 여보가 충분히 알아보고 알아서 해. 난 여보 결정 믿고 따를 테니까" 알아서 하라니. 아내는 그 순간 엄청난 권한을 부여받은 것이다. 권한을 부여받은 것은 때로는 좋은 것일 수도 있지만, 그것에 대한 부담감과 책임감으로 아내는 오히려 행동을 멈칫하게 됐고 앞으로 더 나아가지 못했다.

어느 정도 시간이 흘러 아내가 투자했던 분양권이 가격 상승하기 시작했다. 그때야 부동산 투자에 재미를 느낀 나는 뒤늦게 관심을 갖기 시작했다. 새로운 투자처를 찾고, 교통망을 이용한 지역분석, 지역적 특성을 살펴보고, 부동산 재테크 책을 읽었다. 경매에 관심을 가지면서 여러 가지 대출 관련 정책을 알아보고, 부동산 관련 법을 공부하고, 세법까지 공부했다.

한때 나는 세무사를 할까 하는 생각도 할 만큼 부동산 세금에 관심을 가졌고 그만큼 공부도 열심히 했다. 내가 부동산에 관심을 기울이며 공부하기 시작하자 이번에는 상대적으로 아내가 잘 몰라서 대화가 잘 안 이뤄지는 일이 간혹 있었다. 내가 LTV가 어쩌고 DTI가 저쩌고 이야기하는데 아내가 "그게 뭐야?"라고 묻는 일이 생겼다. 어느 날 내가 교통망을 공부해서 월판선이 어떻고 수인선이 어떻고 이야기하는데 아내가 대화를 끊고서 "월판선이 월곶이랑 판교를 잇는 노선이야?"라고 다시 물어 확인했다. 또 내가 세율을 이야기할 때는 "양도세가 왜 그렇게 나오지?"라고 아내가 되물어보는 일이 잦아졌다. 상황이 여기에 이르자 아내가 오히려 공부의 필요성을 느꼈는지 공부하기 시작했다.

　서로 다른 분야에서 각자 일하다가 공통된 관심사가 생기면 같이 공부하는 삶이란 얼마나 멋진가. 서로 그에 걸맞은 사람이 되고자 노력하는 삶은 또 얼마나 아름다운가. 나도 아내도 서로에게 어울리는 사람이 되려고 더 많이 공부했다. 모르는 것이 있다면 서로 물어볼 수는 있지만, 한쪽이 너무 그것에 무관심하거나 무지하면 대화 자체가 꺼려지게 된다. 우리는 그런 일이 생기지 않도록 노력했다. 특히나 다른 일이 아니라 우리 일이기에 누구 하나가 한걸음 물러서 있을 수만은 없다.

　한마디를 던지면 척하고 이야기를 받을 수 있는 서로가 되기 위해서 우리는 부단히 노력했다. 마치 학창시절 가장 친했던 친구가 마음속에서는 나의 라이벌이었던 것과도 비슷하다. 서로의 모습에 자극을 받아 더 나은 '나'를 원하게 되고 노력하게 된다. 하지만 부부라면 라이벌 관계였던 친구와는 또 다르다. 예전의 나는 친구의 성장을 지켜보는 것이 부럽고, 긴장되고, 질투 났었지만, 배우자의 성장을 지켜보는 데서는 그런 감정을 전혀 느끼지 못했다. 오히려 자식을 키우듯 뿌듯하고, 더 도와주고 싶고, 성장을 지켜보는 내내 흐뭇했다. 아내의 성장이 곧 나의 성장 같았다. 아내의 인생에서 내가 중요한 역할을 하는 듯해 더욱 나 자신을 사랑하고 아끼는 마음도 생겼다.

　나를 사랑하고 아끼는 마음은 곧 나의 자존감에도 좋은 영향을 미쳤고, 더 나은 나를 위해 기분 좋은 노력을 더 할 수 있었다. 처음에는 부동산 투자로 시작했던 공부들이 조금씩 확장되면서 주변 사람들에게도 관심을 갖게 됐다. 같이 잘 되는 것이 어떤 기쁨인지 아내와의 관계를 통해 배웠기 때문에 주변 사람들과도 그런 기쁨을 나누고 싶은 마음이 생겼다. 이 책을 쓰고 있는 이유도 그런 마음을 함께 나누고 싶기 때문이다.

서로에게 어울리는 사람이 되기 위해 우리는 앞으로도 함께 성장해 나갈 것이다. 처음에는 매일 함께하는 사람이 성장하는 것을 지켜보는 것만으로도 좋은 자극을 받을 수 있다. 상대에게 걸맞은 사람이 되기 위한 성장은 '사랑'을 바탕으로 한다. 마치 연애할 때 상대에게 잘 보이기 위해 이런저런 노력을 하다 주변 사람들에게 "예뻐졌다"라는 말을 듣는 것처럼 말이다. 결혼한 뒤에도 그 노력은 계속돼야 한다. 결국 그 노력은 '나'의 성장이 되고 '우리'의 성장이 되어 공동의 목표를 이루기 위한 밑거름이 된다.

# 09

# 내일의 행복을 위해
# 오늘의 행복을 미루지 않는다

우리 부부의 목표는 40대 안에 자산을 기하급수적으로 불린 뒤 그 자산을 바탕으로 안정적인 수입을 얻을 수 있게 투자 방향을 전환하는 것이다. 그것은 월세 투자일 수도 있고 비과세보험 상품일 수도 있다. 내 나이가 40세가 되려면 이제 얼마 남지 않았다. 그래서 짧은 시간에 많은 자산을 키우려고 노력 중이다. 지금은 누구보다 돈에 관심이 많고 돈의 흐름에 예민하게 반응한다. 우리 부부의 뇌 구조의 상당 부분은 '돈'과 '경제적 자유'를 찾는 것에 관심이 쏠려 있다.

새벽에 일어나 공부하고, 책을 읽고, 여러 가지 물건을 분석하고 부동산 이외에 다른 투자 방법도 찾으려 노력한다. 요즘 사람들은 주식 투자에 열성이다. 우리 부부도 이미 주식 투자에 발을 들여놓았지만 지난 부동산 투자처럼 적극적이고 공격적이진 않다. 아직 공부와 경험이 부족함을 느끼고 있다. 더 빨리 수입을 늘리고 더 많은 자산을 이룰 방법이라면 두려움보다는 설레는 마음으로 조금씩 접근하고 하나씩 배워나가고 있다. 투자 영역에서는 아주 조금씩 규모를 키우고 있고, 사업 영역에서는 시범 사업을 하나씩 진행하며 집중해야 할 사업을 선택하고 있다.

이러한 우리의 노력이 다른 사람들이 보기에 젊은 사람들이 열심히 사는 모습으로 보일 수도 있지만 짧은 시간 안에 몰아붙이는 식으로 보이기도 하는가 보다. 가끔 지인들은 내게 "인생 즐기며 살아야지. 너무 몰아붙이면 네가 힘들잖아"라고 말한다. 예전의 우리는 인생을 즐기며 산다고 생각했지만, 그 이면에는 항상 돈 문제가 있었다. 맛있는 음식을 마음껏 먹고, 과시형 여행을 하고, 좋은 차를 끌고 다니는 것이 과연 인생을 즐기는 것일까? 경제적인 문제를 해결하지 못하면 다음 달 청구되는 카드값에 머리를 싸매고 고민해야 하는 삶이 반복될 수밖에 없다. 이러한 삶이 과연 진정 즐기는 삶이라고 할 수 있을까? 지금과 같은 평범한 일상의 반복으로 과연 인생을 즐길 수 있을까? 필요할 때는 가끔 스스로 몰아붙여야 더 높은 곳으로 갈 수 있는 법이다. 그곳에 도착하면 비로소 진솔한 자신이 보이기 시작한다. 삶을 바꾸고 싶다면 한계라고 생각했던 것을 뛰어넘어야 할 때도 있다.

우리는 한계까지 몰아붙인 적은 아직 없다. 단지 다른 사람들보다 조금 변했을 뿐이고 스스로 변화를 기꺼이 받아들였을 뿐이다. 기꺼이 받아들인다는 말은 그 변화가 자신의 몸에 익어 일상이 됐다는 뜻이다. 그들에게 보이는 우리들의 모습은 성공을 위해 몰아붙이는 고된 삶으로 보일지 몰라도 우리는 전혀 고되지 않다. 부부가 함께 움직일수록 따라오는 결과에 더욱 행복할 뿐이다. 인생에서 약간의 변화와 노력만으로도 충분히 어제보다 나은 삶을 살 수 있다. 하지만 대부분의 사람들이 그것을 하지 않는다.

지금의 노력은 앞으로 펼쳐질 인생을 더 재미있게 즐기기 위해 스스로 단련시키는 것이다. 혼자 한다면 외롭고 쓸쓸할 수도 있지만, 부부가 함께한다면 목적지에 다다를 확률은 높아지고, 그 시간을 더욱 앞당길 수 있다. 당신이 나아갈 길은 어느 쪽인가? 남편이 됐든, 아내가 됐든 중요하지 않다. 부부가 함께 짐을 나눠 들고 즐거운 마음으로 앞을 나아갈 것인가? 아니면 누군가 혼자 짐을 둘러메고 땀을 흘리며 어디가 될지, 언제가 될지 모르는 끝을 향해 조금씩 기어나갈 것인가? 내일이 아닌 오늘 당장 더 나은 삶을 위한 선택을 부부가 함께 결정하자.

### 부부는 미래를 함께 만들어가는 크리에이터

아이를 어린이집에 보내고 점심을 먹으면서 인기 연예인들이 나와 식당을 차리고 그것을 운영하는 리얼리티 프로그램을 보게 됐다. 여느 때와 같이 TV를 보며 웃다가 문득 '나는 왜 이걸 보고 있지?'라는 생각이 들었다. 예전부터 예능을 좋아하던 나는 방송에 나오는 연예인들이 웃고 떠드는 것을 보면서 같이 웃었다. 아무 생각 없이 TV 속에 빠져 나의 현실이 아닌 그들의 꾸며진 가상현실을 보면서 진짜 현실과 가상을 구분하지 못한 채 몇 시간씩 보냈다.

요즘은 TV뿐만 아니라 유튜브 등 여러 가지 인터넷 매체에서도 많은 오락거리를 보여준다. 내가 하지 못하는 경험을 대신하는 것을 보여주면서 크리에이터라는 이름으로 많은 콘텐츠를 만들고 그 콘텐츠를 이용해 돈을 번다. 시청하는 우리는 그걸 보면서 또 시간을 낭비한다.

방송에 나오는 사람과 나는 서로 모르는 사람이다. 한 번도 본 적이 없는데 나는 상대를 알고, 상대는 나를 모른다. 쳐다보고 있으면 있을수록 내가 바보가 된 것 같고 진 것 같은 패배감에 TV를 꺼버렸다. '나도 그렇게 하고 싶지만 내가 하지 못하니 네가 대신 하는 것'을 보면서 위안 삼고, 휴식하고, 대리로 느끼는 만족감. 그것을 상품으로 만들어 광고비를 받으며 그들은 돈을 번다. 뭔가 억울하다. 내가 해보지 못하는 것은 다 해보면서 돈까지 벌다니. 이것이 4차산업 시대에 정말 현명한 돈벌이일까?

'경험을 판다.'

대리 만족을 느끼는 사람들에게 경험을 파는 사람들을 보면서 억울한 감정이 생겼다. 남들이 여행하는 것을 보고, 남들이 식당이나 민박을 운영하는 것을 보고, 남들이 맛있게 먹는 것을 보면서, 그 순간만큼은 뭔가 만족이 된 것 같다. 하지만 영상이 끝나자마자 밀려오는 허무함과 상대적인 박탈감. 이건 약을 먼저 주고 더 큰 병을 얹어주는 마약 같다. 지친 나를 위한 힐링이라 생각했는데 마치 뒤로는 영혼을 빼앗겨 병을 얻은 것 같다.

나도 하고 싶지만 내가 하지 못하니 남들이 하는 것을 보며 잠시 마음을 달래는 것은 얼마나 공허한가. 화면이 꺼질 때는 공허한 삶을 반복하기보다 더 능동적인 삶을 살아내고 싶다는 욕구가 생긴다. 그것은 어떻게 보면 모든 것을 내놔야 하는 용기나 결단력이 필요한 것은 아니다. 나도 여행 가면 되고, 맛있는 거 먹으면 되고, 민박을 운영하면 되는 일이다. 하지만 사람들은 편집되고 꾸며진 허상을 사실로 믿어가며 감정을 치유하려다 더 허무해지는 악순환을 반복한다.

최근 몇 년간 주식, 부동산, 암호화폐의 호황기를 거치면서 새로운 부자들이 탄생했다. 그런데 우리는 그것을 구독자마냥 멍하니 앉아서 지켜보기만 할 것인가? 그들의 행복이 곧 나의 행복으로 이어지기보다는 그들의 행복은 순간의 착각과 곧 깨닫게 되는 '벼락거지', 즉 상대적인 빈곤만 남을 뿐이다. TV 예능처럼 사람들에게 무언가를 보여주며 돈을 벌지는 못해도 내가 원하는 삶을 조금씩 내가 직접 살아보면 어떨까? 우리 부부는 남의 인생을 들여다보며 실없는 순간의 행복을 느끼는 구독자가 되기보다는 우리 인생의 크리에이터가 되기로 마음먹었다.

우리가 부동산 투자를 하면서 얻은 것은 늘어난 자산만 있는 것이 아니다. 우리의 도전 결과로 우리의 인생을 본격적으로 크리에이팅하기 시작했다. 우리가 원하는 삶을 단순히 막연하게 꿈만 꾸는 것이 아니라 스스로 만들어가는 삶을 살고자 마음먹었다. 그것은 평일 낮에 호숫가에서 맛보는 브런치일 수도 있고, 문득 떠나는 여행이 될 수도 있다. 갑자기 미술사를 공부해보겠다며 도서관에서 종일 미술 관련 책을 읽을 수도 있고, 작물을 직접 키워 먹거나, 건강한 몸을 위한 꾸준한 운동이 될 수도 있다. 거창한 세계여행이 아니라도, 호화로운 호텔 식사가 아니더라도 일상에서 잘하지 못한 것들부터 조금씩 해나가면서 우리의 삶을 크리에이팅하고 있다. 사소한 시도와 도전을 직접 해보면서 무엇이든지 시도할 수 있다는 용기를 가지게 됐다.

다른 사람의 삶을 부러워만 하는 것보다 내가 그런 삶을 직접 살아보는 것, 그것이 진정 의미 있는 삶이라는 생각이 든다. 휘둘리지 않는 삶. 자유의지. 이리저리 끌려다니지 않아도 되는 줏대. 가끔은 혼자 세상을 왕따시켜도 상관없다.

부동산 투자는 우리 부부에게 이러한 삶의 변화를 이끌 수 있는 시작점이 되었다. 잃을 것이 없어 한때는 용감했다가 지금은 가진 것을 바탕으로 더 많고 다양한 용기를 낼 수 있게 됐다. 처음에 그 시작은 20만 원의 월세가 전부였으나 몇 년 사이에 그 도전으로 수십억 원의 자산을 축적할 수 있었다.

투자로 벌어들이는 돈이 기본적인 생활을 할 수 있는 수준을 넘어서게 되면 삶의 변화가 시작된다. 아이들과 더 많은 시간을 보낼 수 있으며, 더 다양한 경험과 추억을 공유할 수 있다. 내가 원하는 자선단체에 기부를 덜 망설이게 되고 평소보다 1만 원이라도 더 많은 금액을 기부할 수도 있게 된다. 나와 가족들의 건강을 돌볼 수 있으며 그것을 위해 더 많은 시간과 돈도 투자할 수도 있게 된다. 돈은 삶을 지탱하고 유지할 수 있게 해주는 정말 중요한 수단이다. 우리의 자산은 우리 부부에게 삶에 휘둘리지 않을 힘이 되어줬고 더 많은 열매를 맺을 수 있는 든든함이 됐다.

맞벌이할 때 어떻게 더 많은 수입을 올리고 자산을 불리느냐에 초점을 둬야 한다는 것을 계속 강조한다. 우리는 부동산으로 그 첫 번째 방법을 선택했다. 부동산을 시작으로 좀 더 다양한 경험과 수익 창출을 위한 방법을 통해서 시야를 확장할 수 있었다. 부동산 투자를 하면서 우리가 그동안 몰랐던 다양한 수익 창출에 대한 방법에 관심을 가질 여유가 생겼다. 우리의 성공 경험은 더 높은 도전을 할 수 있는 용기를 선사했다.

우리는 현재 부동산 자산의 어느 정도의 안정을 다진 뒤 온라인

사업 등 여러 가지 활동을 추가로 할 계획을 세우고 있다. 그것으로 수익도 추가로 창출하고 기회가 되면 재능도 더 많이 기부할 예정이다. 우리의 도움을 원하는 곳이 있다면 아직 많이 부족하지만, 기꺼이 함께할 생각이다. 더 많이 베풀수록 내게 돌아오는 것도 더 커지기 때문이다.

매년 월급의 인상을 기다리며 열심히 일했지만 인상된 만큼 더 많은 세금과 사회보장료가 월급에서 원천징수됐다. 하지만 우리의 지출은 인상된 급여에 초점이 맞춰지면서 자연스레 지출도 늘어났다. '그만두지 않을 만큼만 임금을 준다'는 말이 있다. 월급쟁이라면 누구나 공감할 것이다. '더럽고 치사해서 못 해먹겠다'고 가슴에 사표를 품고 회사에 나갔더라도 며칠만 버티면 월급날이라 월급날까지만 열심히 일하겠다고 다짐한다. 그렇게 또 무심히 시간이 흐르고 또 사표를 내려고 결심하다가도 몇 달만 버티면 명절 상여금이 나온다. 이렇게 저렇게 시간은 흐르고 우리는 늘 같은 생활을 반복한다.

아내는 맞벌이하면서 무례한 고객들의 요구를 하나하나 응대하면서 살이 벌벌 떨리는 경험도 수차례 했다. 하지만 생계를 이어가기 위해서 꾹 참았었다. 직장인이라면 누구나 이런 인내심을 발휘하면서 산다. 부동산 투자를 하면서도 수없이 큰 인내심을 발휘해야 할 순간들을 맞닥뜨렸지만 우리는 잘 견뎠다. 이미 회사에서 인내심을 연습했기 때문이다. 그 노력 또한 헛되지 않았다. 열심히 일하고도 여전히 돈 걱정을 하는 여러분들은 이 상황에 대해 지금 느끼는 감정 그대로를 억누르지 말고 충분히 표출해야 한다.

'더 이상 이렇게 살 수 없어!'

그 감정을 느끼는 순간을 잊지 말고 벗어나기 위해 노력해야 한다. 때로는 삶에 대한 분노의 감정을 끌어내 더 많은 돈을 버는 곳에 집중해야 한다. 우리 부부도 투자하는 데 망설여지고 포기하고 싶었던 순간에 이 마음을 끌어냈다. 그동안 힘들게 했던 많은 감정을 잊어버리거나 모면하기 위해 피하기보다 그것을 직접 대면하면서 이겨내려고 노력했다. 막상 부딪히며 깨달았던 것은 피하는 것보다 이겨내는 게 더 쉽다는 것이다.

혹시 오늘도 다른 사람과 나의 인생을 비교하며 한없이 좌절했다면, 오늘도 다른 사람이 만들어 놓은 콘텐츠의 돈벌이 수단만 됐다면, 오늘도 혹시 돈 때문에 힘든 일이 있었다면 더는 인생을 방관하지 말고 주체적으로 이끌겠다고 다짐해야 한다. 부부가 손을 맞잡고 큰소리를 외치며 다짐한다면 더할 나위 없을 것이다.

언제가 아들이 보는 만화에서 이런 대사가 나왔다.

"미래는 볼 수 있는 게 아니야. 내가 만드는 것이지!"
"우와!"

너무 감동적인 대사라 아내와 나는 동시에 눈을 마주치며 그 대사를 몇 번을 되뇌며 외쳤다. 우리의 미래는 남들이 만들어 주는 것이 아니다. 심지어 가정이라는 한 배를 탄 부부의 미래를 누군가에게 마음대로 휘둘리게 둘 순 없다. 이제부터는 가정의 미래를 부부가 함께 만들어가는 크리에이터가 되어 보는 것이 어떨까? 미래는 전적으로 스스로 어떤 삶을 살기로 결정하느냐에 달려있다. 이 책을 읽고 책을 덮는 그 순간, 아니 이 문장을 읽는 순간 다짐해보자.

"더 이상 이렇게 살 수는 없어! 우리의 미래는 우리가 만들어가는 거야!"